MONS

A

Montis interioris
conspectus.

MICHAELGRANT

POMPEJI
HERCULANEUM

MICHAEL GRANT

POMPEJI

GUSTAV LÜBBE VERLAG

HERCULANEUM

Untergang und Auferstehung der Städte am Vesuv

Deutsch von
Hans Jürgen Baron von Koskull

Aus dem Englischen übertragen
von Hans Jürgen Baron von Koskull
Schutzumschlag: Ralf Rudolph
Satz: Friedrich Pustet, Regensburg
Druck: Butler and Tanner, Frome, Somerset, England
Einband: Lüderitz & Bauer, Berlin

Inhalt

Blick durch ein monumentales Tor hinter einem Brunnen mit Medusen-
haupt auf das Forum Triangulare von Pompeji.

Vorwort

Im August 1979 jährt sich zum tausendneunhundertsten Mal der Ausbruch des Vesuv, durch den Pompeji und Herculaneum zerstört wurden. Ein solcher Jahrestag stimmt nachdenklich. Er erinnert uns an eine der schrecklichsten Katastrophen in der Geschichte der westlichen Welt, und er erinnert uns an das eigenartige Paradox, das darin besteht, daß gerade diese Naturkatastrophe es ermöglicht hat, faszinierende Einblicke in eine weit zurückliegende Vergangenheit zu nehmen.

Vor 1900 Jahren wurden Pompeji und Herculaneum innerhalb weniger Stunden durch den gewaltigen Ausbruch des Vesuv verschüttet und tief unter der Erde begraben. Aber die Städte wurden nicht vollständig vernichtet. Unter den gewaltigen Lavamassen, die sich über sie legten, blieben sie so erhalten, wie es ohne die Katastrophe niemals möglich gewesen wäre. Asche und Schlamm haben die besonderen Voraussetzungen dafür geschaffen, daß auch die kleinsten und zerbrechlichsten Gegenstände des täglichen Gebrauchs erhalten geblieben sind. So läßt sich jener Tag im August, an dem diese so lebendige Welt für immer versank, in Tausenden von Einzelheiten vollständiger rekonstruieren als irgendein anderer Tag in der Geschichte der Antike; das gilt auch für das Leben und die Entwicklung in den vielen Jahren vor dem Vesuvausbruch.

Nirgendwo spiegelt sich Vergangenheit lebendiger als in Pompeji und Herculaneum. Ein Besuch dieser beiden Orte vermittelt uns ein Erlebnis, für das es in der ganzen Welt keine Parallele gibt. In jenem merkwürdigen Vakuum, dessen Leere durch ungezählte Zeichen jäh unterbrochener Tätigkeiten noch hervorgehoben wird, scheinen Leben und Tod in einer besonders engen Beziehung zueinander zu stehen. Die liebliche Landschaft der Umgebung läßt die Spuren der Zerstörung nur noch schrecklicher erscheinen.

Selbst der ganz und gar nicht philosophisch veranlagte Tourist, der heute die Ausgrabungsstätten besucht, wird gezwungen, unzeitgemäße Betrachtungen über Gut und Böse anzustellen und darüber nachzudenken, wie beides oft zusammentrifft. Aber er wird auch nicht umhin können, Vergnügen zu empfinden; denn ein weiteres Paradox liegt darin, daß uns diese apokalyptische Szene in erstaunlichem Maß erfreut, wie es die Menschen, die sie besuchten, schon seit mehr als zwei Jahrhunderten erlebt haben. Ich werde in diesem Buch auch über die Reaktionen einiger Besucher berichten.

Das Vergnügen liegt in dem Gefühl einer gewissen Vertrautheit und des Wiedererkennens; es kommt aus der Feststellung, daß beide Orte, so großartig sie auch sein mögen, in anderer Hinsicht recht alltäglich gewesen sind. Es ist zudem auch irgendwie beruhigend zu sehen, wie klein diese Städte waren. Wenn wir sie ›Städte‹ nennen, dann folgen wir einer alten Konvention, doch die Einwohnerzahl beider Orte zusammen hat 25 000 nicht überstiegen. Ein großer Teil ihres Charmes liegt also in diesem goldenen Mittelmaß – aber auch in einer für uns wenig schmeichelhaften Überlegung, denn sehr bald kommen wir zu dem Schluß, daß innerhalb dieser bescheidenen Dimensionen Platz für eine unendlich größere Zahl schöner Dinge gewesen ist, als wir sie heute in irgendeiner gleichgroßen modernen Siedlung finden würden. Angesichts der vielen guten Gemälde, Mosaiken und Skulpturen fragt man sich, wie sich hier der Geschmack dafür entwickelt hat, und überlegt, wie weit Pompeji und Herculaneum in dieser Hinsicht der sie umgebenden griechisch-römischen Welt geglichen oder sich von ihr unterschieden haben. Über diese Frage sagen einige Bücher, die sich mit den beiden Städten beschäftigen, verhältnismäßig wenig aus. Deshalb habe ich mich etwas eingehender als sonst üblich damit beschäftigt – wenn auch, wie ich hoffe, nicht allzu gründlich; denn beide Ausgrabungsorte als solche und die hier gefundenen Gegenstände bieten eine Fülle von Material, das zu untersuchen, auch ohne derartige Vergleiche, mehr als eine Lebensaufgabe wäre.

In jedem Zeitalter, in dem die Deutschen versucht haben, geistig und emotional über ihre eigenen Grenzen vorzustoßen, sind sie nach Italien gegangen, um hier eigene Erfahrungen zu erweitern oder Kontraste zum eigenen Leben zu finden. Besonders die Wiederentdeckung der Städte Pompeji und Herculaneum im 18. Jahrhundert hat das kulturelle Leben in Deutschland entscheidend beeinflußt. Der Autodidakt Johann Winckelmann, Prophet und schwärmerischer Protagonist des Neoklassizismus, hat als erster die Bedeutung beider Orte erkannt und beim Studium der klassischen Kunst historische Methoden angewendet. Als er 1758 nach Pompeji und Herculaneum kam, wo die Ausgrabungen eben begonnen hatten, fand er einen Schlüssel für die Interpretation dieser Kunst. Unter dem Einfluß der jüngsten Entdeckungen hat er mehr als irgendein anderer dazu beigetragen, den Neoklassizismus in Mode zu bringen. Zahllose Deutsche, die seinen Spuren gefolgt sind, haben die Städte am Vesuv zunächst durch seine Augen gesehen.

Andere sahen sie durch die Augen Goethes. Sein zwanzig Monate dauernder erster Besuch in Italien begann 1786, als er 37 Jahre alt war. Fast dreißig Jahre später schrieb er seine *Italienische Reise*, und in diesem Werk vereinigten sich seine Anschauungen über die Naturphilosophie und die Klassik, der seine große Liebe galt. Vor allem erinnerte er sich an seinen Aufenthalt in Pompeji, das für ihn das bedeutendste Symbol für die geliebte Welt der Antike wurde.

Auch auf dem Gebiet der bildenden Künste und der Innenarchitektur wurde der pompejanische Stil in ganz Deutschland zur neuen Moderichtung. Diese Entwicklung erreichte ihren Höhepunkt in dem Haus, das Ludwig I. von Bayern in Aschaffenburg im pompejanischen Stil erbaute. Er war dazu durch seine häufigen Besuche in Pompeji angeregt worden. Solche Neuschöpfungen machten Herculaneum und Pompeji zum integrierenden Teil nicht nur des Kulturlebens in Italien, sondern auch in Deutschland.

Mein Dank und meine Anerkennung gehören in erster Linie jenen, die seit der Wiederentdeckung von Pompeji und Herculaneum über diese Städte geschrieben, und besonders den Männern, die jahrelang die Forschungen an Ort und Stelle vorangetrieben haben. Die in neuerer Zeit erschienenen Werke werden am Schluß dieses Buches in einem Verzeichnis genannt. Besonderer Dank gebührt Mr. Werner Forman, der mir als Photograph unschätzbare Dienste geleistet hat; ebenso auch Mr. D. E. L. Haynes und Mr. Hugh Honour für ihre wertvollen Ratschläge, Miss Kathy Henderson, Mrs. Sandra Bance und Mr. Oliver Walston vom Verlag Weidenfeld und Nicolson für ihre Unterstützung bei der Herausgabe dieses Buches und meiner Frau, die mir während der ganzen Zeit seines Entstehens tatkräftig zur Seite gestanden hat.

Michael Grant   Gattaiola 1978

So stand ich in der ausgegrabenen Stadt;
Herbstblätter hört' ich fallen, Geisterschritten gleich,
Die durch die Straßen eilten; und ich hörte
Des Berges Stimme wie aus tiefem Schlaf
Durch jene ungedeckten Räume hallen.
Orakelgleiches Donnergrollen drang
Mir in die Seele – beschleunigte den Pulsschlag meines Blutes
Die Erde fühlt ich tief aus ihrem Herzen sprechen.

Shelley, *Ode an Neapel*

▷ umseitig: Ein vor der Porta Nocera in Pompeji erstickter Mann. Die
vulkanische Asche, die seinen Körper umgab, war hart geworden, und
nachdem der Körper selbst zerfallen war, wurde der Hohlraum mit Gips
ausgegossen.

Die Geschichte von Pompeji und Herculaneum

Im westlichen Italien am Tyrrhenischen Meer liegt das einladende Land der Campania. Die 145 Kilometer südostwärts von Rom beginnende und sich bis jenseits der Bucht von Neapel hinziehende Küste war für das antike Rom das erste Fenster zum Mittelmeer, und hier bot sich den Römern zum erstenmal die Möglichkeit, einen Weltstaat zu errichten. Hinter der Küste erstreckt sich bis zum Apennin eine von der Natur unglaublich begünstigte Tiefebene. Sie wird von zwei recht ansehnlichen Flüssen durchzogen, und ein feuchter Südwestwind streicht darüber hin. In dieser Gegend, deren lockerer Boden mit Phosphor und Kalium angereichert ist, sind die Winter mild und kurz, und die Erde saugt von den regelmäßig fallenden Niederschlägen genug Feuchtigkeit auf, um während der drei trockenen Sommermonate nicht zu verdorren.[1] Die Campania ist eine Landschaft, wie sie das wasserarme Süditalien nicht kennt, und auch die Besucher aus dem Norden mit ihren bescheidenen Maßstäben können sich keine Vorstellung solcher Fruchtbarkeit machen. In der Antike, als dies die größte Kornkammer der Halbinsel war, erzielten einige Bezirke bereits drei Getreideernten jährlich und dazu oft genug eine als Zwischenfrucht angebaute Gemüseernte. Damals gab es die Orangen und Zitronen noch nicht, die heute hier angebaut werden,[2] aber schon reichlich Oliven und Wein; ja, die ertragreichsten Olivenhaine Italiens fand man in der Campania. Wenn man heute Pompeji verläßt und ins Land hinauskommt, sieht man Felder, auf denen Weinstöcke, Obstbäume und Bohnen zugleich wachsen. So war es auch im Altertum. Während des ganzen Jahres waren die Felder von den verschiedenartigsten Nutzgewächsen bedeckt, und der Ertrag lag hier vielleicht sechsmal höher als der Durchschnitt auf der ganzen italienischen Halbinsel. Oberhalb der Ebene, etwa im Lattarigebirge (Montes Lactarii [Lattari]) am Südende der Bucht, ernährten die Bergwiesen viele Tausend von Schafen.

Madame de Staël hat einmal gesagt: »Nichts gibt einen sinnlicheren Begriff vom Leben als dieses Klima, in dem sich der Mensch innig mit der Natur vereinigt.« Mehr als siebzehn Jahrhunderte vor ihr hatte schon Plinius der Ältere das gleiche gesagt; der lateinische Schriftsteller Florus hielt die Campania, obwohl er selbst aus Nordafrika stammte und in Spanien lebte, für die schönste Gegend nicht nur Italiens, sondern der Welt.[3] Und in der Tat ist diese großartige Landschaft mit ihrer herrlichen Küste, den fruchtbaren grünen Hügeln, dem alles einhüllenden Licht, dem leuchtend blauen Himmel und dem tiefblauen Meer die vollkommene Illustration zu der aus tiefster Überzeugung kommenden Versicherung von Dr. Samuel Johnson, daß es nichts gibt, was sich mit der Landschaft am Mittelmeer vergleichen ließe.

Schon lange bevor die Römer kamen, hat dieses einladende Land Einwanderer und Eroberer angezogen. Bereits Anfang des 8. Jahrhunderts v. Chr. gründeten die Griechen Cumae an der Küste hart nordwestlich der Bucht als erste Siedlung auf dem italienischen Festland. In den beiden folgenden Jahrhunderten beherrschte Cumae das ganze umliegende Gebiet und wurde schließlich zu einem der wichtigsten Getreidelieferanten für andere Teile der Halbinsel. Neapel selbst war schon vor 650 v. Chr. als Neapolis von den Griechen gegründet worden, soweit sich das aus den dort gemachten Funden feststellen läßt. Vor Ende des 6. Jahrhunderts entstand ganz in der Nähe eine zweite griechische Stadt. Es war Dicaearchia, das spätere Puteoli und heutige Pozzuoli, das auf allen Gebieten, mit Ausnahme der Kultur, besonders aber als Außenhandelsposten über Hunderte von Jahren eine größere Bedeutung hatte als Neapolis. Puteoli lag 11 Kilometer westlich von Neapolis, und die viel kleinere Stadt Pompeji 22 Kilometer südostwärts von Neapolis am gleichen Küstenstreifen.

◁ Vor dem zum Strand führenden Tor in Pompeji. Im Vordergrund eine Grabstätte, im Hintergrund der Vesuv.

Zweifellos hatte es hier schon vor den Griechen ein italisches (oskisches) Fischer- und Bauerndorf oder sogar eine kleine Stadt gegeben. Wir wissen allerdings nicht, wie lange. Jedenfalls wurde dieser Ort im Lauf der Zeit durch eine Siedlung oder einen Handelsposten der Griechen erweitert. Auf einem hohen, nach Süden gerichteten Gebirgsvorsprung, dem sogenannten Forum Triangulare, errichteten sie einen dorischen Tempel. Seine Ruinen stammen aus dem 6. Jahrhundert, als der kleine Ort ohne Zweifel noch unter dem Einfluß oder der Herrschaft von Cumae oder Neapolis stand und den Ausgangspunkt der Handelsroute nach Süden darstellte.

Die griechische Siedlung bzw. der Handelsposten in Pompeji wurde auf einem vulkanischen Bergrücken etwa 39 Meter über dem Meeresspiegel erbaut. Er war durch einen prähistorischen Lavafluß am Hang des Vesuv entstanden, der sich etwas mehr als 8 Kilometer entfernt in den Himmel erhebt. Nach Süden zu, jenseits der Stelle, wo die Griechen ihren Tempel errichteten, hatte die Lava haltgemacht und eine Barriere geschaffen, die sich befestigen ließ und gegen Überraschungsangriffe Schutz gewährte. Dieser klippenähnliche Wall überschaute den Flußlauf des Sarnus (Sarno), der heute seine Bedeutung verloren hat, in der Antike aber von recht großen Schiffen befahren wurde. Diese Schiffe mit geringem Tiefgang konnten im Fluß selbst ankern,[4] aber auch innerhalb der Hafenanlagen in der weiten Mündung. Der Sarnus, der die ganze fruchtbare Ebene südostwärts des Vesuv bewässerte, hatte schon vor 700 v. Chr. das Entstehen von Bauerndörfern im oberen Teil seines Tals und unweit der Flußmündung angeregt.[5] Nach der Gründung von Pompeji machte der Sarnus die Pompejaner von den größeren Hafenstädten Cumae und Neapolis weiter im Norden mehr oder weniger unabhängig, und damit wurde die Stadt zum wichtigsten Seehafen für das weite Hinterland. Insbesondere wurde sie zum Hafen einer Landstadt, die 11 Kilometer ostwärts im Binnenland lag: Nuceria Alfaterna (Nocera). Diese Stadt war ein wichtiger Straßenknotenpunkt, deren Reichtum aus der Flußniederung stammte und die die südliche Campania beherrschte.

Die Griechen siedelten sich nicht nur in Pompeji, sondern auch an zwei Orten beiderseits der Stadt nahe der Küste an. Im Süden gründeten sie zu einer

◁ Pompeji: von einem Turm in der Nordmauer blickt man über den sogenannten Bogen des Caligula hinweg. Im Hintergrund liegt das Lattari-Gebirge am Südende der Bucht von Neapel.

heute unbekannten Zeit eine Stadt in Stabiae, unmittelbar unterhalb der Hügel am Südende der Bucht. Stabiae, die heutige Schiffbauerstadt Castellamare di Stabia, ist nur 5 Kilometer von Pompeji entfernt und liegt in Sichtweite seiner Stadtmauern. Die enge Nachbarschaft bedeutet, daß Pompeji in dieser Richtung nicht sehr viel eigenes Land besitzen konnte. Das Territorium der Stadt hat sich auch in der Tat in allen Richtungen nur über wenige Kilometer erstreckt. Aber die andere griechische Küstensiedlung im Norden von Pompeji war noch viel kleiner und hatte nicht einmal ein Fünftel seiner Ausdehnung. Das war Herakleion, das spätere Herculaneum.

Auf einem Ausläufer der unteren Hänge des Vesuv bedeckte die kleine Stadt etwas weniger als eine Fläche von 12 Hektar und wurde an beiden Seiten durch Schluchten geschützt, in denen Gebirgsbäche ins Meer hinausflossen. Diese Bäche waren nicht schiffbar, und Herculaneum hatte keinen größeren Hafen. Auch gab es keine guten Straßen in die Stadt. Trotzdem war sie ein kleines Handelszentrum, denn die Küstenstraße um die Bucht führte hindurch. Neapolis war nur 8 Kilometer entfernt, und griechische Siedler, die wahrscheinlich von dort kamen, haben sich schon recht früh in Herculaneum niedergelassen. Nach einer Legende war es der Heroe Herakles, der nach seiner Rückkehr aus Spanien hier einen Teil seiner Beute den Göttern geopfert und die kleine Stadt an der Stelle gegründet hatte, wo er mit seiner Flotte vor Anker gegangen war. Er gab der Stadt angeblich auch seinen Namen.

Im Lauf der Zeit entstand jedoch auf der Halbinsel eine politische Großmacht, die alle örtlichen Interessen beiseite schob.

Ihr Mittelpunkt lag in Etrurien, nordwestlich von Rom, wo die Etrusker, in lockeren Städtebünden organisiert, von dem profitierten, was sie von der griechischen und anderen östlichen Kulturen gelernt hatten, und eine starke militärische und wirtschaftliche Macht errichteten. Auf dem Höhepunkt dieser Macht fielen ihre Armeen nach Süden in die Campania ein, wo sie die wichtigste Stadt im gesamten fruchtbaren Tiefland gründeten (oder an der Stelle neu gründeten, wo früher eine italische Stadt gestanden hatte). Das war Capua (S. Maria Capua Ve-

▷ Blick auf Herculaneum von Süden nach Nordwesten. Links die kleine Kolonnade des Hauses der Gemme; rechts davon das Haus des Telephus-Reliefs.

18

tere), 27 Kilometer nördlich von Neapel, das auch der Campania ihren Namen gab. Neuere Ausgrabungen in Capua lassen vermuten, daß das Vordringen der Etrusker um 650 v. Chr. begonnen hat. Später – wahrscheinlich gegen Ende des folgenden Jahrhunderts – weiteten sie ihren Herrschaftsbereich über den größten Teil des Tieflands der Campania aus. Dabei kamen sie auch mit den Griechen in Berührung, und Cumae wurde zum bedeutendsten etruskischen Ort für den Handel mit Griechenland. 524 v. Chr. und dann wieder 474 v. Chr. griffen sie die Stadt an, wurden aber abgeschlagen. Wahrscheinlich haben die Etrusker jedoch irgendwann in diesem Zeitabschnitt in Pompeji geherrscht. Jedenfalls hatten sie dort eine Handelsniederlassung, das zeigen Bruchstücke etruskischer Inschriften auf schwarzen Vasen, die man unter dem Apollo-Tempel gefunden hat. Vermutlich sind sie aus Clusium oder anderen im Innern des Landes gelegenen Städten auch nach Herculaneum gekommen.

Nach ihrer Niederlage im Jahr 474 v. Chr. haben die Etrusker dieses Gebiet jedoch nicht mehr beherrscht, und bald füllten die Samniten das hier entstandene Vakuum aus. Das waren harte Bergbewohner, Bauern und Hirten, die befestigte Orte auf dem grauen Kalksteinplateau in der Mitte der Halbinsel hinter der Tiefebene bewohnten. Ihre mit dem Lateinischen verwandte Sprache war das Oskische. Der Name leitet sich von dem früherer Einwanderer her, die sie in Samnium und der Campania verdrängt hatten und die vor der Ankunft der Griechen und Etrusker in Pompeji und Capua gelebt und Pompeji seinen Namen gegeben hatten.[7] Als sich die Samniten ihrer Stärke bewußt wurden, war es nur natürlich, daß sie nach besserem Siedlungsland Ausschau hielten und sich für die soviel fruchtbarere Tiefebene zu interessieren begannen. Nachdem die Etrusker vertrieben worden waren – obwohl deren Einfluß hier und dort noch erhalten blieb –, hatte sich in der ›oskischen‹ Campania unter der Führung von Capua etwa um 445 v. Chr. ein selbständiger Städtebund gebildet. Im Jahre 423 v. Chr. fielen die Samniten in Capua ein und nahmen es in einem Überraschungsangriff. Dann richtete sich ihre Aufmerksamkeit auf die griechischen Siedlungen an der Küste, die ihre Besitzgier reizten. Der Augenblick für einen Angriff war günstig, denn auf dem griechischen Festland wütete der peloponnesische Krieg zwischen Athen auf der einen und Sparta und Korinth auf der anderen Seite, so daß von dort keine Hilfe zu erwarten war. Die griechische

Kolonie Cumae fiel 421/420 v. Chr. in die Hände der Samniten und verlor damit die Bedeutung, die sie seit alters her gehabt hatte. Sehr bald müssen auch alle anderen Städte an der Küste von den Samniten eingenommen worden sein. Zu ihnen gehörten Pompeji und Herculaneum. Sogar Neapolis wurde zu einer von zwei Kulturen geprägten Stadt, der griechischen und der samnitischen. Bald gab es drei samnitische Städtebünde; einen im eigentlichen Samnium, den zweiten in der Campania und den dritten nordostwärts davon in der Lucania. Die Samniten verbreiteten in den besetzten Gebieten ihre eigene Sprache. Aber als sie im 4. Jahrhundert v. Chr. anfingen, sich schriftlich zu äußern, verwendeten sie eine Adaptation des griechischen Alphabets von Cumae. Im Verlauf der Küsten-Besiedlung übernahmen sie außerdem den griechischen Handelsgeist, von dem sie vorher in ihrer samnitischen Heimat nichts gewußt hatten.

Damit war Pompeji zu einem Teil der Campania geworden, die zum erstenmal von einem italischen Volk in einer politischen Organisation vereinigt worden war. Mit Ausnahme von Capua finden wir in diesem Gebiet mehr Material über jene geheimnisvolle Epoche als irgendwo sonst. Die Bewohner dieses Territoriums haben ihre Befehle ebenso wie die von Stabiae und Herculaneum vielleicht zum Teil aus dem größeren Zentrum Nuceria im unmittelbar angrenzenden Hinterland erhalten. Aber in den von Samniten beherrschten Städten gab es eine starke republikanische und demokratische Tradition, und selbst die kleinsten Orte hatten sich augenscheinlich ihre eigenen autonomen Verwaltungsinstanzen erhalten oder entwickelt. Obwohl es heute schwierig ist, aus späteren römischen Aufzeichnungen zu entnehmen, was darin ursprünglich samnitisch war, hat es den Anschein, daß es in Pompeji zunächst nicht wie in römischen Zeiten zwei jährlich gewählte höchste Beamte gegeben hat (duo viri), sondern daß der Vorsitzende der Bürgerversammlung der Stadt ein einziger höchster Beamter gewesen ist, neben dem es keine gleichrangigen Kollegen gab.[8]

Währenddessen kämpften die Römer 208 Kilometer weiter im Norden ihren lange währenden, erbitterten Kampf um die Vorherrschaft in Italien. Ihre Straße nach Capua, die Via Latina, war um das Jahr 370 v. Chr. teilweise schon fertiggestellt (der Bau einer zweiten Straße, der Via Appia, war gegen Ende des Jahrhunderts ebenfalls beendet). Aus Furcht vor den Galliern, die von Norden gegen die Halbinsel vorrückten, schlossen die Samniten etwa 358 bis 354

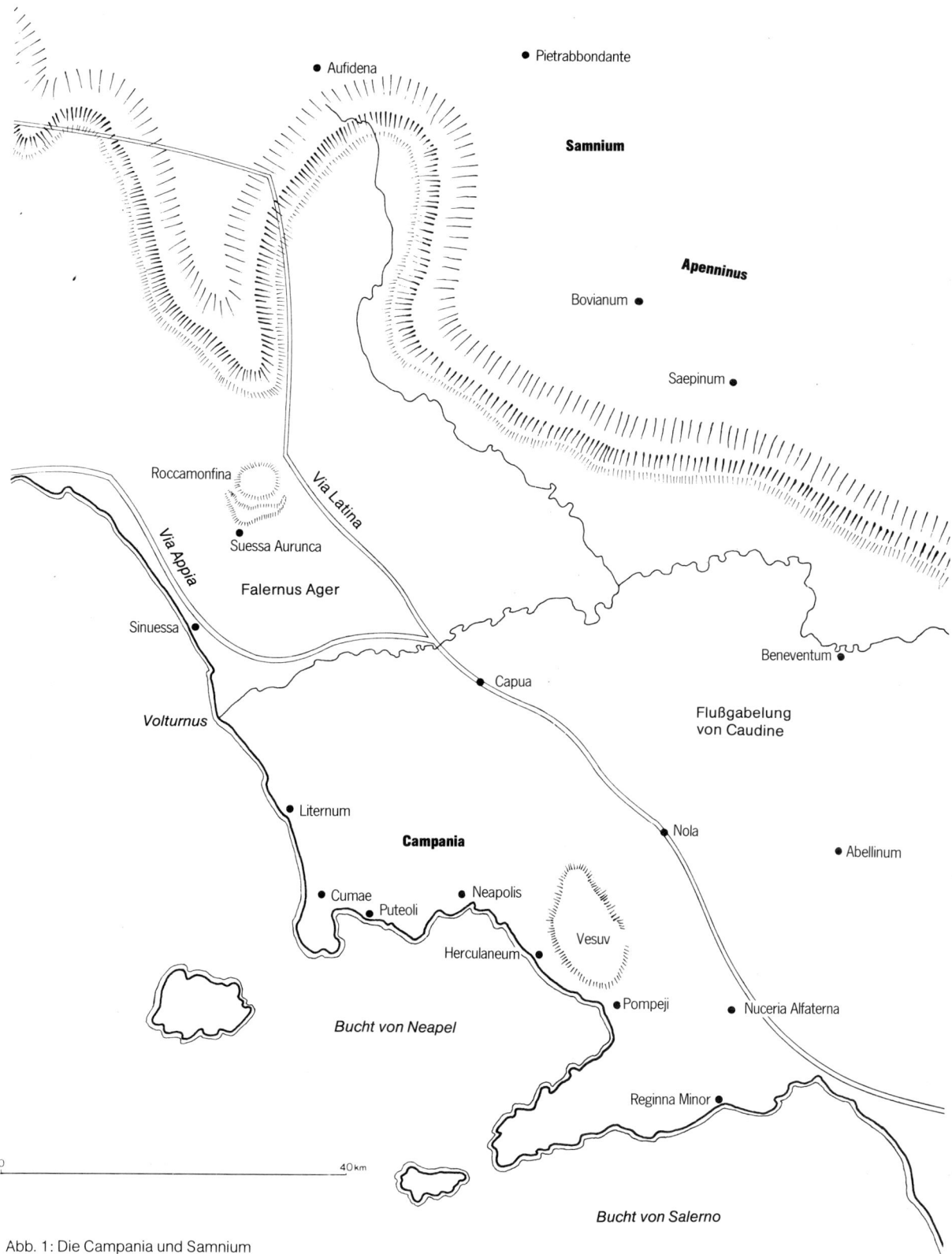

Abb. 1: Die Campania und Samnium

21

oben: Münze der italischen Rebellen, die sich 91 bis 87 v. Chr. im Bundesgenossen- oder Marsischen Krieg gegen Rom erhoben. Neben dem Kopf die Inschrift ITALIA. Die Rebellen sind bei einer Eidesleistung dargestellt. Pompeji und Herculaneum schlossen sich ihnen an und wurden von Sulla besiegt.

gegenüber: Sulla: Diktator und Gründer der »Kolonie der Venus« in Pompeji. Ein posthumes Porträt, vielleicht um 59 v. Chr.

v. Chr. ein Verteidigungsbündnis mit Rom. Aber dann lösten sie und ihre campanischen Stammesbrüder sich aus diesem Bündnis. Angst vor weiteren samnitischen Angriffswellen verleitete die letzteren zu dem verhängnisvollen, ihr Schicksal endgültig besiegelnden Schritt: sie appellierten an Rom, wenigstens behaupteten die Römer, sie hätten es getan. Im ersten samnitischen Krieg (soweit man historische Tatsachen und Legende voneinander unterscheiden kann) sind die Römer augenscheinlich bis in die Campania vorgedrungen (um 343 v. Chr.). Im zweiten Krieg nahmen sie Neapolis ein (327–326 v. Chr.). Trotz der schweren Niederlage an der Caudinischen Flußgabelung im Inneren des Landes (322 v. Chr.) landeten sie an der Mündung des Sarnus, zerstörten Nuceria und nahmen Pompeji und wahrscheinlich auch Herculaneum ein (310–302 v. Chr.). Auch wenn die Einnahme dieser Städte zunächst nur vorübergehend erfolgt sein mag, war die Campania 300 v. Chr. vollständig in römischer Hand, obwohl Neapolis und Nuceria, die jetzt durch eine Straße mit Rom verbunden waren, nominell die Unabhängigkeit behielten.

Während des großen Einfalls Hannibals und der Karthager in Italien (218 bis 204 v. Chr.) revoltierte Capua, schloß sich dem Angreifer an und mußte 211 v. Chr. dafür bezahlen. Neapolis wehrte Hannibals Angriff ab, und auch Nuceria und Pompeji hielten Rom offenbar die Treue. Die Städte in der Campania gewannen erhebliche Vorteile durch die Machterweiterung Roms im 2. Jahrhundert v. Chr. Als dann die Italiker 91 v. Chr. in ihrem Bestreben, sich gleiche Privilegien zu sichern, im Bundesgenossen- oder Marsischen Krieg gegen die Römer rebellierten, blieb Nuceria wieder loyal; Pompeji, Herculaneum und Stabiae aber schlossen sich den Rebellen an.[9] Der künftige römische Diktator Sulla nahm Stabiae ein und zerstörte es vollständig. Ihren Landbesitz mußte die Stadt an Nuceria abtreten, sie war später nur noch ein Erholungsort. Auch Herculaneum fiel. In den Stadtmauern von Pompeji gibt es Breschen, die von der Belagerung zeugen. Sie wurden durch die Steine der Belagerungsartillerie (ballistae) geschlagen. Vor der Porta Ercolano fand man auch Bleigeschosse. Inschriften in oskischer Sprache hat man als Bekanntmachungen oder Ranglisten der Verteidiger interpretiert. Wenn jedoch die oskische Sprache bis dahin überlebt hatte, so muß sie sehr bald in Vergessenheit geraten sein, denn die Belagerung endete höchstwahrscheinlich mit der Einnahme durch Sulla, dessen Name im Verputz eines Turms eingekratzt ist.[10] Nach Kriegsende erhielt Pompeji jedenfalls das rö-

dann wieder bei Herculaneum. Schließlich räumte er das Gebiet, sein Aufstand wurde niedergeschlagen. Danach geschah in diesen Städten nichts Bemerkenswertes mehr, bis ihr Leben ausgelöscht wurde. Augustus (31 v. Chr. bis 14 n. Chr.) hinterließ an beiden Orten seine Spuren, wie er das fast überall getan hat. Bedeutende Bewohner kamen und gingen.

Später, im Jahr 59 n. Chr., kam es im Amphitheater von Pompeji zwischen Pompejanern und Nucerianern zu einer heftigen Auseinandersetzung. Aus diesem Grund wurde die Arena für die folgenden zehn Jahre geschlossen. Vielleicht ist diese Anordnung in der Praxis doch nicht sehr streng befolgt worden. Im Jahr 62 n. Chr. kam es dann zu einem Erdbeben,[14] und 79 n. Chr. erfolgte der vernichtende Vulkanausbruch. Über beide Ereignisse werden wir im folgenden ausführlich berichten.

mische Stadtrecht, und nachdem Sulla in den Osten gezogen, seine Feldzüge dort beendet hatte und wieder zurückgekehrt war, wurde der Stadt ihre künftige Rolle zugeteilt, indem man eine ansehnliche Zahl von Römern dort ansiedelte und eine sich selbst verwaltende Kolonie des Sulla einrichtete, die »Kolonie der Venus« (80 v. Chr.).
Wie in einer Region, die dem Diktator besonders gut gefiel, nicht anders zu erwarten – er ließ sich in Puteoli, wo er auch gestorben ist, eine prächtige Villa bauen –, übergab er die Verwaltung der Kolonie seinem Neffen Publius Sulla als Statthalter und ›Patron‹, und sie wurde zum leuchtenden Vorbild der Bautätigkeit, durch die er sich besonders auszeichnete. Es ist möglich, daß die kleinen Ackerflächen für die Neusiedler in der Hauptsache nicht den Pompejanern fortgenommen wurden, sondern den Bewohnern des zerstörten Stabiae,[11] obwohl Cicero doch von erheblichen Spannungen zwischen den alten Bürgern Pompejis und den neuen Kolonisten spricht.[12] Auch Herculaneum war, wie andere italische Städte, zu einem Bürgergemeinwesen geworden, aber ohne neue Siedler. Vielleicht hat die Stadt auch ein gewisses Maß an Selbständigkeit genossen, während die Bewohner der viel größeren Nachbarstadt Neapolis in dem Bürgerkrieg, der auf die Rückkehr Sullas folgte, heimtückisch niedergemetzelt wurden.[13] Im Jahr 73 v. Chr. stellte Spartacus als Führer aufständischer Gladiatoren für die Städte am Vesuv eine ernste Bedrohung dar, denn er schlug die römischen Armeen an den Hängen des Berges und

Silberner Dinarius des Augustus, der ebenfalls Spuren in Pompeji und Herculaneum hinterlassen hat. Pompeji besitzt einen Tempel der Fortuna Augusta, und in beiden Städten gab es Priester des vergöttlichten Augustus. Diese Münze zeigt sein Porträt und eine Darstellung seines Schutzgottes Apollo von Actium.

Der Vesuv

2

Der Gipfel des Vesuv ist knapp 10 Kilometer von Pompeji und weniger als 7 von Herculaneum entfernt. Der Berg gehört zu einer langen Kette von aktiven, zeitweilig untätigen oder augenscheinlich erloschenen Vulkanen, die sich von der südlichen Toscana nach Sizilien und bis auf die Liparischen Inseln hinzieht, die in der Antike auch als die aeolischen oder vulkanischen Berge bezeichnet wurden. Der Berg Roccamonfina nordwestlich von Capua ist als Vulkan schon lange nicht mehr tätig gewesen. Die heute oder in den letzten Jahren noch aktiven Vulkane sind der Vesuv, der Aetna auf Sizilien und der Stromboli (Strongyle) auf den Liparischen Inseln. Der Vulcano (Thermessa Vulcani) auf einer Liparischen Insel ist 1890 zum letztenmal ausgebrochen;

sieben Jahre früher brach der Vulkan Epomeus auf Ischia aus und vernichtete eine benachbarte Stadt. Das in alter Zeit unter den Namen Pithecussae und Aenaria bekannte Ischia liegt vor dem Nordwestausläufer der Bucht von Neapel. Gegenüber auf dem Festland hinter Pozzuoli (Puteoli) erstreckt sich das vulkanische Gebiet der Phlegraeischen Felder (Campi Flegrei). Hier befinden sich dreizehn niedrige Krater. Einige von ihnen sind mit Wasser gefüllt, und es gibt dort zahlreiche heiße Quellen und kochendheiß aus der Erde austretenden Dampf. Die vulkanische Tätigkeit in dieser sehr fruchtbaren Region hat offensichtlich aufgehört. Technisch ist dies ein »vulkanisches Wrack«. 1970 berichtete die Presse von ernsten Befürchtungen, die dadurch ausgelöst wurden, daß

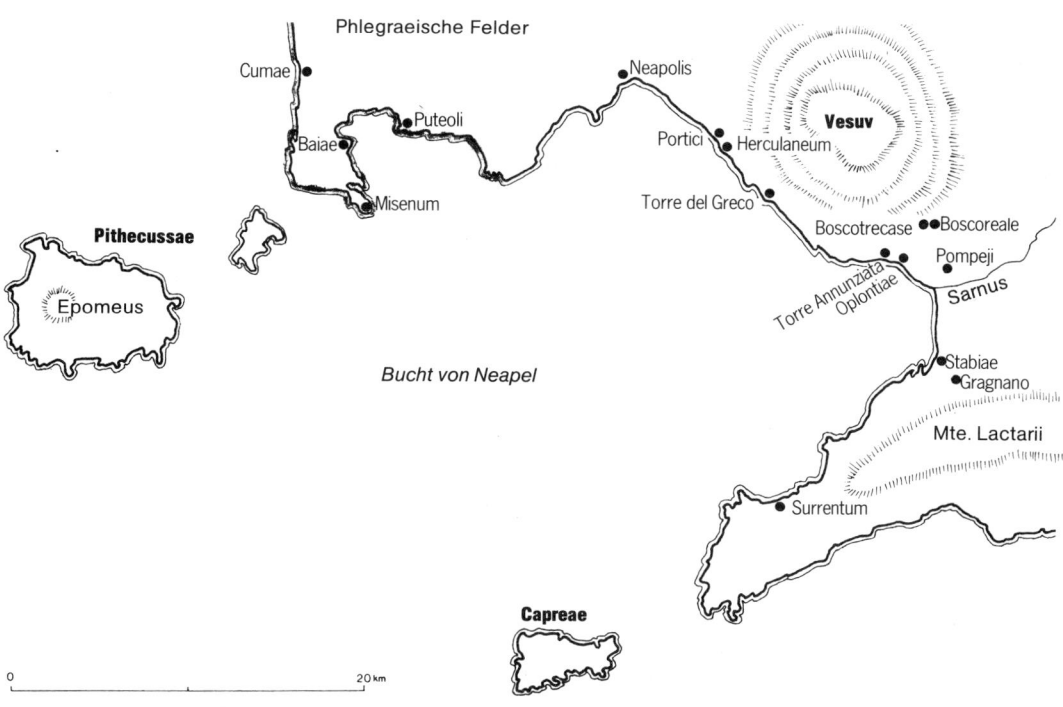

Abb. 2: Die Bucht von Neapel in römischer Zeit

das phlegraeische Gebiet sich als Folge sogenannter ›bradyseismischer‹ Vorgänge (eines sich allmählich vollziehenden vulkanischen Erdbebens) in beunruhigender Weise gehoben hat. In Pozzuoli waren es im Verlauf der vorausgegangenen sechs Monate mehr als dreiviertel Meter, gleichzeitig senkte sich die Küstenlinie von Ischia, und man stellte eine Anzahl von schwachen Erdstößen fest.

Tief unter der Erdoberfläche liegt unterhalb des Berges Epomeus auf Ischia, der Phlegräischen Felder und des Vesuv vielleicht ein großes, zusammenhängendes Reservoir aus glühender, geschmolzener Materie. Vielleicht stehen die Vulkane in dieser Gegend miteinander in Verbindung.

Denn in der Campania treffen sich zwei Spalten in der Erdkruste. Hier laufen sie zusammen und kreuzen sich, und die Krater der Gegend sind Zeugen für diese explosive Situation. Besonders auffallend unter ihnen ist der 12 Kilometer südostwärts von Neapel gelegene Vesuv, der einzige aktive Vulkan auf dem europäischen Festland. Der Berg erhebt sich als vereinzelte Anhöhe aus der campanischen Ebene. Seine Gipfelhöhe variiert um 1200 Meter; sie verändert sich nach jedem neuen Ausbruch. Der Berg hat zwei Gipfel, den Monte Vesuvio und den Monte Somma. Auf dem Monte Vesuvio befindet sich der aktive Krater. Aber der lange erloschene Monte Somma ist viel älter. Der ursprüngliche Kraterrand nimmt etwa die Hälfte des gesamten Bergumfangs von 11 Kilometern ein. Dazu gehört auch der gegenwärtige Gipfel des Monte Vesuvio. Unterhalb dieser hohen

Klippe verlaufen lange Hänge bis hinunter in die Ebene.

Der Geograph Strabo hatte Anfang des 1. Jahrhunderts n. Chr. über den Berg geschrieben und wußte nichts über einen Vulkanausbruch in historischer Zeit zu berichten. Er stellte aber fest, daß das Gestein wie verbrannt aussah, und schloß daraus richtig auf seinen vulkanischen Ursprung.[1] Er sah, daß der Gipfel eine weite, flache und sterile Senke mit steilen Wänden hatte.

Spartacus hatte sich während des Gladiatorenaufstandes mit seinen Männern in diesem Krater eingerichtet, aus dem er später durch die unbewachten Risse im äußeren Rand entkommen konnte. Seine Leute seilten sich an zusammengedrehten Weinranken ab, denn der Vesuvius (oder Vesevus, wie die Leute ihn auch nannten) war nicht mehr wie früher von einem dichten Wald bestanden, in dem es viele Wildschweine gab, jetzt bedeckten liebliche Rebgärten seine Hänge. Vergil erwähnt den Wein am Vesuv sowie Olivenhaine, guten Ackerboden und Weideland.[2] Ein Gemälde in der Casa del Centenario in Pompeji zeigt wahrscheinlich den ungefähren Zu-

▷ Ansicht des Vesuv von Westen auf einem Gemälde im *Lararium* in der Casa del Centenario in Pompeji. Der Berg hat hier nur einen Gipfel und ist bis nach oben bewachsen. Die menschliche Gestalt ist Dionysos (Bacchus), und die Schlange ist Sinnbild der Hausgötter. Museum in Neapel.

▽ Reliefs im Hausaltar der Lucius Caecilius Jucundus in Pompeji zeigen das Erdbeben des Jahres 62 n. Chr.

stand des Berges um die Mitte des 1. Jahrhunderts n. Chr. Hier wächst der Wein bis in eine ziemliche Höhe den Hang hinauf. Dieses und zwei andere Gemälde, die jetzt vernichtet sind, aber vorher noch kopiert werden konnten,[3] zeigen deutlich, daß es damals nur einen Gipfel (den Monte Somma) und nicht wie heute zwei gegeben hat.

Am 5. Februar 62 n. Chr.[4], an einem strahlenden Sonnentag wurde die ganze Gegend von einem starken Erdbeben erschüttert. Aus Nuceria wurden Schäden gemeldet, und in Neapel stürzten einige Häuser ein. In Herculaneum war es jedoch viel schlimmer. Die Stadt wurde ebenso wie Pompeji vollständig verwüstet.

Auf zwei Reliefs, die der pompejanische Bankier Lucius Caecilius Jucundus für seinen Hausaltar (lararium) anfertigen ließ – vielleicht zur Erinnerung an seine Rettung aus dieser Katastrophe – sieht man eine naive Darstellung des Erdbebens, bei dem Statuen, Torbögen, Säulen und Fassaden zusammenstürzen. Der Philosoph Seneca, der in seiner Jugend einen Essay über Erdbeben verfaßt hatte, schilderte auch die Katastrophe des Jahres 62 n. Chr. in einem kurzen, aber interessanten Bericht. Dabei erwähnt er, daß durch die ausströmenden Dämpfe eine Herde von 600 Schafen getötet wurde.[5] Tempel stürzten zusammen, ein Wasserreservoir wurde zerstört, Landhäuser mußten geräumt werden, und einige Menschen wurden wahnsinnig. Aber die Städte waren so reich und lebensbejahend, daß sie rasch wieder aufgebaut wurden.

Doch das Erdbeben war nur ein Vorspiel für künftiges Unheil; es war der vergebliche Versuch des Vesuv gewesen, einen neuen Krater zu bilden. Sechzehn Jahre später, am 24. August 79 n. Chr., zerbarst die Erdkruste, und es kam zu einer Eruption.[6] Man feierte schon seit einigen Tagen das Fest des göttlichen Augustus. In der Hauptstadt hatte man am Tage zuvor den Jahrestag des Vulcanus begangen – ein seltsames Zusammentreffen. Der 24. August war außerdem der Tag, an dem ein geheimnisvoller Ritus vollzogen wurde, mit dem man den Bewohnern der Unterwelt den Zugang zur Oberwelt öffnen wollte. Schon seit vier Tagen hatte die Erde in Pompeji und den benachbarten Städten gebebt, und die Quellen waren versiegt, weil der Druck in den unterirdischen Regionen des Berges stark angestiegen war. Dann erfolgte die Explosion.

Eine bemerkenswerte Schilderung der Katastrophe hat sich erhalten. Wir verdanken sie Plinius dem Jüngeren, der sich zu jener Zeit in Misenum am Nordwestausläufer der Bucht von Neapel aufhielt, und zwar im Hause seines Onkels, des Historikers, Naturwissenschaftlers und hochgebildeten Mannes, Plinius des Älteren, der damals Befehlshaber der Marinebasis von Misenum war. Später fragte der noch bedeutendere Historiker Tacitus den jüngeren Plinius, was damals geschehen sei, und erhielt folgenden Bericht.

Mein Onkel befehligte die Flotte bei Misenum. Am frühen Nachmittag des 24. August machte meine Mutter ihn auf eine ungewöhnlich große, auffallende Wolke aufmerksam. Er war draußen in der Sonne gewesen, hatte ein kaltes Bad genommen, sich hingelegt und gegessen und arbeitete nun an seinen Büchern. Er ließ sich seine Sandalen bringen und stieg auf eine Anhöhe, von wo aus er die wunderbare Erscheinung gut beobachten konnte. Aus dieser Entfernung war nicht deutlich zu erkennen, von welchem Berg die Wolke aufstieg (später stellte man fest, daß es der Vesuvius war). Ihre Gestalt läßt sich am besten mit der einer Pinie vergleichen, sie hob sich nämlich wie auf einem sehr hohen Stamm empor und teilte sich dann in mehrere Äste. Ich nehme an, sie war beim ersten Ausbruch so hoch hinaufgeblasen worden und hatte sich dann verteilt, als der Druck nachließ, oder sie wurde durch ihr eigenes Gewicht heruntergedrückt und breitete sich allmählich aus, um sich schließlich aufzulösen. Stellenweise war sie weiß, anderswo fleckig und schmutzig, je nachdem sie Erde oder Asche mit sich führte. Der gelehrte Verstand meines Onkels sagte ihm sofort, daß die Erscheinung eine genauere Untersuchung verdiente. Deshalb befahl er, ein Boot segelfertig zu machen, und stellte mir anheim, ihn zu begleiten. Ich erwiderte, ich wolle lieber mit meinen Studien fortfahren, denn er selbst hatte mich mit einer schriftlichen Arbeit beauftragt.

Als er das Haus verließ, brachte man ihm eine Botschaft von Rectina, der Frau des Cascus, dessen Haus sich am Fuß des Berges befand, von wo aus man nur mit dem Schiff entkommen konnte. Sie fürchtete die drohende Gefahr und bat ihn, er möge sie doch aus der bedenklichen Lage befreien. Deshalb änderte er seine Pläne, und was er als Forschungsunternehmen begonnen hatte, beendete er als Held. Er ließ die Kriegsschiffe auslaufen und ging selbst mit der Ab-

sicht an Bord, außer Rectina noch vielen anderen Menschen zu helfen, denn dieser schöne Küstenstreifen war dicht bevölkert.

Er begab sich nun in aller Eile an die Stelle, die alle anderen so schnell wie möglich verlassen wollten, und steuerte das Schiff direkt auf die Gefahrenzone zu. Er war ganz ohne Furcht, beschrieb jede neue Phase so, wie er sie beobachtete, und ließ seinen Bericht niederschreiben. Als die Schiffe sich der Küste näherten, fiel die Asche immer heißer und dichter herab. Es folgte ein Hagel aus Lavabrocken und geschwärzten Steinen, die durch die Flammen verbrannt und zerplatzt waren. Dann befanden sich die Schiffe plötzlich im seichten Wasser, aber der Zugang zum Strand war durch vom Berg herabgerollte Gesteinstrümmer versperrt. Einen Augenblick überlegte mein Onkel, ob er wenden sollte. Aber als der Steuermann dazu riet, weigerte er sich und sagte ihm, das Glück sei auf der Seite der Tapferen, und sie müßten versuchen, zu Pomponianus nach Stabiae zu kommen. Von dort trennte ihn die breite Bucht (denn die Küste zieht sich im weiten Bogen um ein vom Meer gefülltes Becken), so daß er sich noch nicht in der Gefahrenzone befand, obwohl man deutlich erkennen konnte, daß sie sich näherte. Pomponianus hatte seine bewegliche Habe deshalb schon auf ein Schiff gebracht, um in See zu stechen, sobald der Wind sich drehte. Der Wind war dem Schiff meines Onkels günstig, und es gelang ihm, ans Ufer zu kommen. Er umarmte seinen verängstigten Freund, sprach ihm Mut zu und glaubte, ihn durch seine eigene gefaßte Haltung beruhigen zu können. Dann ließ er sich ins Bad bringen. Nach dem Bad legte er sich zu Tisch und aß. Er gab sich den Anschein, bester Stimmung zu sein, und bewies damit wieder seinen Mut.

Indessen loderten über dem Vesuvius gewaltige Feuerbrände, und überall hüpften die Flammen, deren Leuchten in der dunklen Nacht nur noch heller erschien. Mein Onkel versuchte, die Ängstlichkeit seiner Freunde dadurch zu zerstreuen, daß er immer wieder sagte, es seien Bauernhöfe, die die Landleute in ihrer Angst zurückgelassen hätten, oder Villen, die ohne Obhut seien und nun in Flammen stünden, weil niemand das Herdfeuer bewacht habe.

Dann legte er sich hin und schlief; er war ein kräftiger Mann, und die Leute, die an seiner Tür vorübergingen, konnten deutlich sein lautes Schnarchen hören. Der Innenhof, von dem die Tür zu seinem Zimmer führte, war jetzt schon so hoch mit Asche und Lavabrocken gefüllt, und auf dem Boden hatte sich eine dicke Schicht gebildet, daß mein Onkel, wenn er länger in dem Zimmer geblieben wäre, nicht mehr hätte herauskommen können. Man weckte ihn, er kam nach draußen, setzte sich zu Pomponianus und den anderen Mitgliedern des Haushalts und wachte die ganze Nacht mit ihnen. Sie berieten, ob sie im Hause bleiben oder lieber ins Freie hinausgehen sollten; denn die Gebäude wurden jetzt von starken Erdstößen erschüttert, und man hatte den Eindruck, sie würden beim Hin- und Herschwanken aus dem Boden gerissen. Aber unter freiem Himmel bestand die Gefahr, von herabfallenden Lavabrocken getroffen zu werden, wenn diese auch leicht und porös waren. Nach einigen Überlegungen beschlossen sie, hinauszugehen. Mein Onkel folgte dabei der Überlegung, aber die anderen handelten nur aus Furcht. Um sich vor den fallenden Steinen zu schüt-

Maultiertreiber, der mit dem Rücken an die Wand der Athletenschule (Palästra) gelehnt gestorben ist. Die Überreste seines Maultiers wurden in der Nähe gefunden. Museum in Pompeji.

zen, banden sie sich mit Tüchern Kissen auf die Köpfe.

Anderswo war es inzwischen schon Tag geworden, aber sie befanden sich noch im Dunklen. Die Finsternis war schwärzer und dichter als in jeder gewöhnlichen Nacht. Deshalb steckten sie Fackeln und alle verfügbaren Lampen an. Mein Onkel beschloß, zum Strand hinunterzugehen und an Ort und Stelle zu erkunden, ob es möglich sei, über die See zu entkommen. Er stellte aber fest, daß die Brandung zu stark und zu gefährlich war. Man breitete am Boden ein Tuch aus, auf das er sich legen konnte, und er bat immer wieder um kaltes Wasser, seinen Durst zu stillen. Dann wurden die anderen durch die Flammen und den Schwefelgeruch vor dem immer näher herankommenden Feuer gewarnt, und bevor sie flohen, hoben sie auch ihn auf. Auf zwei Sklaven gestützt stand er da, brach aber plötzlich zusammen, wahrscheinlich weil der dicke Rauch ihn erstickte und ihm die Kehle zudrückte, die bei ihm ohnehin schwach, eng und oft entzündet war.

Als es am 26. wieder hell wurde – zwei Tage nachdem man ihn zum letztenmal gesehen hatte –, fand man seinen Körper unversehrt und voll bekleidet. Er glich mehr einem Schlafenden als einem Toten.[7]

Wir wissen nicht, in welcher Weise Tacitus diesen einzigartigen Bericht verwendet hat, denn der Teil seines Geschichtswerks, der die Ereignisse des Jahres 79 n. Chr. behandelt, ist uns nicht erhalten geblieben. Aber Plinius der Ältere, der die Katastrophe miterlebte, hat nicht nur als Historiker den Versuch unternommen, Geschichte zu schreiben, sondern hier auch selbst Geschichte gemacht. Sein Neffe hat uns die älteste realistische Beschreibung einer großen Naturkatastrophe hinterlassen, die es in der westlichen Literatur gibt.

Der Admiral hat den Brief seiner Freundin wahrscheinlich gegen 2.00 Uhr nachmittags bekommen. Plinius der Jüngere legt allerdings Wert auf die Feststellung, daß sein Onkel die Flotte nicht nur ihretwegen alarmiert hat. Die Botschaft, die etwa zwei oder drei Stunden brauchte, bis sie ihn erreichte, war unmittelbar nach Beginn des Vulkanausbruchs geschrieben worden, durch den Pompeji bereits zerstört und dessen erste Manifestation ein gewaltiges Krachen gewesen war, als der Berg auseinanderbarst, das aber die Familie des Plinius wahrscheinlich nicht gehört hat. Zwei antike Schriftsteller erwähnen dieses Phänomen,[8] und es wird auch in den Berichten über die Eruption von 1872 bestätigt. Zu der Detonation

kam es durch das Anwachsen des Gasdrucks im Berginneren, der den ganzen Vesuv zerbersten ließ. Nachdem der Vulkan einen neuen Krater geöffnet hatte, begann er große und kleine rotglühende Gesteinsbrocken auszuwerfen, die viele tausend Meter hoch in die Luft geschleudert wurden. Ein unaufhörlicher Ausstoß von kleineren Steinen, Schlacke, Asche und Staub folgte. Diese Wolke verdunkelte zunächst die Sonne und regnete dann auf das den Berg umgebende Gebiet herab. Die Wolke, die Plinius mit einer Pinie vergleicht, ist als Begleiterscheinung von Vulkanausbrüchen wohlbekannt. Bei den Dampf- und Ascheeruptionen sind elektrische Aufladungen der Luft eine häufige Erscheinung: »gewaltige Feuerbrände und hüpfende Flammen«. Im Jahr 1779 wurden sie wieder über dem Vesuv beobachtet. Die Ausgrabungen haben gezeigt, daß während der Katastrophe des Jahres 79 an verschiedenen Orten Blitze eingeschlagen sind. Es strömten auch tödlich wirkende Gase aus, an denen der korpulente ältere Plinius erstickt ist. Er war nicht der einzige, der daran starb, denn an der verkrampften Haltung vieler bei Pompeji aufgefundener Toten sieht man, daß sie an den tödlichen Gasen erstickt sind, die, so folgert man, zunächst schwefelhaltig und dann chlorwasserstoffhaltig waren.

Plinius berichtet nichts über den Untergang von Pompeji, und wir besitzen auch kein anderes literarisches Zeugnis über diesen Aspekt der Katastrophe. Als sein Onkel gegen 16.00 Uhr nach Stabiae kam, war Pompeji schon seit Stunden unter der Asche begraben, denn als der Vesuv detonierte, legte sich der größte Teil der Lava auf Pompeji und das die Stadt umgebende Gelände. Es entstanden zwei Schichten: die erste bestand aus Lavabrocken, die den Boden zwei bis drei Meter hoch bedeckten, die zweite aus Asche war zweieinhalb Meter dick.

Norman Douglas, der die Gegend in unserem Jahrhundert besucht hat, berichtet von einem Traum, in dem er sah, wie eine riesige Masse aus heißem, erstickendem Schnee langsam und stetig aus dem schwarzen Himmel zu Boden fiel. Vielleicht hatte er gelesen, daß Goethe Pompeji mit einem »eingeschneiten Bergdorf« vergleicht. Doch während der Jahrhunderte, die seither vergangen sind, haben sich auf die schneeige Asche noch zwei Meter fruchtbarer Erde gelegt. Als daher die Ausgrabungsarbeiten begannen, lag Pompeji mehr als sechs Meter unter der Erdoberfläche.

Die Ablagerungen des Vesuvausbruchs haben die

Das Schwimmbecken im Sportstadium von Herculaneum, das unter der Masse vulkanischen Schlamms gefunden wurde, der die Stadt zudeckte. Der Platz, auf dem der Schlangenbrunnen steht, war ursprünglich der Mittelpunkt des großen, von Kolonnaden umgebenen Innenhofs.

darunter verschütteten Gegenstände so gut konserviert, daß man nach der Ausgrabung des Isis-Tempels auf einem Eßtisch noch Eier und Fische erkennen konnte, und in der Bäckerei des Modestus befanden sich 81 verkohlte Brotlaibe im Ofen. Sie waren nur wenige Sekunden vor der Katastrophe hineingeschoben worden und hinter der verschlossenen Eisentür unversehrt geblieben. In der Küche des Hauses der Vettier lagen in den auf Dreifüßen stehenden Kesseln noch die Knochen des darin zubereiteten Fleisches. Auf dem Macellum, dem Markt auf dem Forum, fand man noch Obst in den Glasbehältern.

Herculaneum wurde in ganz anderer Weise von der Katastrophe betroffen. Der Hagel aus Lavabrocken und Asche, der Pompeji vernichtete, kam nicht bis hierher. Hier vollbrachte der Schlamm das Zerstörungswerk, denn der Berg stieß nicht nur Steine und Asche aus, sondern auch eine Dampfwolke mit einer Temperatur von 930 Grad Celsius. Der Dampf kondensierte und mischte sich mit aufspritzendem Seewasser, um kochendheiß herabzuregnen und sich mit der Lava zu einer brodelnden Masse zu vermischen. Diese ›Schlammlava‹, wie man sie im Gegensatz zur ›Feuerlava‹ nennt, die der Krater jetzt und auch bei

den späteren Eruptionen ausstieß, bildete einen glühendheißen, zähen Strom, der in die Schluchten hinunterfloß und das am Berghang gelegene Herculaneum 15 bis 18 Meter tief unter sich begrub.
Allmählich kühlte die Masse ab und wurde steinhart. Es ist ein erschütterndes Erlebnis (heute braucht man eine Sondergenehmigung dazu), in die naßkalte, dumpfige Tiefe des Theaters von Herculaneum durch einen im 18. Jahrhundert entstandenen Tunnel hinabzusteigen. Das Theater selbst liegt immer noch unter der Lava begraben. Giacomo Leopardi dachte an diesen Ort, als er die unterirdische Hauptstadt des Mäusestaats Topaia beschrieb, in die man nur gelangen konnte, wenn man Fackeln mitnahm, und Charles Dickens war »überrascht von der monströsen Dicke der gewaltigen Mauern, die diesen Ort zu einem Alptraum werden ließen«.
Der heiße Schlamm bewegte sich langsam, aber mit unwiderstehlicher Gewalt auf Herculaneum zu. Nur einen Meter hohe Schlammströme können hunderttausend Kilogramm schwere Felsbrocken viele hundert Meter weit über flache Hänge schieben, die ein Gefälle von weniger als fünf Grad haben. In Herculaneum hat man Bruchstücke derselben Skulptur an mehreren Stellen entlang einer einzigen Straße gefunden. Die Häuser der Stadt wurden durch die Gewalt der Masse zerdrückt, aber der Schlamm hat dennoch vieles besser konserviert als die Asche in Pompeji. Bei seinem allmählichen Eindringen füllte das feuchte Gemisch die Räume und ließ dabei die Wiege im Kinderzimmer und die Kessel auf dem Küchenherd an ihren Plätzen stehen. Als der Schlamm abkühlte, verdorrten Gewebe und Papyri, wurden aber nicht zerstört. Auch das Holz zerfiel nicht zu Staub; es verkohlte, so daß das Material sich zwar chemisch veränderte, aber doch erhalten blieb, etwa wie ein Stock, den man in ein Teerfaß steckt. Man findet deshalb noch jetzt Dachsparren, Treppen, Möbelstücke, eine hölzerne Kleiderpresse, ein Regal, einen kleinen Hausaltar, in dem noch die Götterfiguren stehen, und ein Gerüst, das ein Dach stützt.
Sogar verkohlte Eierschalen sind – wie auch in Pompeji – in einem Küchenschrank erhalten geblieben, und auf einem Eßtisch im Haus des Telephus-Reliefs liegen solche Eierschalen neben dem Brot, Salat, Kuchen und Obst der Mittagsmahlzeit, die man kurz vor Beginn des Vesuvausbruchs auf den Tisch ge-

▷ Eine Ladenfront in der Hauptstraße von Herculaneum. Die hölzernen Bauteile sind zum Teil erhalten geblieben. Das Mauerwerk war ursprünglich mit farbigem Stuck bedeckt.

Ein Bettler vor der Porta Nocera. Er hatte – vielleicht aus einer öffentlichen Spende – gute Sandalen bekommen und hielt noch seinen Almosensack fest.

stellt hatte. Die Bohnen und das Getreide auf dem Ladentisch des Gemüsehändlers Aulus Fuferus blieben unversehrt. Im Laden des Trinkers Priapus standen noch große, fast bis zum Rand mit Nüssen gefüllte Behälter unter dem Ladentisch, und einige lagen als Muster darauf. In der Nähe des Forums fand sich eine Transportkiste mit einer in Stroh verpackten Sendung wertvoller Gläser. Die erste Verpackungsschicht schien eben abgerissen worden zu sein. Auch die Reste einer Bettdecke sind noch zu sehen, dazu Stricke, Fischernetze und sogar Wachstafeln. All diese Gegenstände haben sich über Hunderte von Jahren unter der Erdoberfläche erhalten, nachdem sie vom Vulkanschlamm unbarmherzig zugedeckt worden waren.

In Herculaneum hat man verhältnismäßig wenige tote Frauen und Männer gefunden, weil die Schlammlava so langsam floß, daß die meisten Be-

wohner aus der Stadt fliehen konnten – obwohl sie wahrscheinlich in vielen Fällen nicht mehr weit gekommen sind. In dem Ort selbst hat man nicht mehr als 20 oder 30 Skelette ausgegraben. Zwei von ihnen entdeckte man 7 $\frac{1}{2}$ Meter oberhalb der alten Straßendecke. Sie sind in der zähflüssigen Masse nach oben gedrückt worden. Im Hause eines Gemmenschneiders hatte man einen kranken Knaben auf einem schön eingelegten hölzernen Ruhebett zurückgelassen. Neben ihm stand noch das Huhn, das man für ihn zubereitet hatte. Auch einem Mann im Collegium der Priester des Augustuskults war die Flucht nicht mehr gelungen.

In Pompeji, das soviel plötzlicher von heißer Lava und Asche zugedeckt wurde, sprechen viele Anzeichen dafür, daß die Menschen von der Katastrophe überrascht wurden und gezwungen waren, sich behelfsmäßig davor zu schützen. Im Haus des Philosophen hatte man offensichtlich keine Zeit, die silbernen Becher auf dem Tisch in Sicherheit zu bringen, die für Gäste hervorgeholt worden waren. Aber im Hause des Pansa stellte man eine wertvolle Skulptur, die Bacchus mit einem Satyr verkörperte, in einen Kupferkessel im Garten. Im Haus des Epheben brachte man dagegen eine Statue aus dem Garten in das zum Teil überdachte Atrium und umwickelte sie mit Stoff, nachdem man ihr die schweren Kerzenhalter aus den Händen genommen hatte. In der Villa des Publius Fannius Sinistor (oder des Lucius Herennius Florus) in Boscoreale hart nördlich von Pompeji brachte ein Sklave einen Sack mit wertvollen Silbertellern in einen Raum, in dem eine Ölpresse stand, und legte ihn in den Ölbehälter.

Der Sklave gehörte zu den Opfern der Katastrophe. In und um Pompeji starben etwa 2000 Menschen – ungefähr ein Zehntel der Bevölkerung. In der Umgebung der Stadt sind außerdem viele Menschen spurlos verschwunden. 1771 brachte die Entdeckung des Skeletts eines jungen Mädchens in der Villa des Diomedes außerhalb der Stadt eine Sensation, denn die Form ihres Busens hatte sich, im Sand abgedrückt, erhalten. Dieser »*magnifique sein de femme*« regte Gautier zu seinem Roman *Arria Marcella* (1852) an. Doch 1864 erfand Giuseppe Fiorelli, der die Ausgrabungen leitete, eine fast perfekte Methode, die Formen der Toten zu rekonstruieren. Er stellte fest, daß die Asche, die die Körper umschloß, in den meisten Fällen so hart geworden war, daß sich die Form der verwesten Leichen im Hohlraum erhalten hatte. Deshalb kam er auf den Gedanken, diesen Hohlraum

△ Das Haus des Menander in Pompeji. Ein Hausbewohner hatte auf der Flucht vor dem Vulkanausbruch ein Loch in die Wand geschlagen.

◁ Funde aus dem Haus des Menander in Pompeji.

mit flüssigem Gips auszugießen, das sich verhärtete und die Gestalt des betreffenden Körpers genau wiedergab. Das Resultat war erstaunlich. Sogar die Umrisse der Bekleidung wurden sichtbar. So kann man feststellen, daß ein Bettler vor der Porta Nocera, der einen Almosensack bei sich hatte, gute Sandalen trug, die er vielleicht aus einer öffentlichen Spende erhalten hatte. Bei anderen Toten, deren Körperformen so ausgegossen wurden, kann man sogar die Schamhaare erkennen und sehen, daß sie ebenso wie auf einigen Skulpturen halbkreisförmig ausrasiert waren. Auch der gequälte Gesichtsausdruck ist erhalten geblieben.

Philippe Diolé sagt: »Das große Ziel der Archäologie besteht darin, toten Gegenständen ihre Wärme und lebendige Bedeutung wiederzugeben.« Wärme fin-

35

det man hier kaum, aber einen sehr hohen und schmerzlichen Grad von Lebenswahrheit. So muß man wohl auch die leidenschaftliche Frage von Edward Hutton beantworten, der Pompeji besucht hat: »Weshalb verlangt unsere Neugier nach so schrecklichen Ungeheuerlichkeiten?« 1906 hat C. G. Jung in einem Gespräch mit Sigmund Freud die psychologischen Hintergründe des jüngst erschienenen Buchs *Gradiva*, ein pompejanisches Phantasiestück, von Wilhelm Jensen erläutert, dessen fetischistische Behandlung gewisser Körperteile von den toten Männern und Frauen inspiriert worden ist, deren Formen er in Pompeji gesehen hatte.

Zu den ersten Todesfällen in der Stadt kam es, als Lavabrocken nach der Eruption aus großer Höhe herabfielen. Als die Menschen sich dann in Sicherheit zu bringen suchten oder von Panik ergriffen ziellos herumliefen, wurden sie von der Asche erstickt, von den Dämpfen vergiftet oder von umstürzenden Säulen und Mauern erschlagen. Viele stellten fest, daß die Orte, an denen sie sich zu verstecken suchten, zu tödlichen Fallen geworden waren. Andere wurden in der tiefen Finsternis, die nur durch tödliche Blitze erhellt wurde, zu Tode getrampelt. Im Haus des Menander scheinen sich die Sklaven entschlossen zu haben, in das obere Stockwerk zu fliehen, um dann durch das Fenster oder über das Dach ins Freie zu gelangen. Aber sie wurden durch Lava und Asche zurückgetrieben, und zehn von ihnen starben zwischen Treppe und Haustür, unter ihnen der Anführer mit einer Laterne aus Bronze. Einer hatte ein Loch in die Wand des Zimmers geschlagen, aber auch das nützte nichts mehr. Der Torhüter war in seinen Raum neben dem Eingang geflüchtet und hatte Siegel und Geldbörse seines Herrn mitgenommen, die zwei Goldmünzen, 90 Silbermünzen und 13 Kupfer- und Bronzemünzen enthielt. Seine kleine Tochter war bei ihm, und er deckte sie und sich selbst mit Kissen zu. So gingen beide in den Tod. Im Haus des Cryptoporticus flüchtete sich eine Mutter mit ihrer kleinen Tochter auf dem Arm in einen Raum im Kellergeschoß und entkam durch eine Kellerluke in den Garten. Aber dort wurde sie zu Boden geschlagen. In einem Haus an der Via Stabiana verschlossen die Bewohner den Zugang zum Atrium mit einer eisernen Klappe, aber es war umsonst, alle zwölf erstickten. Die Frauen, die in dem Haus des Pansa und dem erst kürzlich ausgegrabenen Haus des Marcius Fabius Rufus umkamen, trugen goldene Ohrgehänge, Halsbänder und Ringe. Vor

dem Hause des Sallust lagen die Hausfrau und ihre drei Mägde tot in der Asche. Um die Leiche der Dame verstreut fand man ihren Schmuck, Geld und einen silbernen Spiegel, Wertgegenstände, die zusammenzuraffen offenbar zu lange gedauert hatte. Im Haus des Publius Paquius Proculus wurden sieben Kinder unter den Trümmern begraben, als das Obergeschoß über einem Zimmer im unteren Stockwerk einstürzte.

Als der Isis-Tempel in Gefahr geriet oder zusammenzustürzen begann, flohen die Priester mit dem Tempelschatz. Einer stürzte mit einem Leinensack voll Goldmünzen an der Ecke der Via dell'Abbondanza und konnte sich nicht mehr erheben. Die anderen liefen weiter zum Forum Triangulare, wo zwei von umstürzenden Säulen erschlagen wurden. Ihre kostbaren Kultgeräte lagen noch neben ihnen am Boden. Die Überlebenden suchten Zuflucht in einem Haus, stellten aber fest, daß sie in eine Falle geraten waren. Einer von ihnen schlug die Mauer mit einer Axt ein, brach aber dann mit dem Werkzeug in der Hand zusammen.

In einer Taverne in der Via di Nola ließen einige Gladiatoren die halb geleerten Becher stehen und liefen um ihr Leben, ihre Trompeten, mit denen sie ihr Auftreten in der Arena ankündigten, vergaßen sie. Vielleicht gelang ihnen die Flucht. Dann hatten sie mehr Glück gehabt als ihre Kollegen, von denen mehr als sechzig in der Gladiatorenunterkunft umkamen. Zu den Toten gehörten auch zwei, die mit Handschellen gefesselt in einer Gefängniszelle eingesperrt waren. Niemand hatte Zeit gefunden, jetzt noch an sie zu denken. Allerlei lüsterne Spekulationen hat man darüber angestellt, was eine prächtig gekleidete Frau in der Gladiatorenkaserne zu tun haben mochte. Sie starb mit den Männern, die sie besuchte.

Unweit der Kaserne fand man einen Sklaven neben einem mit Kleidungsstücken und Wertsachen beladenen Pferd. Im übrigen gibt es aber kaum Überreste von Lasttieren, weil die Menschen, die sich beeilten, aus der Stadt hinauszukommen, sie alle mobilisiert hatten. Vor dem Ausgang eines Ladengeschäfts im Haus des Menander stand ein mit Weinkrügen beladener Wagen. Alles war für die Abfahrt bereit, aber im letzten Augenblick hatte man das Tier in aller Eile ausgespannt und zum Reiten verwendet. Die Hunde hatten nicht alle dieses Glück. Einer von ihnen ist mit der Gipstechnik von Fiorelli in makabrer Vollständigkeit wiederhergestellt worden. Man hatte ihn im Atrium des Hauses des Vesonius

Primus angekettet. Als die Asche durch die Öffnung im Dach herabregnete, war das Tier so weit nach oben geklettert, wie seine Kette reichte, und dann im Todeskampf verkrümmt gestorben. Im Haus der Vestalinnen starb ein anderer Hund neben einem Menschen. Nachdem der Mensch tot war – das darf man wenigstens hoffen –, benagte der hungrige Hund die Leiche seines Herrn, an dessen Knochen man die Spuren seiner Zähne gefunden hat.

Die Verluste an Menschenleben außerhalb der Stadtmauern von Pompeji waren ebensohoch, wenn nicht sogar höher. Vor der Porta di Nola war ein Mann auf einen Baum gestiegen. In der Mysterienvilla vor der Porta Ercolano starb ein Türhüter in sei-

ner Amtsstube (er trug einen eisernen Siegelring mit einem Sardonyx). Vor dem Tor lag ein junges Mädchen. Zwei mit Gold und Edelsteinen geschmückte Frauen starben in einem Zimmer des Obergeschosses. Die jüngere hielt noch einen Bronzespiegel in der Hand. In der benachbarten Villa des Diomedes fand man acht Tote im Keller, darunter zwei Knaben, die sich fest umschlungen hielten. Neben dem zweiten Hauseingang lag der Besitzer mit einem silbernen Schlüssel in der Hand, daneben sein Majordomus mit Geld und anderen Wertgegenständen. In einer Villa in Boscoreale war die Frau des Besitzers mit einer Begleiterin auf den Hof hinausgelaufen, in dem die Ölpressen standen. Sie hatten sich Tücher vor die Gesichter gehalten, aber auch das war umsonst. In einem Haus in der Gräberstraße, das einem Weinhändler gehörte, waren vierunddreißig Bewohner in

Gipsabdruck eines Hundes aus dem Haus des Vesonius Primus. Das Tier starb bei dem Versuch, sich von seiner Kette zu befreien. Museum in Pompeji.

den Weinkeller gegangen und hatten sich für einen langen Aufenthalt mit Brot, Obst und einer Ziege verproviantiert. Aber weder sie noch ihre Ziege haben das Tageslicht wiedergesehen. Eine zweite Ziege und ihr Herr starben nicht weit von hier im Freien. Der Mann hatte das Tier am Halsband mitgezerrt, es war wahrscheinlich sein kostbarster Besitz.

Zu all diesen Todesfällen kam es vor der nördlichen Stadtmauer von Pompeji dicht unterhalb des Berghanges. Viele Flüchtlinge müssen sich aber auch in die entgegengesetzte Richtung gewendet haben und aus den Südtoren zur Küste hinausgelaufen sein. Ein großer Teil von ihnen ist dabei umgekommen, denn man hat südlich der Stadt an der Stelle, wo damals die Mündung des Flusses Sarnus gewesen sein muß, viele Skelette und daneben Gold, Silber und Schmuck gefunden. Zu allem Unglück sind wahrscheinlich auch die über den Fluß führenden Brücken und die Molen im Hafen zerstört worden. Viele Schiffe und Boote sanken unter der Einwirkung des schrecklichen Lavaregens oder konnten nicht mehr benutzt

Goldenes Halsband aus Pompeji. Man hat an den Frauen, die bei dem Vulkanausbruch starben, viele ähnliche Schmuckstücke gefunden. Museum in Neapel.

werden. Die Flucht wurde außerdem durch die große Hitze, den hohen Wellengang und Sturmböen behindert, die, wie Plinius berichtet, die See aufwühlten.

Pompeji und Herculaneum waren nicht die einzigen durch den Vulkanausbruch zerstörten Ortschaften. Auch das 5 Kilometer südlich von Pompeji gelegene Stabiae wurde vernichtet, wie man an den in der Nähe gelegenen zerfallenen Landhäusern sieht. Zur Zeit der Katastrophe erkannte Plinius der Ältere, daß er bei Stabiae nicht sicher landen konnte; wie wir gesehen haben, fand er in der Nähe der Stadt am Strand den Tod. Seine Begleiter haben ihn dort wo er zusammenbrach, zunächst liegengelassen und seine Leiche später geborgen.

Der Lava- und Ascheregen des Vesuv bedeckte das Land in einem Umkreis von etwa 17 Kilometern und vernichtete auch 6 andere Ortschaften. Das waren Oplontiae (oder Oplontis), Taurania, Tora, Sora, Cossa und Leucopetra. In Oplontiae, etwa 5 Kilometer westlich von Pompeji, sind in den letzten Jahren aufsehenerregende Entdeckungen gemacht worden. Hier hat man eine prächtige Villa ausgegraben. Dieser Ort war vielleicht ebenso wie Stabiae kein regelrechtes Gemeinwesen, sondern bestand nur aus einer Gruppe von Landhäusern. Künftige Ausgrabungen werden dies vielleicht widerlegen, denn überall, wo es gelungen ist, die Lage der Ortschaften ausfindig zu machen, warten noch reiche Entdeckungen in der Erde auf künftige Archäologen.

Da der Sturm, wie Plinius erzählt, von See her in Richtung auf Stabiae wehte, kam er von Neapolis, das zunächst nur die Erdstöße spürte. Als sich die Windrichtung später änderte, senkte sich nur noch eine dünne und harmlose Schicht Asche auf die Stadt. Über das Schicksal von Misenum, das 26 Kilometer vom Vesuv entfernt am anderen Ende der Bucht lag, schreibt der junge Mann in einem zweiten Brief an Tacitus.

Die Gebäude um uns begannen zu schwanken . . . Die Karren, die wir mitgenommen hatten, fingen an, in allen Richtungen auseinanderzurollen, obwohl der Boden eben war, und blieben nicht an einer Stelle stehen, selbst wenn man Steine vor die Räder schob. Wir sahen auch, wie die See – offenbar durch das Erdbeben gezwungen – fortgesaugt wurde. Große Mengen von Seegetier bedeckten den trockengelegten Sand. Auf der dem Land zugewandten Seite wurde eine furchterregende schwarze Wolke von zackigen, zitternden Flammen zerrissen und teilte

sich, um den Blick auf hochauflodernde Feuer frei-
zugeben, die wie ins Riesenhafte vergrößerte Blitze
aussahen . . . Wieder begann die Asche zu fallen,
diesmal in dichten Schauern.[9]

Endlich lichtete sich die Finsternis, und aus dem Krater stieg nur noch eine dünne Rauchsäule auf, die wie
ein auf dem Kopf stehendes großes L eine lange
Fahne bildete, eine Form, die man nach den Eruptionen in neuerer Zeit immer wieder beobachten
konnte. Wahrscheinlich ist dieser größtenteils aus
Steinen und Asche bestehende Rauch, wie Goethe
meinte, noch lange Zeit über den Himmel gezogen.
Der Historiker Dio Cassius berichtet hundertfünfzig
Jahre nach der Eruption, damals habe sich sogar noch
in Rom die Sonne verdunkelt, und der Wind habe
den Aschenstaub bis an die nordafrikanische Küste
und in die Levante getragen.

Mit Ausnahme der Eruption des Krakatao in Indone-
sien 1883 und des Ausbruchs des Pelée auf der Insel
Martinique und des Soufrière (Saint Vincent) im
Jahr 1902 war dies die größte Katastrophe, die in geschichtlicher Zeit durch einen Vulkanausbruch ver-
ursacht wurde. Allerdings scheint der Ausbruch von
Thera (Santorin) in der Ägäis im 2. Jahrtausend
v. Chr. noch gewaltiger gewesen zu sein. Es ist möglich, daß der Vesuv bei der großen Eruption im Jahr
79 n. Chr. sich auf halber Höhe in zwei Gipfel ge-
spalten hat, den alten Monte Somma, dessen Süd-
hang zum Teil fortgesprengt wurde, und den neuen
aktiven Kratergipfel des Monte Vesuvio, der von
dem ersten durch das Atrio del Cavallo, eine sichel-
förmige Schlucht am Boden des alten Kraters, getrennt wird.
Titus, der einen Monat vor der Katastrophe Kaiser
geworden war, unternahm alles, um den obdachlos
gewordenen Bewohnern der zerstörten Städte zu
helfen. Er berief einen Senatsausschuß, dessen Mitglieder durch das Los bestimmt wurden, und der den
Auftrag erhielt, das betroffene Gebiet zu besuchen.
Der Besitz der Opfer, die ohne Erben gestorben waren, wurde eingezogen und an die Überlebenden verteilt. Städte, die die Flüchtlinge unterstützten, erhielten staatliche Sonderprivilegien. Die Menschen,
die nach dem Vulkanausbruch geflohen waren, hatten in Nola (19 Kilometer vom Ort der Katastrophe
entfernt im Inneren des Landes), Neapolis, Surren-
tum (Sorrent) am Südende der Bucht und Capua Zuflucht gefunden. Das Gebiet des verlassenen Pompeji
wurde Nola zugeteilt. Die Überlebenden aus Hercu-

laneum durften den ihnen zugewiesenen Stadtteil
von Neapolis nach ihrer alten Heimatstadt benen-
nen. Beauftragte des Titus sollten nun die Lage erkunden und den Wiederaufbau vorbereiten.[10] Ihre
Pläne wurden aber niemals verwirklicht. In der Gegend von Pompeji gab es jetzt nur noch ein paar
Winzerhütten auf dem ›Campo Pompeiano‹, wo später eine moderne Stadt entstand. Die Neubesiedlung
von Herculaneum ging schneller vonstatten, hier
wurde das Dorf Resina gebaut. Nur Stabiae, das am
Rande des verwüsteten Gebiets lag, konnte sich einigermaßen erholen und übernahm die Handelsbeziehungen von Pompeji. Heute heißt die Stadt Castellamare di Stabia und hat mehr als 70 000 Einwohner.
Seit jener Zeit hat es 70 weitere Ausbrüche des Vesuv
gegeben. Bei der Eruption im Jahr 202 n. Chr., die
eine Woche dauerte, konnte man, wie Dio Cassius
berichtet, »das Brüllen des Berges noch in Capua hören«.[11] Ein neuer Ausbruch erfolgte im Jahr 306
n. Chr., der nächste 471 n. Chr., nachdem es im Ver-

Münze des Titus (79–81 n. Chr.), der einen Monat vor dem Ausbruch
des Vesuv Kaiser geworden war und Maßnahmen für die Betreuung der
Überlebenden ergriff. Die Abbildung auf der Münze mit der Inschrift IVD
(aea), CAP (ta) bezieht sich darauf, daß er eine Revolte der Juden niedergeschlagen hatte, die den Vesuvausbruch für eine Strafe Gottes
hielten.

lauf von drei Jahren eine Reihe unheilverkündender Erdbeben gegeben hatte. Auf den Ausbruch im Jahr 513 n. Chr. folgte zwanzig Jahre später ein weiterer. Wie berichtet wird, schossen damals glühende Lavaströme aus dem Krater und nicht wie im Jahr 79 Schlammströme. In den folgenden Jahrhunderten blieb der Berg verhältnismäßig ruhig und wurde erst wieder in den Jahren 1306–1308 aktiv. Nach 1500 beruhigte sich die vulkanische Tätigkeit wieder soweit, daß die Hänge bis zum Gipfel kultiviert werden konnten und der Krater selbst mit Bäumen bestanden war. Im 17. Jahrhundert wuchsen auf den Hängen dichte Wälder, in denen es von jagdbarem Wild wimmelte.

Doch am 16. Dezember 1631 erlebten die Bewohner dieses Gebiets nach sechs Monate dauernden Erdbeben die zweitgrößte Eruption in geschichtlicher Zeit. Während der Vesuv, wie ein Augenzeuge berichtet, »Feuer schwitzte«, lief die glühende Lava über den Kraterrand hinaus und ergoß sich in sieben Strömen die Hänge hinunter über das ehemalige Herculaneum und floß weiter hinab bis zur Küste. Fast alle Städte am Fuß des Berges wurden zerstört, und viele Menschen starben. Die Schätzungen gingen auseinander; manche geben die Zahl der Toten mit 3000, andere sogar mit 18 000 an. Der Berg schleuderte Gesteinsbrocken hoch in die Luft, und die Wolke zog mit dem Wind bis nach Taranto. Der Krater auf dem Monte Vesuvio erweiterte sich auf das Dreifache, und die Spitze des alten Monte Somma wurde abgetragen. Der Vizekönig von Neapel, Emmanuele Fonseca, meinte, »im Herzen dieses Berges ist vieles Böse versteckt.«

Seither hat es mehr als zwanzig Eruptionen gegeben. Manchmal ist dabei Lava ausgeflossen, dann hat der Berg aber auch nur Dampf, Staub und Gesteinsbrokken hinausgeschleudert. Diese Ausbrüche sind das Thema zahlreicher düsterer Gemälde und Zeichnungen im Museo Nazionale San Martino in Neapel und anderswo. An der Küste gelegene Städte wie Torre Annunziata bei Pompeji und Torre del Greco bei Herculaneum sind immer wieder verschüttet oder zerstört worden.

Im Jahr 1707 dauerte die Eruption vom Mai bis zum August, und dabei fiel über Neapel ein dichter Aschenregen. Gegen Ende des Jahrhunderts bestieg der britische Gesandte in Neapel, Sir William Hamilton, der es verdient, nicht nur dafür bekannt zu

▷ Eruption des Vesuv auf einem Stich aus dem 18. Jahrhundert. Links unten Resina (Herculaneum).

40

VESUVIUS MONS

Montis interioris
confpectus.

Turris della ...

Palma puga

Mare

Mediter... *raneum*

41

sein, daß er seine Frau Emma mit Nelson teilen mußte, den Gipfel des Vesuvs nicht weniger als achtundsechzigmal und erlebte in den Jahren 1767 und 1794 Ausbrüche, bei denen »das Meerwasser kochte wie in einem Kessel«. Bei einer solchen Gelegenheit brach ein recht großes Stück des Berggipfels ab, das gleiche geschah im Juni 1858.

Der großen Eruption im Jahr 1872 ging ein gewaltiger Donner voraus. Steine und Lava wurden 1300 Meter in den Himmel hinaufgeschleudert, und die Aschenwolken stiegen doppelt so hoch. Die Lavaströme flossen 5 Kilometer weit bei einer Durchschnittsgeschwindigkeit von 400 Metern in der Stunde. Von 1895 bis 1899 kam es zu einer ganzen Reihe von Ausbrüchen. Die Eruption des Jahres 1906 war eine der heftigsten, und durch sie veränderten sich die Konturen des Berges noch einmal. Neapel wurde in tiefes Dunkel gehüllt, denn es lag in der Windrichtung, und die Rauchwolke, die auch diesmal wieder die Form einer Pinie annahm, stieg zunächst auf 4500 und dann auf 9000 Meter.

Nachdem es am Vesuv lange Zeit ruhig geblieben war, ereignete sich 1944 der letzte Ausbruch. Ihm ging der Einsturz des Gipfels voraus, der die Krateröffnung verschlossen hatte. Im Verlauf von zwölf Tagen zerstörte die Eruption Cooks Bergbahn und ließ den Kirchturm von Nocera Superiore einstürzen. Der 18. März, an dem das Ereignis begann, war ein ruhiger und windstiller Tag. Die Aschenwolke hielt sich stundenlang in der Luft, bevor sie auf Pompeji herabregnete. Sie bildete dort aber nur eine einen halben Meter dicke Schicht. Herculaneum blieb diesmal verschont.

Im folgenden Monat schloß sich der Hauptkrater und ist seither nicht wieder aufgebrochen. Der Gipfel des Monte Vesuvio war bei der letzten Messung 1270 Meter hoch, also höher als der höchste Punkt (Punta del Nasone) des großen prähistorischen Kraters des Monte Somma, der ihn im Halbkreis umschließt.

Das dem Berg vorgelagerte Hügelland ist immer noch sehr fruchtbar und dicht bevölkert, aber die Hänge sind heute kahl. Sie gleichen einer Mondlandschaft aus zerklüfteter Lava, auf der große, unförmige, graue Gesteinsbrocken liegen. Der Berg ist nur noch ein gewaltiger Trümmerhaufen, eine düstere Landschaft, und im Sommer unerträglich heiß. Für den Dekan A. P. Stanley, der den Vesuv im

19. Jahrhundert besucht hat, war der Gegensatz zwischen den kahlen, zerrissenen und einsamen Hängen und dem grünenden, fruchtbaren Land darunter das Symbol für die theologischen Studien, mit denen sich seine Zeitgenossen beschäftigten; denn auch sie konnten fruchtbar, oft aber auch unerträglich trokken sein.

Andere Reisende sahen diese Gegenüberstellung und den Gegensatz zwischen den lebensbejahenden und zerstörenden Kräften noch deutlicher, aber weniger auf ein bestimmtes Thema bezogen. Goethe hat den Berg dreimal bestiegen und dem heftigen Beben, den erstickenden Dämpfen und dem Aschenregen getrotzt. Er hat die Eruptionen genau beobachtet und war einer der ersten, die richtig vermuteten, daß eine Wolke aus Asche und Staub über Pompeji geschwebt haben muß, bevor die Stadt damit zugedeckt wurde.

▷ Der Gipfel des Vesuv vor der Eruption von 1944, als der Krater zugeschüttet wurde.

Er nannte den Vesuv »diesen mitten im Paradies aufgetürmten Höllengipfel«. Aber er sah in dem Tod der Städte nicht die Vergänglichkeit des Lebens, sondern die Unsterblichkeit der Kunst. In seinem meditativen satirischen Gedicht *La Ginestra* (damit meinte er die Ginsterbesen, die bei einer Eruption vernichtet werden) sah Giacomo Leopardi den Berg 1836 als ständige Bedrohung der Existenz, die sich in seinem Schatten dennoch immer wieder erneuert. Neun Jahre später sprach Charles Dickens von »dem eigenartigen und melancholischen Gefühl beim Anblick des Zerstörten und des Zerstörers, die nebeneinander ruhig in der Sonne liegen«.

Auch heute noch kann diese Landschaft den gleichen manichäischen Instinkt in uns wecken; denn das Nuklearzeitalter, in dem wir leben, hat uns nicht nur wieder mit schirmförmigen Wolken bekannt gemacht, sondern es bedeutet auch, daß unsere Existenz in der Tat eine echt pompejanische ist und bleibt. Der Vulkan selbst ist noch keineswegs gezähmt wie zum Beispiel der Edgcumbe in Neuseeland, dessen Dampf Wohnhäuser heizt und Papier- und Kunststoffabriken treibt. Eines Tages wird auch der Vesuv wieder in nicht zu übersehender Weise explodieren. Manche glauben, der Vulkan würde im Durchschnitt alle 17 Jahre aktiv; andere meinen, das geschähe alle 25 Jahre. Doch seit der letzten Eruption sind schon 34 Jahre vergangen.

Die Städte und ihre öffentlichen Plätze

3

Abb. 3: Pompeji

Das Stadtgebiet von Pompeji bedeckte ein Areal von etwa 64 Hektar, sein Umfang betrug drei Kilometer. Das war die Durchschnittsgröße einer italischen Stadt im frühen Kaiserreich. Pompeji hatte ungefähr 20 000 Einwohner.

Der Grundriß war ein unregelmäßiges Oval. Obwohl die Meinungen hier auseinandergehen, hat es den Anschein, als läge der ursprüngliche Stadtkern in dem niedrigen, ebenen Teil in der Südwestecke (zu dem auch das spätere Forum gehört) und als hätten sich die Häuser hier zunächst ohne eine großzügige Stadtplanung unterhalb einer Zitadelle am südlichen Ausläufer des Berges – am Forum Triangulare – eng aneinandergedrängt. Hier hat man auch die Reste eines frühen dorischen Tempels gefunden. Gegen Ende des 5. Jahrhunderts v. Chr., kurz vor oder nach den Samniteneinfällen, dehnte sich der bebaute Bezirk allmählich aus, und es entstanden neue, rechteckig

angelegte Stadtbezirke. Diese Stadtplanung, der rechteckige Grundrisse zugrundegelegt wurden, entsprang den Ideen des griechischen Architekten und Städtebauers Hippodamus von Milet, der auch die Pläne für eine pan-hellenische Gründung in Thurii (ehemals Sybaris) in Südostitalien entworfen hatte (443 v. Chr.). Seine Ideen wurden in der Campania aufgegriffen, wo Capua mit seiner großzügigen Anlage besondere Berühmtheit erlangte.[1] Aber die Anlage von Pompeji ist längst nicht so präzise wie die der anderen von Hippodamus erbauten Städte. Die Grundrisse sind nicht überall rechteckig, und die Häuserblocks haben nicht die gleichen Maße, obwohl sie im allgemeinen quadratisch sind und jede Seite durchschnittlich 59,50 Meter lang ist. Obwohl es dem Plan von Pompeji an Exaktheit mangelt, haben wir hier – vielleicht mit Ausnahme von Marzabotto bei Bologna (Bononia) – den ersten uns bekannten systematischen Stadtplan in Italien, der, wenn man das Alter der Anlage berücksichtigt, ein recht hohes Niveau zeigt.

Erst in der zweiten Hälfte des 2. Jahrhunderts v. Chr. kam es zu einer Ausdehnung des Stadtgebiets. Diese Entwicklung ging Hand in Hand mit der Evolution zeitgenössischer griechischer Städte wie etwa Delos in der Ägäis. Anfang des folgenden Jahrhunderts wurde die von Sulla in Pompeji gegründete Kolonie neu und prächtiger ausgestaltet. Anschließend hat Augustus etwas zum Ausbau der Stadt beigetragen. Aber nach dem Erdbeben im Jahr 62 n. Chr. erlebten die Architekten, Baumeister und Künstler unter Nero den größten Aufschwung, denn im Verlauf der letzten siebzehn Jahre vor der Zerstörung von Pompeji erhielten sie den Auftrag, das Stadtgebiet zwar nicht zu erweitern, aber doch die zahlreichen Gebäude wieder aufzubauen, die durch das Erdbeben beschädigt oder zerstört worden waren. Das nahm viel Zeit in Anspruch. Selbst die Wiederherstellung der Privathäuser konnte nicht beendet werden, und das große Vorhaben des Wiederaufbaus der öffentlichen Gebäude war in vielen Fällen noch kaum in Angriff genommen worden, als die Stadt 79 n. Chr. dem Vesuvausbruch zum Opfer fiel.

Über das Aussehen der ersten kleinen Siedlung in Pompeji können wir kaum etwas sagen. Diese Ortschaft ist wahrscheinlich durch ein Straßenkreuz am Nordende des Forums bestimmt worden. Als die Stadt ihre endgültige Ausdehnung erreicht hatte, kreuzten sich dort zwei Hauptstraßen; die größte Durchgangsstraße war die Via dell' Abbondanza, die

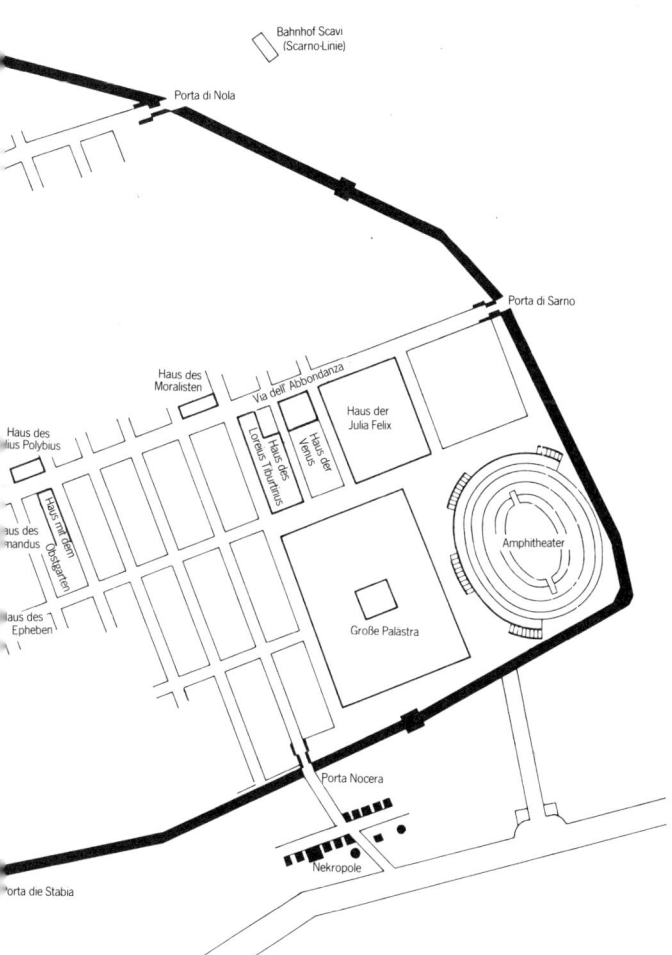

zweitgrößte die Via Stabiana. Heute verwendet man die modernen italienischen Straßennamen, und daraus sieht man, daß wir nicht wissen, wie die Straßen in Pompeji im Altertum hießen. Eine Ausnahme ist die Via Stabiana, denn eine am Tor entdeckte Inschrift zeigt, daß sie ›Via Pompeiana‹ hieß.

Viele der Besucher stellen überrascht fest, wie eng die meisten Straßen im Altertum waren. In Pompeji sind sie 2,40, 3,60 oder 4,50 Meter breit, und die breiteste mißt etwas mehr als 7 Meter (wie wir sehen werden, besaß Herculaneum eine viel breitere Straße). Derartig enge Gassen lagen im Schatten, dazu gewährten überhängende Balkone Schutz vor

der Sonneneinstrahlung. Andererseits waren diese Straßen nachts nicht so dunkel, wie man manchmal angenommen hat. Ein Plakat spricht von einem Laternenanzünder *(lanternarius)*, und wenn wir heute davon lesen, daß antike Städte wie Alexandria gut beleuchtet waren, dann trifft das wahrscheinlich auch auf Pompeji zu. Die Via Stabiana ist eine unebene Straße und verläuft von Nordwesten nach Südosten entlang des steilsten prähistorischen Lavagürtels. Die Via dell' Abbondanza (die von Nordosten nach Südwesten verläuft) ist gewunden und unregelmäßig. Diese beiden Hauptverkehrswege kreuzen sich nicht im rechten Winkel, wie dies nach der Theorie griechischer Städtebauer geschehen sollte. Madame de Staël stellte fest, diese Straßenkreuzungen gingen ihr auf die Nerven: »Man hat den Eindruck, hier wartet jemand auf einen anderen, und der Herr müßte jeden Augenblick erscheinen.«

Modell des ausgegrabenen Pompeji. In der Mitte unten neben dem großen Theater liegt ein dorischer Tempel aus dem 6. Jahrhundert v. Chr. auf dem Forum Triangulare, dem wahrscheinlich ältesten Versammlungsplatz in Pompeji. Die schmale freie Fläche ganz links ist das Forum, das spätere Stadtzentrum. Museum Neapel.

In seinem Buch *Innocents Abroad* (1869) interessiert sich Mark Twain für die Pflastersteine, die vom Vesuv selbst stammen, »der als genius loci allgegenwärtig ist«. Besonders beeindruckten ihn die tiefen Wagenspuren. »Habe ich nicht mit eigenen Augen gesehen, daß die Karrenräder von Generationen betrogener Steuerzahler fünf und sogar zehn Zoll tiefe Rillen in die dicken Pflastersteine gefräst haben?« Wo kein weicherer Kalkstein verwendet wurde, waren die Straßen von Pompeji und Herculaneum mit Platten aus fester, grauer vesuvianischer Lava gepflastert, die für den gleichen Zweck noch heute in Neapel verwendet wird. Die von den Karrenrädern eingeschnittenen Rillen, die Mark Twain erwähnt, sind dort am tiefsten, wo der Stein an der Oberfläche der Steinbrüche gebrochen worden war. Beiderseits der Fahrstraßen gab es erhöhte Bürgersteige, aber da auf den Straßen Wasser floß und Abfälle lagen, hatte

man große Steine hineingelegt, auf denen die Fußgänger sie überqueren konnten. Das müssen erhebliche Verkehrshindernisse gewesen sein. Aber die Achsen der antiken Wagen und Karren lagen hoch genug, um über die Steine hinwegzukommen,[2] und die Zugtiere konnten sich freier bewegen als heute, denn sie waren nur durch das Joch mit den Fahrzeugen verbunden.

An vielen Straßenkreuzungen gibt es Brunnen mit Steinskulpturen über rechteckigen Steintrögen, deren Ränder von den Händen und Eimern der Wasserschöpfer abgeschliffen sind. Die Brunnen in Pompeji wurden ebenso wie verschiedene Gebäude (unter ihnen die geräumigen öffentlichen Bedürfnisanstal-

▷ umseitig: Kreuzung der Via Stabiana und der Straße der Augustalen in Pompeji.

▽ Die Via Stabiana von Norden.

ten auf dem Forum und anderswo) mit Wasser gespeist, das durch Bleirohre unter den Bürgersteigen aus großen Zisternen herangeführt wurde. Eine davon befand sich an der Porta Vesuvio im oberen Teil der Stadt, so daß die Röhren ein Gefälle hatten, eine zweite in der Nähe der Thermen am Forum. Das Relief im Hause des Lucius Caecilius Jucundus, das das Erdbeben im Jahr 62 n. Chr. darstellt, zeigt, daß dabei wenigstens eines dieser Reservoire beschädigt worden ist. Das Wasser wurde aus den im Inneren des Landes gelegenen Bergen über ein Aquädukt in die Zisternen geleitet, das bei Serino in der Nähe von Avellino (dem alten Abellinum, 26 Kilometer landeinwärts) begann und nördlich am Vesuv vorüberführte. Es versorgte Neapolis und Misenum. Eine Zweigleitung ging nach Pompeji und erreichte die Stadt an der Porta Vesuvio. Vorher war der Ort aus Regenwasserzisternen versorgt worden, die im Lauf der Zeit durch eine Reihe von Straßenbrunnen ergänzt wurden, von denen einige durch die prähistorische Lava bis zu 30 Meter tief gelegenen Quellen gebohrt waren.

Herculaneum besaß ein besseres Wasserversorgungs- und Abwassersystem als Pompeji. Dazu gehörten eine fachmännisch gebaute unterirdische Kläranlage und Abwasserkanäle, die unter den Straßen entlangführten und die Abwässer sowie das Regenwasser in die See leiteten. Diese Konstruktion verhinderte die Überschwemmung der Straßen, darum brauchte man in Herculaneum auch nicht die hohen Steine, die man auf den Fahrstraßen in Pompeji für die Fußgänger ausgelegt hatte. Ein zweiter Grund, zu dem wir später kommen werden, lag darin, daß es dort nur wenige Fahrzeuge gab.

Die Stadtmauern von Pompeji stellen eines der bedeutendsten Befestigungssysteme dar, die in einer italischen Stadt aus vorrömischer Zeit erhalten geblieben sind. Es hat hier wenigstens vier Bauphasen gegeben. Die erste Befestigung bestand aus einem mit Holzbrettern verstärkten und von einer Palisade gekrönten Erdwall. Um die Mitte des 5. Jahrhunderts v. Chr. kam eine Verkleidung aus Tuffstein (vulkanischem Staub, der mit Wasser vermengt und gehärtet wurde) und Kalkstein aus dem Sarnustal hinzu. Es läßt sich heute nicht mehr sagen, ob die Anregung dazu von den Griechen, den Etruskern oder den Samniten gekommen ist. Die Verteidigungsanlagen in dieser Periode bestanden jedenfalls aus zwei parallelen Mauern wie in der samnitischen Stadt Saepinum. Dort war der Zwischenraum zwischen den bei-

den Mauern jedoch nur drei Meter weit und nicht sechs wie hier. Drei Umfassungsmauern anstelle von zwei gab es in Aufidena (Alfidena) im gleichen Gebiet. In Pompeji war der Graben zwischen beiden Befestigungsgürteln mit Steinen und Erde aufgefüllt. Die etwa 12 Meter hohe innere Mauer war fast zwei Meter höher als die äußere, die sich auf einen abschüssigen Wall bzw. eine Gegenverschanzung (die an einen Graben stieß) stützte, wie dies auch anderswo in Italien üblich war, und zwar im Gegensatz zu der griechischen Bauweise, bei der die Befestigungswerke vertikal angelegt wurden. In der Mauer gab es Scharten für Bogenschützen und Schleuderer.

Im 2. Jahrhundert v. Chr. wurden die Verteidigungsanlagen weiter verstärkt, und schließlich kamen um das Jahr 100 v. Chr. zwölf Türme hinzu. Der restaurierte Turm Nr. XI zeigt, daß man der quadratischen Form den Vorzug gab, und zwar im Gegensatz zu der Empfehlung, die später der Architekt und Festungsingenieur Vitruvius gegeben hat. Vitruvius riet, Ecken zu vermeiden, weil hier das Mauerwerk leichter von Belagerungsgeschossen beschädigt werden könnte. Wir haben im 1. Kapitel erwähnt, daß Türme und Mauern Spuren und Inschriften aufweisen, die auf militärische Operationen schließen lassen, welche die Unabhängigkeit Pompejis 89 v. Chr. beendeten.

Der Turm Nr. XI gehört zu einer Gruppe von drei Bauwerken, die in dem besonders gefährdeten nordwestlichen Abschnitt der Mauer zwischen der Porta Vesuvio und der Porta Ercolano eng zusammenstanden. Es gab sechs weitere Türme zur Verstärkung der Verteidigungsanlagen an den anderen Toren. Pompeji hatte sieben Stadttore, von denen fünf auf Ausfallstraßen hinausführten. Einige dieser Tore bestanden aus äußeren und inneren Öffnungen, die durch einen nicht überdachten Hof getrennt waren und aus dem 2. Jahrhundert v. Chr. stammten. Das älteste Tor scheint die Porta di Stabia im Süden zu sein. Sie bietet einen engen Durchgang unter einem einzigen Bogen, der von mächtigen, schräg zu einem äußeren Wallgraben abfallenden Bollwerken flankiert wird. Nach Osten folgt als nächstes die in den 1950er Jahren entdeckte Porta Nocera. Im Westen steht die Porta Marina. Diese Einfahrt war für Fahrzeuge zu steil und bestand aus einem einzigen Tonnengewölbe mit zwei Ausgängen – einer Rampe für Packtiere und einer Treppe für Fußgänger. Weiter

▷ Turm in der Stadtmauer an der Porta Vesuvio in Pompeji.

nördlich lag die Porta Ercolano, deren antiken Namen wir kennen: ›Porta Saliniensis‹. Sie führte zu einem Dorf, dessen Bewohner Salz aus dem Meerwasser gewannen. Die Porta Ercolano hatte drei Öffnungen: einen mittleren Bogen für Fahrzeuge und zwei Nebendurchgänge für Fußgänger. Noch weiter nördlich befinden sich die Porta Vesuvio, die Porta di Nola und die Porta di Sarno. Die eindrucksvollste und militärisch stärkste ist die mittlere, die Porta di Nola.

Als die Verteidigung der Stadt im Lauf der Zeit an Bedeutung verlor, wich der militärischen Zwecken angepaßte Stil komplexeren Bauten, wie man sie an der Porta Ercolano vorfindet. Jetzt fand man auch Gefallen daran, die Tore künstlerisch zu gestalten. Zu ihrem Schmuck gehörte oft eine Statue der Minerva, der Schutzgöttin der Kaufleute. Zu dieser Zeit

erfüllten die Stadtmauern keine Verteidigungsaufgaben mehr, und beiderseits des zur See führenden Tors wurde die Mauer auf weiten Strecken niedergerissen, um Platz für Häuser zu schaffen. Damit verstieß man gegen die Regel, die eine Bebauung von Geländestreifen unmittelbar innerhalb und außerhalb der Mauer untersagte, und Vespasian (69–79 n. Chr.) schickte Suedius Clemens als seinen Beauftragten nach Pompeji, der dafür sorgte, daß der zweite Teil dieser Bestimmung befolgt wurde – wenn auch nicht der erste.

Unmittelbar vor den Stadtmauern lagen weite Flächen, auf denen sich die Nekropolen befanden, denn Begräbnisse und Leichenverbrennungen (die häufiger und mit feierlicheren Riten verbunden waren als die Beerdigungen) waren innerhalb der Stadt verbo-

◁ Blick durch die Porta Nocera auf Pompeji. Im Hintergrund liegt der Vesuv.

▽ Hier verläßt man Pompeji durch die Porta Ercolano.

▷ umseitig: Die Gräberstraße, Via dei Sepulcri, vor der Porta Ercolano in Pompeji. Rechts liegt das Grabmal des Marcus Umbricius Scaurus, eines Fischsaucenhändlers.

ten, wie auch das Gesetz der zwölf Tafeln sie in Rom untersagte.

Die beiden wichtigsten Begräbnisstätten lagen vor der Porta Ercolano und der Porta Nocera, wo auf langen Strecken und jeweils neben einer Straße (die eine führt aus der Stadt heraus, die andere verläuft parallel zur Stadtmauer) die Grabmäler in ununterbrochener Reihe nebeneinander stehen.[3] Eine andere jüngst entdeckte Nekropole enthält das Grab des Marius Obellius Firmus und eines Mädchens, das ein Halsband in der rechten Hand hält; daneben liegt eine Bronzestatuette der Fortuna. Mit ihrem rechteckigen oder runden Äußeren erinnern sie an frühere italische Grabmonumente, wie man sie in Caere (Cerveteri) in Etrurien antrifft. Die kastenförmigen pompejanischen Grabmäler wirken zunächst recht streng, aber diese strengen Linien werden durch Ornamente aufgelockert, und seit man mit Beton arbeitete, schmückte man sie mit allerlei architektonischen Motiven. Im Inneren wurden sie prächtig ausgemalt; eines der Gräber war mit einer Marmorplatte verschlossen, die die Illusion entstehen ließ, es sei eine Doppeltür. Als Grabbeigaben dienten mehrere Urnen und Lampen, ein goldener Siegelring, ein kleiner Terrakotta-Altar, zwei Weinkrüge und Parfümflaschen.

Oft standen die Grabmäler an den verkehrsreichsten Straßen. Daneben waren Bänke und Tische aufgestellt, doch trotz ihres wertvollen Inhalts waren die Gräber oder die Gärten, die sie gelegentlich umgaben, nicht eingezäunt.

Zwischen den Toten und Lebenden bestand eine intime Beziehung. In einigen der großen Grabmäler gab es Speiseräume und sogar Küchen, in denen die Mahlzeiten zubereitet wurden, die man dort nach dem letzten Willen der Verstorbenen alljährlich zu sich nahm. Im Jahr 79 n. Chr. wurde beim Vulkanausbruch eine Gesellschaft in einem der Grabmäler vor der Porta Ercolana während eines Gelages von der Katastrophe überrascht, sie konnten nicht mehr durch das verschlossene Bronzetor ins Freie gelangen.

Petronius, dessen Roman *Satyricon* in der vorletzten Dekade des Bestehens von Pompeji entstanden ist, läßt seinen neureichen Antihelden Trimalchio deutlich machen, in welchem Geist diese Totengedenkstätten errichtet worden sind:

◁ Die Begräbnisstätte vor der Porta Nocera in Pompeji. Das zweite Grabmal von links ist das des Lucius Cellius, eines höheren Offiziers *(tribunus militum)*.

Es ist ganz falsch, wenn man sich nur für die Zeit, in der man am Leben ist, schöne Häuser baut, und sich keine Gedanken darüber macht, wo man sich soviel länger wird aufhalten müssen . . . Ich werde einen meiner Freigelassenen damit beauftragen, mein Grabmal zu bewachen und dafür zu sorgen, daß die Leute nicht hinaufsteigen und darauf scheißen. Ich möchte auch gern ein paar Schiffe mit vollen Segeln darauf anbringen lassen. Ich selbst werde in meiner Amtstracht und mit fünf goldenen Ringen an den Händen oben auf einem Podest sitzen und Goldstücke aus einem Sack unter die Leute werfen . . .[4]

Der Stadtplan von Herculaneum läßt sich nicht so leicht rekonstruieren; obwohl es nur ein kleiner Ort war, sind bis heute nicht mehr als vier Häuserblocks vollständig ausgegraben worden. Sie sind regelmäßig und im rechten Winkel angelegt. Man erkennt den Einfluß des benachbarten Neapolis, das ebenfalls nach griechischem Vorbild erbaut worden war. Das Forum von Herculaneum im Nordosten der jetzt ausgegrabenen Stadtteile liegt noch immer tief unter dem heutigen Resina, und der Hauptverkehrsweg, der *Decumanus Maximus*, ist erst auf einer kurzen Strecke freigelegt. Für eine Straße in einer so kleinen Stadt ist sie erstaunlich breit. Einschließlich der geräumigen Bürgersteige mißt sie zwölf Meter. Augenscheinlich war sie für Fahrzeuge gesperrt, und auch in den anderen Teilen von Herculaneum hat es

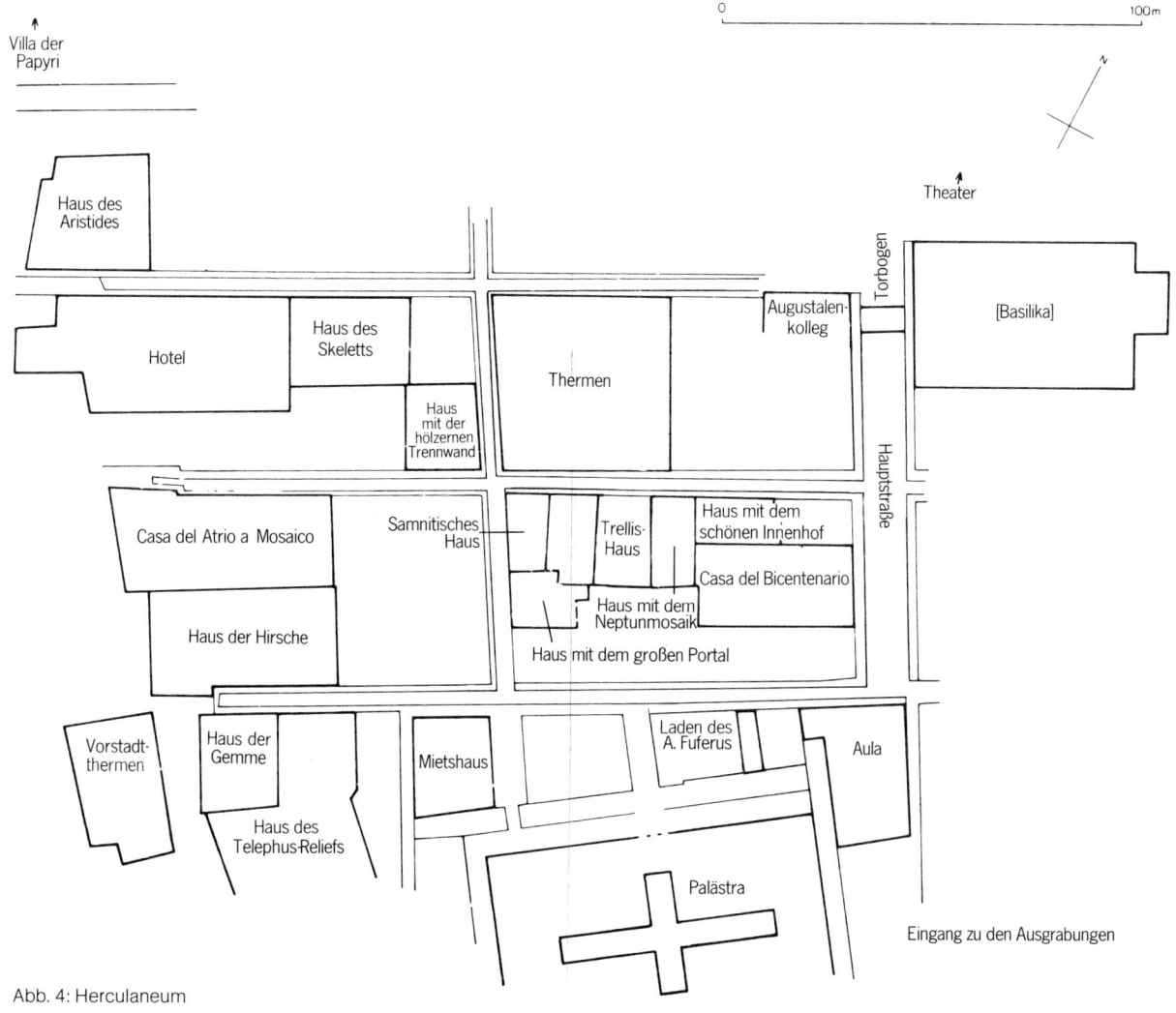

Abb. 4: Herculaneum

keinen nennenswerten Fahrzeugverkehr gegeben, denn es gibt nur wenige von Karrenrädern ausgefahrene Rinnen. Wenigstens entlang einer Straße gab es Kolonnaden wie an der Via Sacra in Rom nach dem Wiederaufbau durch Nero.

In seiner Ausdehnung war Herculaneum begrenzt, denn es lag auf einem Vorgebirge zwischen zwei Flußtälern, und der Hang fällt steil nach Südwesten zur Küste ab.[5] Hier gab es breit angelegte Terrassen unterhalb der Brustwehren im Süden, die mittelalterlichen Bastionen glichen und von Torbögen unterbrochen waren. Davor lag ein Schutzgraben.

In Pompeji gab es keine guten Bausteine. Man hat für den Bau der Häuser die verschiedensten Stein-Arten verwendet, und danach läßt sich heute ungefähr feststellen, wann einzelne Gebäude errichtet worden sind. In der Mysterienvilla vor der Stadt lassen sich sechs Bauabschnitte feststellen. Im Haus des Fauns sind es wenigstens fünf. Bis zum 3. Jahrhundert v. Chr. baute man große Gebäude dieses Typs aus Kalkstein aus dem unteren Sardustal, der mit Lehm

▷ umseitig: Das Forum in Pompeji. Der Triumphbogen wird manchmal auch als Bogen des Germanicus bezeichnet. Dahinter der Bogen des Caligula. Rechts der Markt (macellum).

▷ Hauptstraße von Herculaneum, Decumanus Maximus. Der Torbogen war vielleicht der Eingang zum Forum, das noch nicht ausgegraben ist.

▽ Stadtmauer am Südwestende von Herculaneum. Früher hatte man von hier einen Blick auf das Meer.

△ links das Trellis-Haus, aus billigen Bruchziegeln gebaut und durch ein Fachwerk aus Holz, Schilf oder Bambus zusammengehalten. Im Hintergrund das heutige Resina. Darunter liegt der größte Teil des noch nicht ausgegrabenen Herculaneum.

▷ Die Via dell' Abbondanza in Pompeji mit Fußgängerüberweg.

zusammengefügt wurde. Dieses Material gleicht dem römischen Travertin, ist aber gelblicher und enthält zahlreiche Abdrücke von Blättern und Pflanzenstengeln. Dann verwendete man gelben und grauen Tuffstein, der sich leichter bearbeiten ließ und aus dem man gegen Ende des 3. und im 2. Jahrhundert v. Chr. palastartige Wohnhäuser errichtete. Der härtere, feinkörnige graue Stein mit seinen warmen Farbtönen kam aus Nuceria. Gelegentlich verwendete man auch Mörtel, der zermahlene Ziegeln enthielt. Ebenso wie in Rom ergaben sich für die Architektur ganz neue Möglichkeiten, als in der Mitte oder gegen Ende des 2. Jahrhunderts v. Chr. Beton an die Stelle des aus Ziegelstaub bestehenden Mörtels trat. Dieses den Baustil revolutionierende Material eröffnete alle Möglichkeiten für den Bau von Torbögen und Gewölben und ließ es zu, daß man die Außenwände mit Ziegeln belegte. Zur Zeit des Kaiserreichs gebrauchte man anstelle von Kalkstein manchmal wieder Tuffstein, so zum Beispiel auf dem Forum, da der Kalkstein den Stuck und die Farben besser annahm, mit denen jetzt die Säulen und andere Flächen verziert wurden.

Nach dem Erdbeben im Jahr 62 n. Chr. nahm man zur Reparatur der beschädigten Häuser jedes nur mögliche Material. So besteht das Trellis-Haus (Haus mit den verkohlten Möbeln) in Herculaneum als unsolide gebautes *opus craticium* aus einem Lattenfachwerk aus Holz, Schilf oder Bambus, das dünne Wände aus Bruchsteinen, Erde und Gips zusammenhält. Ähnliche Mauern gab es auch in Pompeji als Trennwände zwischen den Läden und bei den Balkonen, die nicht schwer sein durften. Wie Vitruvius feststellt, konnte man auf diese Weise schneller und billiger bauen, aber die Häuser brannten leicht nieder und waren einsturzgefährdet.

Im Vergleich mit heutigen Städten ähnlicher Größe erstaunt uns die Zahl und Ausstattung der öffentlichen Gebäude in Pompeji.

Von dem alten dorischen Tempel auf der ursprünglichen Akropolis (auf dem sogenannten Forum Triangulare im Süden, wo man von einem Felsvorsprung aus das Meer und die Berge sehen kann) ist kaum etwas übriggeblieben. Wir finden hier aber zahlreiche Trümmer der aus hundert Säulen bestehenden Kolonnade, die das Forum im 2. Jahrhundert v. Chr. umgeben hat, das damit den von Säulengän-

gen begrenzten Plätzen in griechischen Städten glich.

Später folgte man beim Bau des eigentlichen Forums dem gleichen Vorbild. Es lag unterhalb und westlich des Forum Triangulare auf einem der wenigen ebenen Plätze in Pompeji, ist viel größer als das erste (das eigentlich gar nicht als Forum bezeichnet werden darf) und bestand aus einem länglichen, rechteckigen Platz, der 155,40 Meter lang und 38 Meter breit war. Vetruvius berichtet, daß das Forum in italischen Städten in dieser Form und nicht quadratisch gebaut wurde wie bei den Griechen, weil sich ein länglicher Platz besser für die Gladiatorenkämpfe eignete.[6] Zunächst hat das Forum in Pompeji aber vielleicht einen unregelmäßigen Grundriß gehabt wie die Plätze in den anderen samnitischen Städten im Landesinneren. Aber im 2. Jahrhundert v. Chr., wenn nicht sogar schon früher, entstand das vollkommen regelmäßige Rechteck und wurde, wie die griechischen Märkte, auf drei Seiten von Kolonnaden umgeben, hinter denen sich die Läden und Verkaufsstände befanden. Die Kolonnaden waren zweistöckig, um (wie Vitruvius empfahl) das Kassieren von Eintrittsgeld bei Spielen und anderen Aufführungen auf dem Forum zu erleichtern. Tore verschlossen den langen, schmalen Platz an beiden Enden, das nördliche war als Triumphbogen gebaut.[7] Für Fahrzeuge war der Eingang versperrt, und die religiösen Prozessionen mußten auf die Streitwagen verzichten, die sie in Rom begleiteten. Wahrscheinlich hat es in Pompeji, das in der Nähe griechischer Küstensiedlungen lag, schon zehn oder zwanzig Jahre früher als in Rom solche großen öffentlichen Bauten gegeben. Soweit wir wissen, ist das Forum in Pompeji eine der ersten großen architektonischen Leistungen in Italien. Noch heute bietet es einen großartigen Anblick, und als der Jupitertempel an seiner schmalen Nordwestseite noch stand, muß das Ganze ungeheuer beeindruckend ausgesehen haben. Der Platz war ein würdiger Vorläufer der Piazza San Marco in Venedig.

Die erste Kolonnade, von der Teile am Südende noch erhalten sind, besteht aus nucerischem Tuffstein. Dem Schönheitssinn des Kaiserreichs entsprechend wurden die Säulen mit Gips überzogen und bemalt (es war üblich, die Säulen bis zu einer bestimmten Höhe anzumalen). Als man jedoch später einer glatten Oberfläche den Vorzug gab, verwendete man anstelle des Tuffsteins Kalkstein. Als Pompeji zerstört wurde, waren diese Umbauten noch nicht beendet. Der klaren Komposition der Kolonnaden entsprach keine Symmetrie bei den Gebäuden, die das Forum

◁ Die Kolonnade am Forum in Pompeji. Blick nach Norden auf den Vesuv.

Die sog. Basilika von Pompeji: Gerichtshof, Geschäftszentrum und Versammlungsort. Das wichtigste öffentliche Gebäude in der Stadt und das älteste dieser Art, das noch erhalten ist.

von allen Seiten umrahmten. Sie hatten die unterschiedlichsten Formen. Außer den Handelshäusern, über die wir im 7. Kapitel sprechen werden, gehörten drei Hallen am schmalen Südostende dazu, die der Stadtverwaltung zur Verfügung standen. Eine davon war der Amtssitz der beiden höchsten Beamten *(duoviri)*, denen die Rechtsprechung oblag und die die Wahl- und Steuerlisten führten. In der zweiten Halle saßen die *aediles*. Diese beiden wichtigen Funktionäre hatten zwar nicht soviel Macht wie die *duoviri*, mußten aber doch ganz wesentliche Aufgaben erfüllen. Sie regelten die sanitären Verhältnisse, und ihnen unterstanden der Straßenbau, die Märkte und die Spiele. Die mittlere Halle enthielt Bücherregale und war der Versammlungsort des *Stadtrats (decuriones)*. In der Ecke davor befand sich das Comitium, der Bereich unter freiem Himmel, wo die Wahlen für die städtischen Beamten abgehalten wurden.

Am Südende der langen Forum-Westseite stand die prächtige, weiträumige *Basilika*. Wir wissen, daß dieses Gebäude so genannt wurde, weil der Name in die Außenwand eingekratzt ist. Die 55 mal 24 Meter große Halle diente den Gerichtssitzungen, dem Handel, gesellschaftlichen Veranstaltungen und war der Vorläufer späterer Gerichtshöfe, der englischen Börse und der italienischen *gallerie*. In meinem Buch *Roman Forum* habe ich die große Basilika Aemilia und die Basilika Julia in Rom beschrieben; es gab dort aber auch ältere Basiliken, die heute verschwunden sind. Vielleicht verdankt das Gebäude in Pompeji, das um 100 v. Chr. entstanden zu sein scheint, seine äußere Form einem dieser Vorbilder.[8] Die pompejanische Basilika kann aber auch von ähnlichen Bauten in Neapolis oder anderen griechischen Siedlungen in Süditalien inspiriert worden sein. Basilika ist ein griechisches Wort, so wurden vielleicht die von Säulen umgebenen Thron- oder Audienzsäle der hellenistischen Könige bezeichnet. Sie waren die Modelle für die Hallen in römischen Privathäusern, wo – wie Vitruvius berichtet – ihre vornehmen Besitzer Beratungen und private Anhörungen abhielten und über ihr Hauspersonal zu Gericht saßen. Die Basiliken können ebenso wie diese Hallen die gleichen griechischen Gebäude zum Vorbild haben. Sie waren auch die Vorläufer der christlichen Basiliken, langer rechteckiger Räume, die griechischen Tempeln glichen, bei denen das Äußere nach innen gekehrt war, denn dort befanden sich die Kolonnaden nicht mehr außerhalb des Gebäudes, sondern im Inneren, und bildeten zwei parallele Reihen, die das breite Hauptschiff von den schmaleren Seitenschiffen trennten. Den Säulenreihen in der Basilika von Pompeji, die aus mit Stuck verkleideten Ziegeln bestanden, entsprachen parallele doppelgeschossige Reihen von Halbsäulen, die in die Innenseiten der Wände eingelassen waren. Eine der Schmalseiten (im Südosten) öffnete sich zu fünf Haupteingängen mit einem Vestibül davor. Zwei kleinere Eingänge befanden sich an den Längsseiten.[9] An der nordwestlichen Schmalseite gegenüber dem Haupteingang gab es keine Apsis, wie man sie in anderen Basiliken findet, das rechtwinklige Ende des Gebäudes enthielt vielmehr ein doppelstöckiges Tribunal mit einem offiziellen Thronsitz und wurde an beiden Seiten von je einem weiteren Raum flankiert. Man hat viel darüber gestritten, ob die Mitte des Inneren innerhalb der Kolonnaden überdacht oder nach oben offen gewesen sei. Aber der große Umfang der Säulenstümpfe deutet darauf hin, daß das Gebäude ein Dach gehabt hat. Wahrscheinlich war es ein aus gegabelten Balken bestehendes Gerüst, auch wenn die Decke unterhalb dieses Gerüstes flach gewesen sein muß. Wenn ein solches Dach existierte, dann hat das Gebäude Fenster gehabt, die das Licht zwischen den Säulen ins Innere fallen ließen. Die Wände waren innen mit einer Bemalung versehen, die Marmor-Maserung imitierte. Wir finden diese Art der Wandbemalung in den Privathäusern wieder (Kapitel 5 und 6).

In Herculaneum hat es auch eine Basilika gegeben, aber wir können über ihre Form nichts sagen, weil sie noch nicht ausgegraben worden ist. Man schätzt die Länge dieses Gebäudes auf 38 bis 61 Meter; wahrscheinlich hat es eine Apsis gehabt. Aus Tunnel, die man in den Jahren 1739 bis 1761 in die Mitte der Basilika hinuntergetrieben hat, sind zahlreiche interessante Gegenstände heraufgeholt worden. Zu ihnen gehören ein Bronzepferd und der Kopf eines zweiten Pferdes von einem Streitwagen, der wahrscheinlich auf dem Gebäude stand. Die Tunnelschächte sind heute voll mit Geröll und nicht mehr zugänglich.

Wir wissen nicht, ob es in Herculaneum ein Amphitheater gegeben hat, obwohl man dort Gladiatorenhelme gefunden hat. In Pompeji gab es eine relativ große Arena, die fast der gesamten Einwohnerschaft Platz bot. Nach ihrem Bau in den Jahren 80 bis 65 v. Chr. verwendete man das Forum nicht mehr für solche Vorstellungen. Tief in der Erde versunken erinnert das Amphitheater in Pompeji daran, daß diese offenen Räume in früheren Zeiten natürliche Bodensenken waren, um die man Erdwälle aufgeschüttet hatte. Die äußere Mauer mit niedriger Front, an der Stufen von außen bis zu den oberen Sitzreihen des Auditoriums führen, ist von Bögen durchbrochen und wird von Strebepfeilern gestützt.

Der elliptische Innenraum, der auf niedrigerem Niveau liegt als das ihn umgebende Gelände, und auf dem die Kämpfe stattfanden, ist nicht von wabenartigen Räumen unterhöhlt, in denen man in anderen Amphitheatern die wilden Tiere unterbrachte, die für die Tierkämpfe gebraucht wurden. Wandzeichnungen und Bekanntmachungen (»Felix wird gegen Bären kämpfen«) zeigen, daß diese blutigen Schauspiele auch in Pompeji nicht unbekannt waren.

Andere Graffiti sagen uns eine Menge über die Gladiatoren selbst und zeigen ihre Kämpfe gegeneinander. Der Thraker Celadus wird als Held und Herzensbrecher der Mädchen bezeichnet. Eine zweite Inschrift gibt Auskunft, der Netzkämpfer Crescens sei ein Meister in der Kunst, den Mädchen nachts die Medizin zu verabfolgen, die sie brauchen. Es gibt Zeichnungen von Gladiatorenkämpfen, die manchmal recht gekonnt und schwungvoll sind.

Die Inschriften an den Hauswänden in Pompeji berichten auch über den Ausgang der Kämpfe (»drei tot, sechs verschont, neun Siege«) und kündigen künftige Vorführungen an. Solche Bekanntmachungen finden sich an fast jeder Straßenecke. Gelegentlich wird sogar Schutz vor der Sommersonne und dem Regen im Winter angeboten: »Man wird Sonnenzelte aufstellen«. Das bedeutet, daß über den Sitzreihen an Masten befestigte Zeltbahnen aufgespannt wurden. Auch *sparsiones* werden angekündigt. Das kann bedeuten, daß die Zuschauer Gratisgeschenke erhielten oder mit parfümiertem Wasser besprengt wurden.

Die gleichen Zerstreuungen finden auch ihren Weg in den Themenkreis der Bildhauer und Maler von Pompeji. Der Fischsaucenhändler Marcus Umbricius Scaurus (oder seine Erben) war sogar so geschmacklos, die Gladiatorenkämpfe, die er finanziert hatte, in Stuck auf seinem Grabmal darstellen zu lassen, und ein besonders kitschiger Maler stellte Gladiatorenkämpfe zwischen Cupidos dar, die tödliche Waffen in ihren kleinen dicken Fäusten schwingen. Auf einem anderen Wandgemälde sieht man, wie sich Besitzer von Bauchläden und Verkaufsständen – wie nicht anders zu erwarten – auf dem großen Platz vor dem Amphitheater versammeln, um Speisen, Getränke und andere Waren unter improvisierten Zelten und

▷ Das Amphitheater in Pompeji, das älteste bisher bekannte Gebäude dieser Art: Die außen angelegte Treppe führt zu den oberen Sitzreihen.

an Tischen zu verkaufen. Zu den Pflichten der beiden Ädilen, der dienstjüngeren Kollegen der *duoviri*, gehörte es, Konzessionen für die Händler auszugeben, die bei den Spielen Erfrischungen anboten.

Ein weiteres Gemälde über das Leben der Gladiatoren stellt eines der wenigen Ereignisse dar, durch die Pompeji in die Geschichte des Kaiserreichs eingegangen ist, weil die Beteiligung eines ehemaligen römischen Senators Tacitus veranlaßt hat, die Angele-

tern und Kinder hatten auch zahlreiche Tote zu beklagen. Der Kaiser befahl dem Senat, den Vorfall zu untersuchen, und der Senat gab den Auftrag an die Konsuln weiter. Als sie das Ergebnis ihrer Untersuchungen meldeten, untersagte der Senat der Stadt Pompeji, in den folgenden zehn Jahren ähnliche Aufführungen zu veranstalten. Illegale Vereinigungen wurden aufgelöst und Livineius und seine Spießgesellen in die Verbannung geschickt.[10]

Gemälde, das ein Wagenrennen in der Arena von Pompeji zeigt. Museum in Neapel.

genheit zu beschreiben. 59 n. Chr. zur Regierungszeit von Nero war das pompejanische Amphitheater der Schauplatz heftiger tätlicher Auseinandersetzungen zwischen Bewohnern der Stadt und Besuchern aus dem benachbarten Nuceria (1. Kapitel). Das Gemälde aus Pompeji, das diesen Vorfall darstellt (von dem auch örtliche Graffiti sprechen), läßt uns das Amphitheater aus der Vogelperspektive erkennen, wo die Kämpfenden aufeinander losgehen.

Der Historiker berichtet: Das Ganze entwickelte sich aus einem nebensächlichen Zufall bei einem Gladiatorenkampf, den ein Mann veranstaltete, der aus dem römischen Senat ausgeschlossen worden war, Livineius Regulus. Nach gegenseitigen Beschimpfungen – wie sie für diese unruhigen Landstädte bezeichnend sind – kam es zu Steinwürfen, und dann wurden Schwerter gezogen. Die Leute aus Pompeji, wo die Kämpfe abgehalten wurden, gewannen die Oberhand. Viele verwundete und verstümmelte Nucerianer wurden in die Hauptstadt gebracht. El-

Durch Vermittlung der Gattin des Kaisers, Poppaea, ist dieses Verbot aber vielleicht schon früher aufgehoben worden. Die Familie der Kaiserin-Mutter gehörte zur Oberschicht in Pompeji, und in ihrem Besitz befanden sich das Haus des Menander und die Casa degli Amorini dorati.

Diese grausamen Vergnügungen bedeuteten den Pompejanern, die ihre Arena schon sehr früh angelegt hatten, viel. Das pompejanische Theater entstand sogar ein halbes Jahrhundert vor dem in Rom (damals benutzte man noch nicht das Wort *amphitheatrum*, sondern bezeichnete solche Gebäude als *spectacula*). Die Idee für diese Art von Unterhaltung kam wahrscheinlich aus der Campania nach Rom, und in dieser Region hat man eine viel größere Zahl von Amphitheatern entdeckt als in irgendeinem anderen Teil Italiens. In Puteoli gab es zwei, darunter ein sehr großes. Neben dem später entstandenen Kolosseum in Rom war es das zweitgrößte im ganzen Reich. Das größere befand sich ebenfalls in der Campania, und zwar in Capua, einem bedeutenden Zentrum der Gladiatorenspiele und -Ausbildung, wofür sich das gesunde Klima dieser Gegend besonders eignete. Das Amphitheater von Capua stammt in seiner heutigen Form aus einer späteren Zeit als das pompejanische. Wahrscheinlich steht es aber auf dem Platz des älteren, das früher entstanden ist als die Arena in Pompeji.

Die Gladiatoren gehörten wohl zu dem samnitischen Erbe in der Campania. Bis ins 1. Jahrhundert v. Chr. waren die Ausdrücke ›Gladiator‹ und ›Samnite‹ austauschbar. Später wurde das Wort ›Samnite‹ zur Bezeichnung für einen besonderen Typ des Gladiators. Gemälde in samnitischen Grabmälern aus der Zeit nach 400 v. Chr. zeigten bereits Gladiatorenkämpfe, unter anderem eine 1954 entdeckte Szene, in der ein Gladiator tödlich verwundet wird. Der antike Historiker Nikolaus von Damaskus glaubte, Rom habe

Gemälde des Amphitheaters in Pompeji. Hier ist die tätliche Auseinandersetzung zwischen den Pompejanern und den Gästen aus Nuceria (Nocera) im Jahr 59 n. Chr. dargestellt, die zu der zeitweiligen Schließung des Amphitheaters führte. Museum in Neapel.

diese Einrichtung von den Etruskern übernommen.[11] Das trifft wahrscheinlich auch zu. Die Samniten haben jedoch vermutlich die Vermittlerrolle gespielt und den Brauch auf dem Weg über die Campania an Rom weitergegeben.

Einwände gegen solche Vergnügungen sind in der Antike deprimierend selten; es gab sie aber, und der bemerkenswerteste Protest stammt aus der Feder von Seneca, des Philosophen, der auch Neros Minister war. Sogar die Gladiatoren in Pompeji haben von seinen Worten Notiz genommen, denn ein Graffito auf der Wand des Eßraums in ihrer Kaserne stellt fest, »der Philosoph Annaeus Senecas« (die unrichtige Schreibweise seines Namens läßt vermuten, daß der Schreiber Ausländer war) »ist der einzige römische Schriftsteller, der die blutigen Spiele verdammt.«[12]

In dieser Kaserne hat man zahlreiche interessante Funde gemacht. Hier lagen nicht nur die sterblichen Überreste vieler Menschen, die durch die Eruption getötet worden waren (2. Kapitel), sondern in den hinter dem Portico gelegenen Räumen fand man auch viele Waffen, darunter fünfzehn Helme und sechs Schulterpanzer.

Gladiatorenhelm aus Pompeji.

Die Unterkünfte der Gladiatoren befanden sich in einem Gebäude, das nicht – wie man erwarten könnte – neben dem Amphitheater, sondern neben dem großen Theater lag. Ursprünglich waren diese Quartiere, deren Innenhof von einer quadratischen Kolonnade gesäumt war, ein Anbau des Theaters gewesen. Damit war man den Empfehlungen des Vitruvius gefolgt, neben dem Theater Gebäude zu errichten, in denen die Zuschauer Schutz vor dem Regen finden und die Vorführungen vorbereitet werden könnten.

Das große Theater in Pompeji ist ebenso wie das Amphitheater älter als die entsprechenden Gebäude in Rom. Es stammt offenbar aus einer viel früheren Zeit, denn das erste aus Stein erbaute Theater in der Hauptstadt, das Pompejus bauen ließ, stammt aus dem Jahr 55 v. Chr., während das Theater in Pompeji in seiner ersten dauerhaften Form in das 2., wenn nicht sogar das 3. Jahrhundert v. Chr. gehört. Vielleicht hatte die Stadt schon vorher ein Theater mit hölzernen Sitzbänken; jedenfalls sind die Sitze aus Tuffstein wahrscheinlich um das Jahr 200 v. Chr. angelegt worden. Sie wurden in eine natürliche Bodensenke gebaut, die die *orchestra* umgab, wo die Schauspieler ihre Stücke aufführten. Die Anordnung der Sitze an den in die Senke führenden Hängen entsprach dem griechischen Vorbild, und die jüngsten Ausgrabungen haben es ermöglicht, dieses Theater in Pompeji mit einem etwa um die gleiche Zeit entstandenen griechischen Theater zu vergleichen, einer Anlage, die sich ebenfalls in Italien im Inneren Samniums befindet. Dort bei Pietrabbondante – wir kennen den antiken Namen noch nicht[13] – ist das aus sauber zusammengefügten polygonalen Kalksteinen erbaute Theater nicht mehr verändert worden, so daß wir sehen können, wie es zu Beginn ausgesehen hat. In Pompeji andererseits hat man zur Zeit Sullas (der 78 v. Chr. gestorben ist) eine große architektonisch gestaltete Rückwand nach römischer Art vor der *orchestra* dazugebaut. Später folgten neue Anbauten, und als das Theater in kaiserlicher Zeit seine endgültige Form erhielt, fanden alle Theateraufführungen auf der Bühne vor der Wand statt, und die *orchestra* wurde nicht mehr von den Schauspielern benutzt, sondern hier stellte man zusätzliche Sitze auf.

Das Drama war natürlich bei der Bevölkerung von Pompeji nicht so beliebt wie die Vorstellungen im Amphitheater. Aber zahlreiche Graffiti beweisen, daß es doch großes Interesse fand. Besonders bewundert wurde der Schauspieler Paris (man hat festgestellt, daß es der Freund und Günstling Neros, Lucius Domitius Paris gewesen ist), und das zeigt sich auf

Gladiatorenkaserne an dem von Kolonnaden umgebenen Hof am großen Theater von Pompeji.

einer ganzen Reihe von Mauerinschriften: »Mitglieder des Parisklubs«, »Paris, die Perle der Bühne« (auf
einem Grabmal), »Paris, der süße Liebling«, »gut für
Paris«, »Purpurio und die Verehrer des Paris«. Ein
anderes Mitglied der gleichen Gilde, Norbanus
Sorex, der Ende des 1. Jahrhunderts v. Chr. gelebt
hat, ist der Gegenstand eines der brillantesten Bron-
zeporträts jener Zeit. Die Büste wurde im Isis-Tempel gefunden. Es ist ein ungewöhnlich lebendig wir-
kender Kopf, der eine noch stärkere Wirkung gehabt
haben muß, bevor die farbigen Augäpfel und das ju-
welenartige Weiß des Auges herausgefallen sind.
Sorex war vielleicht kein sehr sympathischer
Mensch, aber eine starke Persönlichkeit und ein
Mann, dem Kritik nichts ausmachte. Wir erfahren
auch von dem Besuch des erfolgreichen Schauspielers Actius in Pompeji und von einer Schauspielerin
namens Rotica oder Erotica. Was nun das gramzer-
furchte, dramatisch wirkende Gesicht einer Büste
betrifft, die irrtümlich für ein Porträt Senecas gehalten worden ist, eines Kunstwerks von hohem Wert
aus der Papyrusvilla vor den Toren von Herculaneum, so stellt es wahrscheinlich einen tragischen
Schauspieler dar, vielleicht aber auch einen Dramen-
dichter. Doch wenn das so ist, dann war dieser Mann
sicher kein Einheimischer, sondern ein Grieche aus

dem Ausland, denn in diesen Städten wurden sehr oft
griechische Dramen aufgeführt. Die Theaterbegei-
sterung zeigt sich sehr deutlich darin, daß die Hausbesitzer aus der Oberschicht die Wände in ihren
Räumen mit Theaterszenen ausmalen ließen. Diese
Geschmacksrichtung wurde besonders durch den
Theaterliebhaber Nero gefördert. Aber selbst ohne
den vom Kaiser ausgehenden Impuls hätte der be-
gabte Reiseschriftsteller Augustus Hare aus dem
19. Jahrhundert recht gehabt, wenn er meinte, daß
»die Theaterbesessenheit, die noch heute die Neapo-
litaner auszeichnet, auch in Pompeji herrschte«.
In unmittelbarer Nähe des großen Theaters konnte
sich die Elite der Annehmlichkeiten eines viel kleineren Aufführungsraumes erfreuen, des sogenannten
Odeon. In den Jahren 80 bis 75 v. Chr. erbaut – bald
nach Gründung der römischen Kolonie –, bot dieses
kleine, sehr gut erhaltene Auditorium nur Platz für
1000 bis 1500 Zuschauer, denn es war für intime
Konzerte, Theateraufführungen und Rezitationen
gedacht. Das Odeon war überdacht, obwohl man
heute nicht mehr weiß, wie das Dach ausgesehen hat.
Es ist deshalb auch die Frage, ob das, was wir heute
sehen, die als endgültig betrachtete ursprüngliche
Form des Gebäudes oder die durch spätere Anbauten
erweiterte ist. Neben den Sitzreihen stehen Stütz-

streke aus kunstvoll in Stein gehauenen männlichen Figuren. Ähnliche Bauteile findet man auch in der samnitischen Stadt Pietrabbondante.[14]

Über das Theater in Herculaneum zu schreiben, ist eine deprimierende Aufgabe. In den Jahren 1702 bis 1715 wurde es von Emmanuel Maurice von Lothringen, dem Herzog von Elboeuf, einem österreichischen General in napolitanischen Diensten, entdeckt. Er ließ tiefe Tunnel ausschachten, und was die Ausgräber dort fanden, war ein hervorragend erhaltenes, weiträumiges Theater, das sich nicht an einen natürlichen Hang lehnte, sondern wie in Neapel und Rom

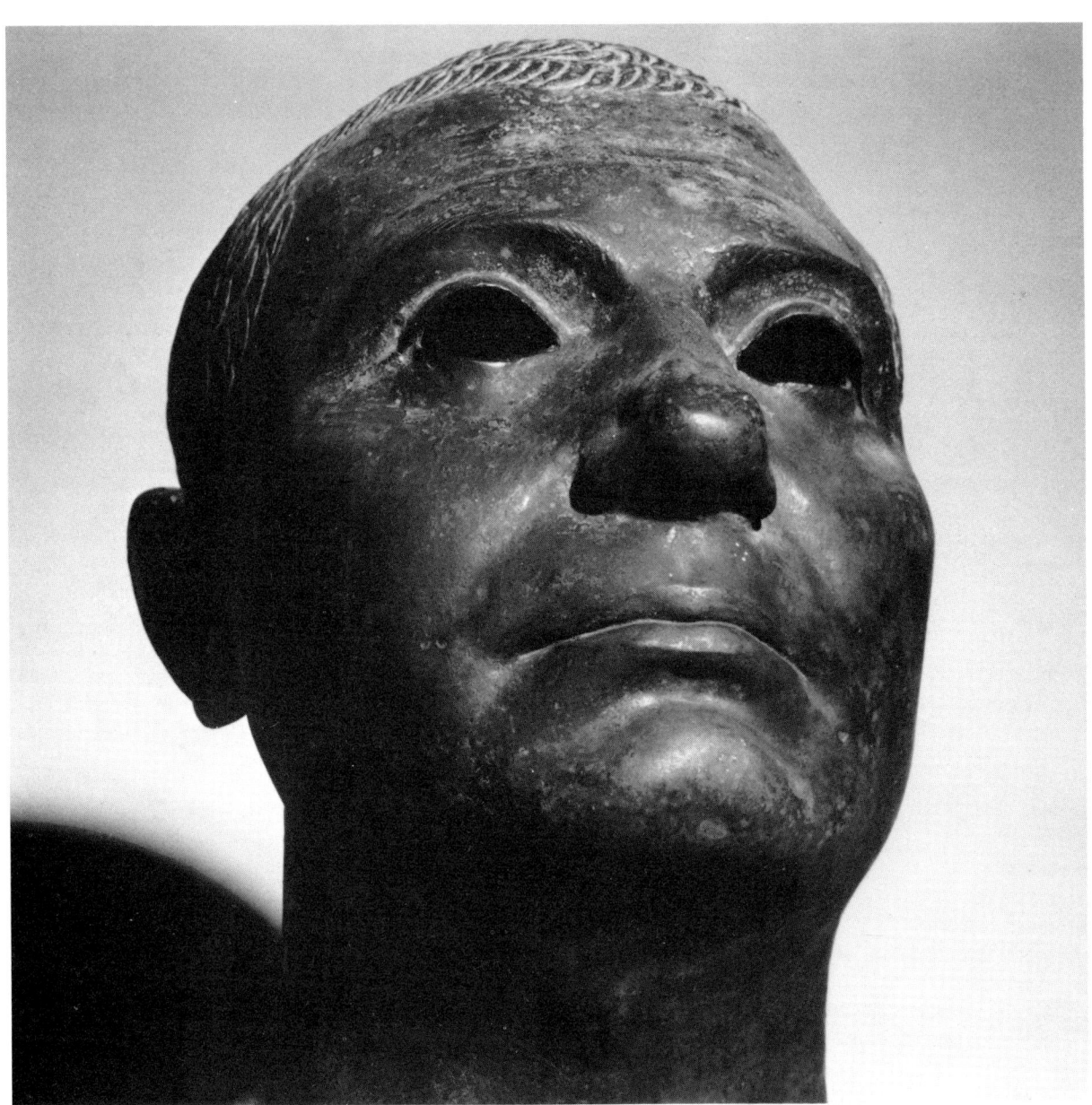

△ Kopf des führenden pompejanischen Schauspielers Norbanus Sorex. Die Augen fehlen. Aus dem Isis-Tempel, heute im Museum von Neapel.

▷ Diese Büste wurde früher für ein Porträt Senecas gehalten. Wahrscheinlich handelt es sich aber um einen Schauspieler. Ein berühmtes Porträt, bekannt durch eine Anzahl von Kopien in Bronze (auch das Original ist aus dem gleichen Material) und in Marmor; aus der Villa der Papyri vor den Toren Herculaneums. Museum in Neapel.

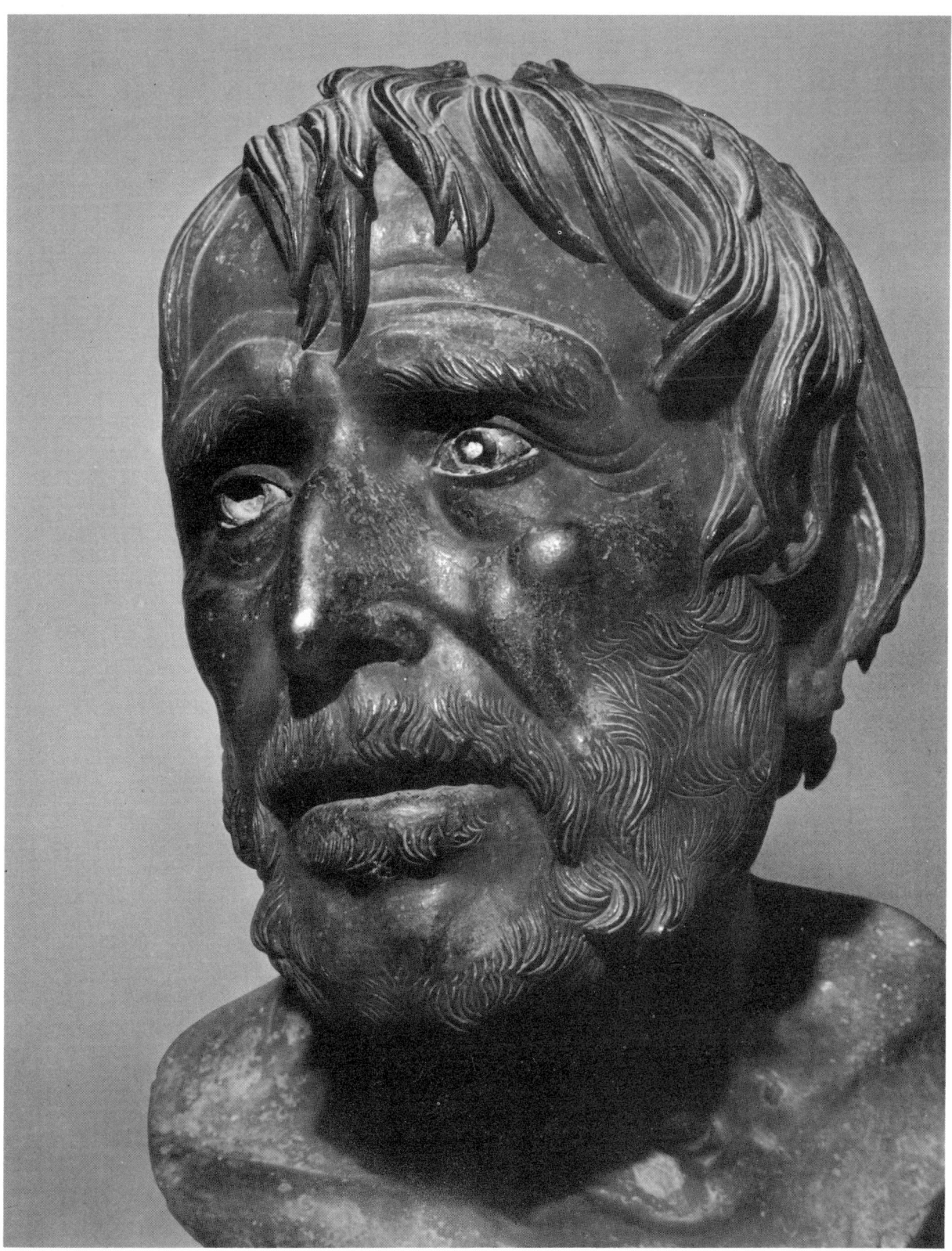

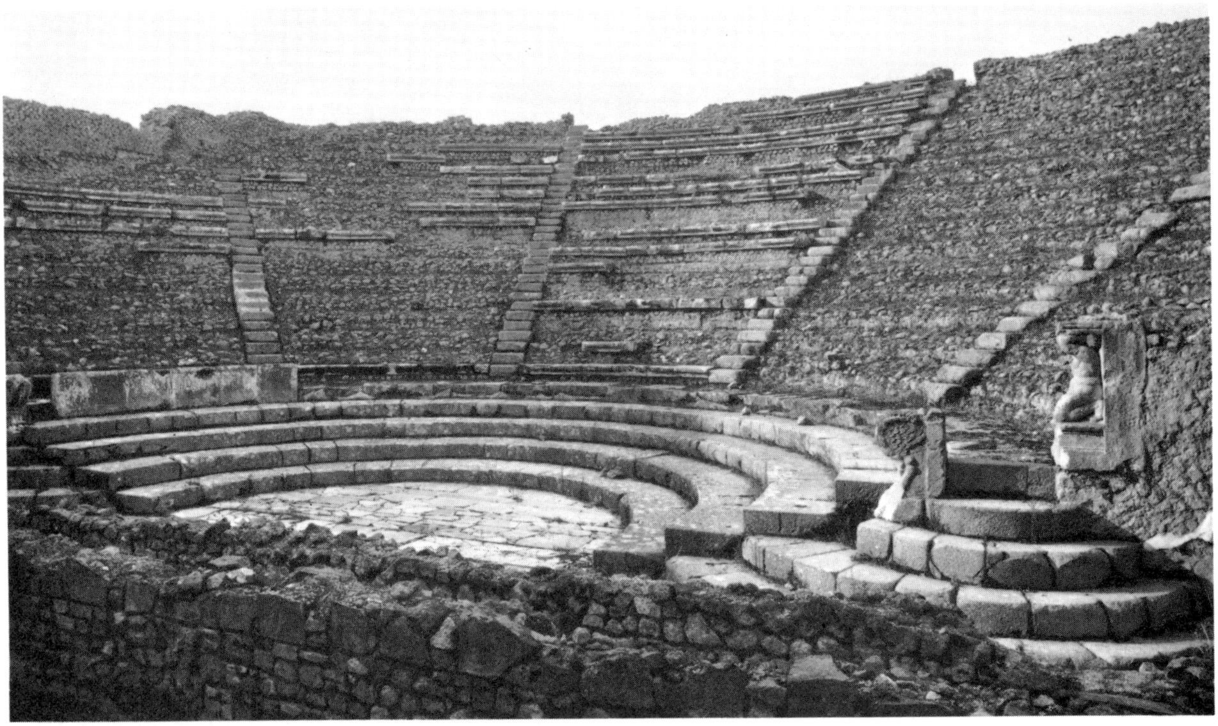

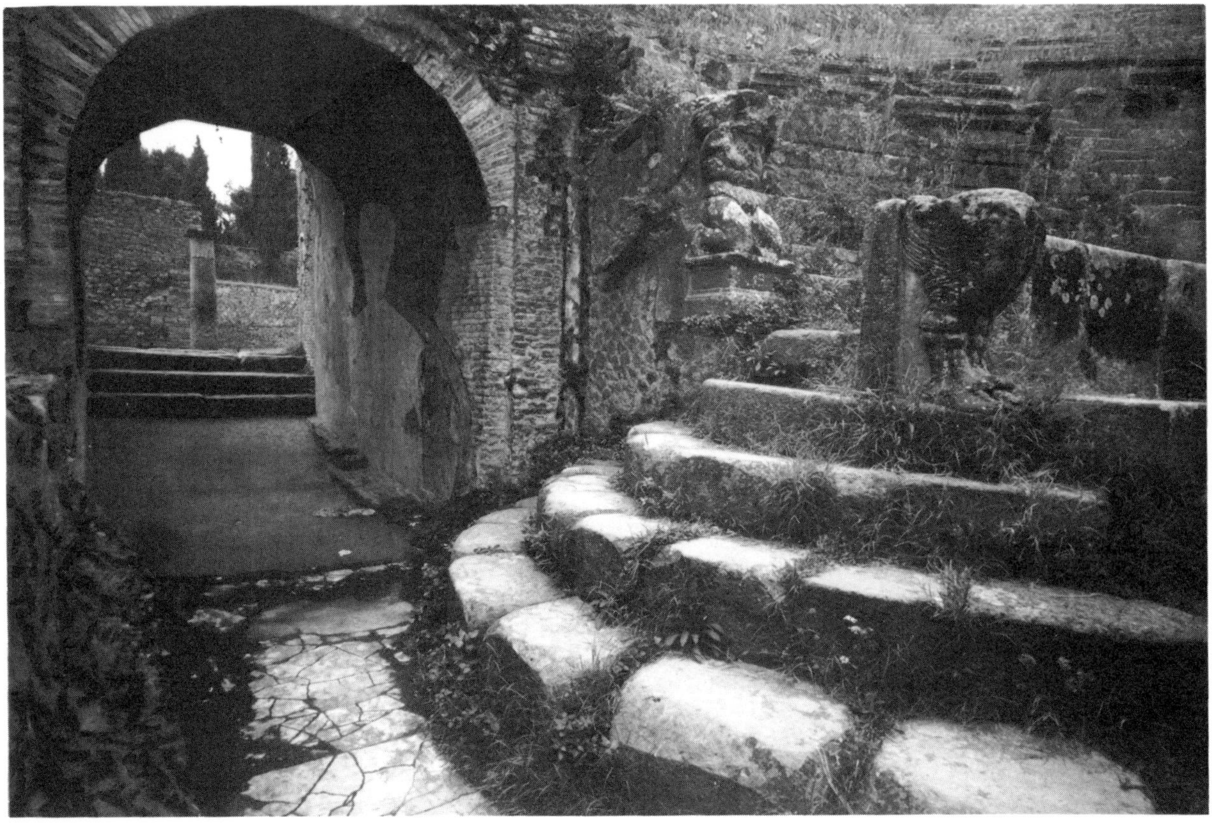

◁ oben: Das kleine Theater oder Odeon in Pompeji, ursprünglich
überdacht.

◁ unten: Das abgerundete Ende des Auditoriums im Odeon. Das
Tor führt zum großen Theater.

▽ Modell des Theaters in Herculaneum, zu dem es im 18. Jahrhundert
einen Zugang durch einen Tunnel gab und das auch heute noch unter
der Erde liegt.

ein auf freiem Gelände errichtetes Gebäude war, dessen Bühne auf Säulen und gemauerten Bögen ruhte.
Es war reich mit Kolonnaden, Statuen und vielfarbi-
gem Marmor ausgestattet. Erstaunlich, daß eine
kleine Stadt mit nur 5000 Einwohnern, ja daß überhaupt ein Gemeinwesen zur damaligen Zeit schon
über ein so prächtiges Theater verfügte. Elboeuf
plünderte sieben Jahre lang die Kostbarkeiten aus
diesem Gebäude und verschickte sie in alle Welt. Die
besten Plastiken gingen an Prinz Karl Eugen von Sa-
voyen.[15] Bei diesen Plünderungen nahm er keine
Rücksicht auf archäologische Überlegungen, wie sie
heute maßgebend wären. Mit Recht meinte
J. J. Deiss in seinem Buch über Herculaneum, daß die
Zerstörung dieses Kulturdenkmals »vielleicht die
größte Tragödie ist, die dieses Theater erlebt hat«.
Von 1738 bis 1777 waren geschicktere und verständ-
nisvollere Hände am Werk. Es ist aber bisher nicht
möglich gewesen, das Gebäude freizulegen. Immer
noch liegt es unter den gewaltigen Lavamassen, die
sich nach der Eruption darübergeschoben haben.
Aber man kann es mit einer Sondererlaubnis über
eine Treppe erreichen, die 27 Meter tief ins Dunkle
hinunterführt, ein Abstieg, der Charles Dickens mit
Schrecken erfüllt hat (2. Kapitel).

Die unter freiem Himmel liegende Sportarena oder
Palästra in Herculaneum ist ebenso imposant und
unverhältnismäßig groß wie das Theater. Zu dieser
Anlage gehörten eine geräumige Halle mit einer Apsis und ein kreuzförmiges, zentral gelegenes
Schwimmbecken. Dieses Becken bietet heute einen
eigenartigen Anblick, denn die riesigen Erdmassen,
unter denen es begraben war, sind ausgehöhlt worden, und in der Tiefe zeigt sich die im Mittelpunkt
aufgestellte, mächtige, vielköpfige Schlange, die sich
um einen zwei Meter hohen Baumstamm aus Bronze
windet. In Herculaneum gibt es noch eine zweite
kleinere Palästra als Teil der Thermen des Forums.
Auch in Pompeji hat man zwei solcher Sportanlagen
freigelegt. Die größere befindet sich in der Nähe des
Amphitheaters und besitzt ebenfalls ein zentral gelegenes Schwimmbad, das mit seinen Ausmaßen von
140 mal 130 Metern fast quadratisch ist. Ringsherum
standen Kolonnaden und eine doppelte Baumreihe.
Die Wurzeln der Bäume haben Löcher zurückgelassen, die man mit Gips ausgegossen hat. Daraus läßt
sich erkennen, daß es Platanen waren.
Die Vorbilder der älteren Palästrae in beiden Städten
sind wahrscheinlich die griechischen Gymnasien im
benachbarten Neapolis gewesen. Vitruvius berichtet,

Halle mit einer ursprünglich unter einem Gewölbe liegenden Apsis, die sich gegen einen von Säulen getragenen Portikus vor der Sportarena *(palaestra)* in Herculaneum öffnet. Auf dem davor stehenden Tisch wurden die Kränze aus Olivenzweigen und andere Siegespreise niedergelegt.

daß es zur Zeit der römischen Republik in Italien nur wenige ähnliche Anlagen gegeben hat. Später wurden an vielen Orten weitläufige Sportzentren gebaut. Verantwortlich dafür war die von Augustus ins Leben gerufene Jugendbewegung Juventus, die in Rom gegründet und in anderen italischen Städten kopiert wurde. Die jungen Männer schlossen sich in örtlichen Vereinen zusammen, die öffentliche Konzessionen erhielten und sich besonders für komplizierte Reiterspiele interessierten. Sie beteiligten sich auch an sportlichen Wettkämpfen, zu denen die älteren Bürger als Zuschauer eingeladen wurden. Graffiti an der großen Palästra in Pompeji zeigen, daß sie der Sitz der augusteischen Organisation war, die als Schola Juventutis oder Collegium Juvenum bezeichnet wurde. Auch Herculaneum hatte seine Juventus. In heutiger Zeit ist eine rationale Behandlung dieses

Themas schwierig, denn Mussolini hat die altrömische Einrichtung wieder ins Leben gerufen und seinen Zwecken dienstbar gemacht. Man betrachtete daher Augustus später als eine Art Vorläufer des Faschismus. Vielleicht ist diese Auffassung in gewisser Weise gerechtfertigt, man muß aber doch die völlig verschiedenen politischen Hintergründe berücksichtigen. Jedenfalls hat er die jungen Männer in Italien dadurch an sein Regime gekettet, daß er für sie diese Mischung aus Vergnügen und körperlicher Ertüchtigung schuf. Für die Bewohner der Campania kann das aber nichts völlig Neues gewesen sein, denn ihre Vorfahren in der samnitischen Epoche hatten schon sehr ähnliche halbmilitärische Sportvereinigungen für die oberen Klassen. Ihre Mitglieder hießen damals *Vereiia* oder *Verehia*, Torhüter (eine Ableitung von dem oskischen Wort für Tor). Die ersten kleineren Palästrae in Pompeji und Herculaneum sind in erster Linie für diese *jeunesse dorée* geschaffen worden.

Die später gebauten größeren Sportanlagen waren die Vorläufer der großartigen Sportzentren, die an die weitläufigen Thermen in Rom angeschlossen waren. Diese Thermen aus der Kaiserzeit verdankten den öffentlichen Thermen, die es schon in kleineren Städten wie Pompeji und Herculaneum gab, sehr viel. Solche Einrichtungen fand man hier, ebenso wie das Amphitheater und das Theater von Pompeji, schon lange, bevor man in der Hauptstadt ähnliches baute. So hatte der kühle Raum in den Stabianer Thermen in Pompeji eine Kuppel von sechs Meter Durchmesser und einer großen kreisförmigen Öffnung, die bereits Anfang des 1. Jahrhunderts v. Chr. zu Lebzeiten Sullas entstanden war und den Anspruch erheben darf, der erste Kuppelbau im römischen Italien zu sein.[16] Die Thermen in den Städten am Vesuv sind noch nicht die ausgereiften, gut durchkonstruierten Anlagen, die es später in Rom gegeben hat, sie sind aber doch schon sorgfältig geplant.

Im ganzen sind in Pompeji vier solche Gebäudekomplexe freigelegt worden; die Stabianer Thermen, die Thermen des Forums, die Zentralen Thermen und die Thermen am Amphitheater. Die letzte wurde bald nach ihrer Entdeckung wieder zugeschüttet. In Herculaneum gibt es zwei Thermen, eine am Forum und eine in der Vorstadt. Diese Bäder geben uns einen besseren und vollständigeren Einblick in das Wesen solcher Einrichtungen als irgendwo anders in der römischen Welt. Ihre Grundstruktur (die sich

manchmal in einer Abteilung für Frauen wiederholt) besteht aus einem Ankleideraum und einer Reihe von Kammern, die allmählich immer heißer werden. Die erste ist das *frigidarium*, der kalte Raum; dann kommt man in einen zweiten Raum, in dem sich der Badende allmählich an die Wärme gewöhnte, das *tepidarium*, und schließlich in einen heißen Raum, das *calidarium*, das mit einem Wasserbecken, Wannen und oft einem Schwimmbecken ausgestattet war. Gelegentlich gibt es auch einen Raum für Schwitzbäder, das *laconicum*. Diese letzte Verfeinerung, eine Einrichtung für Leberkranke, findet sich nur in den Zentralen Thermen von Pompeji und in den Vorstadt-Thermen von Herculaneum. Beide wurden erst kurz vor dem Untergang dieser Städte gebaut. Die

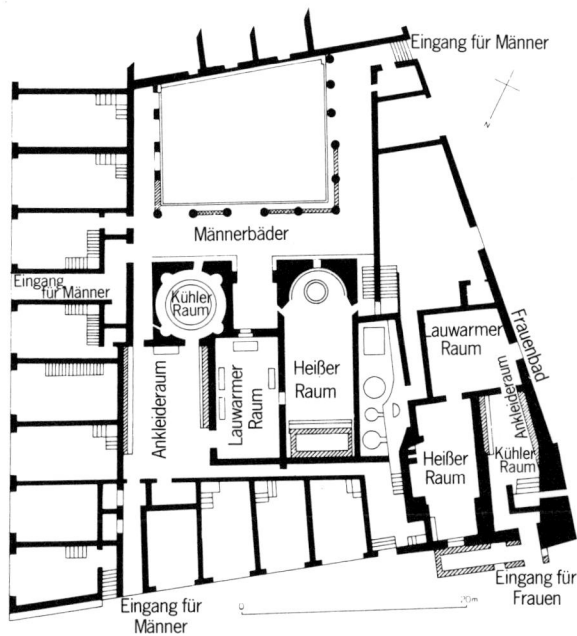

Abb. 5: Die Thermen des Forums in Pompeji

kleinen *laconica*, die durch mit Scheiben versehene Fenster und eine Öffnung in der Decke erleuchtet wurden, erinnern an die etwa um diese Zeit von Seneca angebrachte Kritik an dem Luxus, der sich neuerdings in die öffentlichen Bäder eingeschlichen habe. Dabei erwähnt er besonders die Fenster.
Soweit wir heute wissen, hat es in Pompeji und Herculaneum nicht alle die Annehmlichkeiten, schönen Aussichten und Gelegenheiten zum Sonnenbaden gegeben, von denen Seneca spricht, aber diese zuletzt

erbauten Thermen weisen neben dem *laconicum* eine Reihe wichtiger Neuerungen auf. Die nie vollendeten Zentralen Thermen in Pompeji zeigen zum Beispiel einen ganz neuen Grundriß, und in den erst in jüngster Zeit ausgegrabenen Vorstadt-Thermen von Herculaneum, die von allen am besten erhalten sind, gehört ein von einer Kolonnade umgebenes Atrium zu den bemerkenswerten neuen Bauteilen, wo zwei übereinanderstehende Reihen von Bögen von den Säulenkapitellen getragen werden, ohne daß besondere Tragbalken darunter angebracht sind. Obwohl

diese Konstruktion zur damaligen Zeit nicht ganz unbekannt war, ist sie nie zu einem Kennzeichen der klassischen Architektur geworden[17] und erst zu Beginn des Mittelalters häufiger verwendet worden. Für die römischen Kathedralen war sie dann typisch.

Da Bäder hitzebeständig sein mußten, brauchten sie feuersichere Decken. Hölzerne Dächer waren für diese Gebäude nicht verwendbar und gefährlich. Deshalb entwickelten die Römer den Bau von Gewölben unter Verwendung von Beton. Die kleinen

▽ In einem Gewölbe gelegener Ankleideraum für Frauen in den Thermen des Forums von Herculaneum mit Regalen für die Kleider.

▷ Der heiße Raum in den Thermen des Forums von Pompeji. Fußböden und Wände sind hohl, damit heiße Luft hindurchgeleitet werden kann. Das Bassin trägt eine Inschrift, aus der hervorgeht, daß es in den Jahren 3/4 n. Chr. gebaut wurde.

Gewölbe in den vesuvianischen Städten sind also die Vorläufer der riesigen Torbögen, Kuppeln und Apsen in den überdimensionalen kaiserlichen Thermen und Palästen der Hauptstadt. In den Gewölben finden wir elegante Stuckarbeiten, die sich besser halten als Wandgemälde, obwohl auch sie bald unter der feuchten Luft gelitten haben werden. Die Wasserbecken, Nischen und Gewölbe darüber sind mit blauem Mosaik ausgelegt, auf dem die verschiedensten Seetiere abgebildet sind. Ellbogenstützen haben die Form von Chimären und Delphinen, und die Sitze auf den Toiletten sind aus poliertem Marmor.

Das in den Thermen von Pompeji und Herculaneum

▽ Das Atrium in den Vorstadt-Thermen von Herculaneum. Die Bögen liegen unmittelbar über den Säulen.

◁ Blick aus Pompeji auf die Porta di Nola.

eingerichtete Zentralheizungssystem wurde Anfang des 1. Jahrhunderts v. Chr. von Gaius Sergius Orata[18] entwickelt (der seinen Beinamen der Tatsache verdankte, daß er ein Liebhaber des Seefisches *aurata* war). Früher hatte es nur große Bronzeöfen gegeben. Sie wurden auch noch später in den Thermen des Forums von Pompeji im *tepidarium* der Männer verwendet (wenn auch nicht in dem entsprechenden Raum im Frauenbad). Von dieser Zeit an lag der gepflasterte Fußboden der *tepidaria* und *calidaria* auf niedrigen Ziegelsockeln, und in den darunter entstandenen Hohlraum wurde heiße Luft geleitet, durch die die Temperatur in diesen Räumen um 30 Grad angehoben wurde. Die Hitze konnte noch gesteigert werden, wenn man die heiße Luft in ähnliche Hohlräume in den Wänden leitete.

Das geschah mit Hilfe von Rohrleitungen oder hohlen Ziegeln, und in den heißesten Räumen gingen diese Leitungen auch noch in die Decke. Die mit Kohle geheizte Anlage in den Thermen des Forums von Pompeji stand in der Mitte zwischen dem Männerbad und dem Frauenbad. Über die Heizungstechnik läßt sich manches erfahren, wenn man die Privatbäder in der Villa Rustica und anderen Landhäusern in Boscoreale untersucht.

In den geräumigeren öffentlichen Thermen gab es meist eine Abteilung für Frauen und eine für Männer. Aber in den Vorstadt-Thermen von Herculaneum war das nicht der Fall, und deshalb müssen wir annehmen, daß Männer und Frauen hier zu verschiedenen Zeiten gebadet haben. In den Großstädten war das aber nicht immer so, und bis zur Regierungszeit Hadrians im 2. Jahrhundert n. Chr., als das verboten wurde, sind die Bäder von beiden Geschlechtern gleichzeitig benutzt worden. Wenn auch Frauen in die Bäder kamen, wurden sie leicht zur Zielscheibe der Kritik. Petronius und Juvenal haben manches über ihr unschickliches Benehmen zu sagen. Ebenso sind sie Gegenstand pornographischer Graffiti in Pompeji und Herculaneum (die Graffiti in den Thermen des Forums in Herculaneum drücken diese Kritik allerdings poetischer aus und kleiden sie in die Form einer Lobpreisung des Dichters der *Liebeskunst*, Ovid).

Im allgemeinen wurden die Bäder um die Mittagszeit geöffnet, nachdem die Heizung in Betrieb gesetzt worden war. In Rom legte Hadrian die Öffnungszeit auf 14.00 Uhr fest, nur Invaliden durften die Bäder früher betreten. Der Beginn der Badezeit wurde durch Glocken oder Gongs angezeigt oder von Sklaven auf der Straße ausgerufen. In Pompeji, wo die

Stuckfries in den Stabianer Thermen in Pompeji. Diese elegante Kunstform, die auch in vielen Privathäusern anzutreffen ist, findet man in ihrer
schönsten Ausprägung in den Bädern dieser Städte.

meisten Bäder an Straßenkreuzungen lagen, hat die
Bevölkerung wahrscheinlich sofort erfahren, wann
sie geöffnet wurden. In anderen Städten, besonders
dort, wo die Räume für die vielen Interessenten zu
klein waren, blieben die Bäder nicht nur den ganzen
Tag geöffnet, sondern auch noch während der ersten
Nachtstunden. Dies war augenscheinlich auch in
Pompeji der Fall, wo in den Thermen am Forum 1300
Lampen gefunden wurden.

Man wusch sich damals noch nicht mit Seife, die nur
als Medikament zur Wundbehandlung und zum
Haarfärben verwendet wurde. Plinius der Ältere bezeichnet sie als »eine Erfindung der Gallier, die dem
Haar damit einen rötlichen Ton geben«.[19] Aber wer
die Bäder besuchte, brachte sein eigenes Salböl, Soda,
einen Schaber und Handtücher mit. Man ließ sich
auch von Sklaven begleiten, doch muß es nicht leicht
gewesen sein, für sie in den recht engen Räumen
Platz zu finden, die viel kleiner waren als die riesigen
Säle in den später entstandenen kaiserlichen Thermen von Rom. Aber sogar dort ärgerte man sich, wie
Juvenal berichtet, über Leute, die mit einem zu großen Gefolge in die Bäder kamen:

Dieser Angeber Tongilius, der sich in den Bädern so
aufspielt
Mit seinen verdammten Dienstboten und der viel zu
großen Ölflasche
Aus Rhinozeroshorn.[20]

Die öffentlichen Thermen waren aber nicht nur zum
Baden da. Es gab dort Klubs, Sportvereinigungen und
manch andere Abwechslung, und es ging darin sehr
geräuschvoll und lebendig zu. Seneca wußte das
recht genau, denn er hatte eine Zeitlang über einem
öffentlichen Bad gewohnt. Er schreibt sehr anschau-
lich über den Lärm und die Unruhe, die die Menschen verursachten, wenn sie dort im Wasser her-
umplanschten, massierten und sich massieren
ließen, Ball spielten, rauften, ihre Dienste als Haar-
künstler anboten, Getränke, Würste und Gebäck
verkauften oder sich nur am Klang ihrer eigenen
Stimmen erfreuten, wenn sie beim Baden laut san-
gen.[21]

Der heiße Raum in der Männerabteilung der Thermen des Forums von Herculaneum. Hier war nicht nur der Fußboden geheizt, auch in den Wänden liefen Heizrohre aus Terrakotta. Links und in der rechten Wand neben der Apsis sieht man, wo sie in die Mauer eingebettet waren.

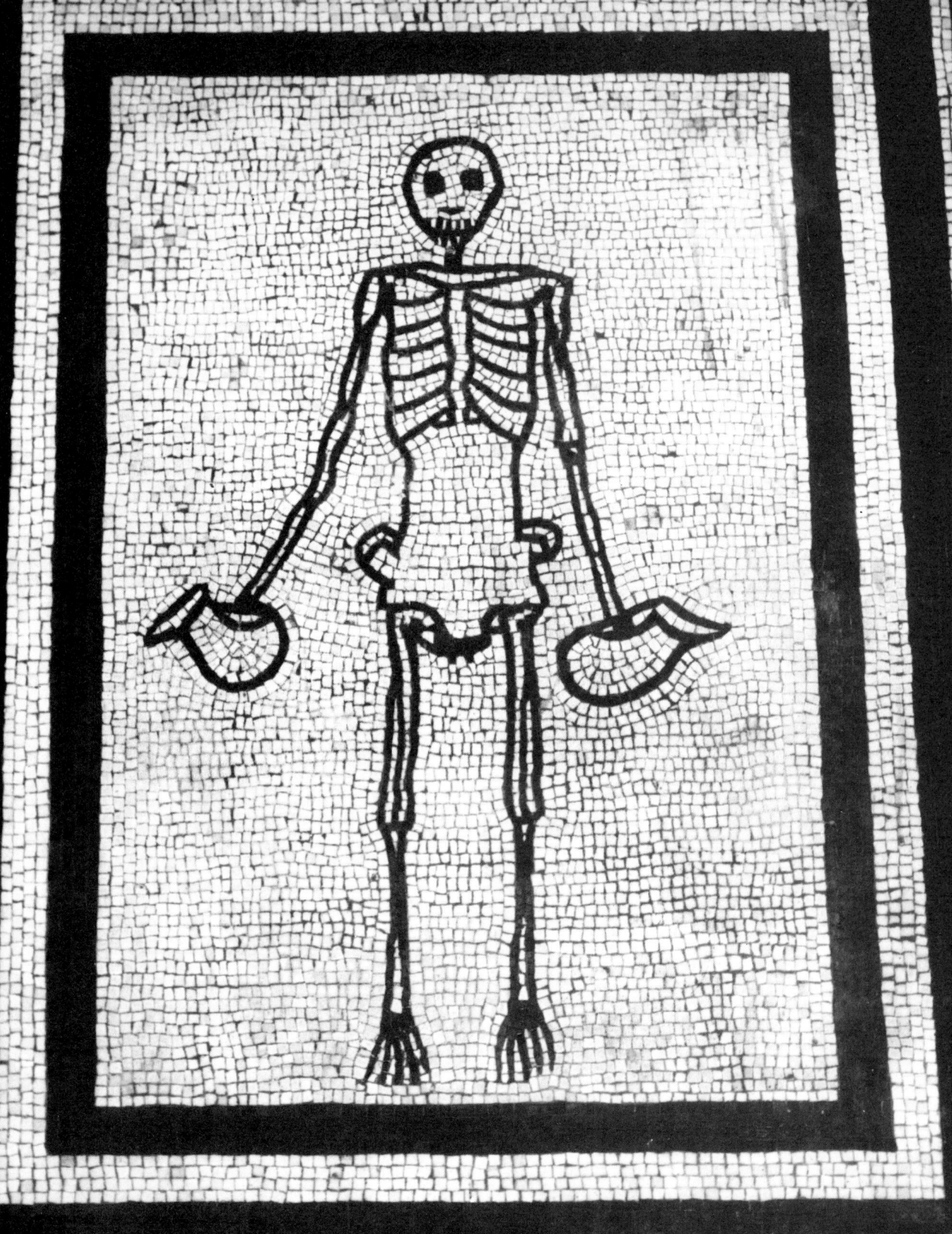

Tempel – Götter und Göttinnen – die Philosophen

Wie in allen antiken Städten war auch das Leben in Pompeji und Herculaneum unauflöslich mit den verschiedenartigsten Aspekten der Religion verbunden, und zwar nicht nur den offiziellen, sondern auch den privaten, wie aus den in Stabiae gefundenen rituellen Obsidianvasen hervorgeht. In Stabiae hat man bis heute noch keine Tempel gefunden, vielleicht hat es hier auch keine städtische Organisationsform gegeben. Auch in Herculaneum hat man noch keinen

Tempel entdeckt.[1] Das liegt aber daran, daß man bisher nur einen verhältnismäßig kleinen Teil der Stadt ausgegraben hat. In Pompeji sind 10 Tempel ans Tageslicht gekommen.

Von dem dorischen Tempel aus dem 6. Jahrhundert v. Chr. auf dem südlichen Felsvorsprung, dem sogenannten Forum Triangulare, ist kaum etwas übriggeblieben, weder von dem ursprünglichen Gebäude noch von den samnitischen und römischen Rekonstruktionen.[2]

Der erste Tempel war vermutlich dem Herakles geweiht, der wegen seiner langen Reisen besonders bei den Kaufleuten beliebt war und vielleicht als Gründer von Pompeji angesehen wurde, wie man auch glaubte, daß er Herculaneum gegründet habe. Auch die Samniten haben seinen Kult besonders gepflegt. In den letzten Jahren vor dem Untergang der Stadt beschäftigten sich die Wandgemälde ausgiebig mit der Legende, nach der der kindliche Herakles Schlangen erwürgt hat. Daß sich das allgemeine Interesse diesem Thema zuwandte, lag daran, daß die Kaiser, und besonders Nero, sich gern als Reinkarnationen des Herakles betrachteten, des Mannes, der durch seine Verdienste zu einem Halbgott geworden war. Es war aber seit jeher zulässig gewesen, über die humoristischen Aspekte in seinem Leben zu lachen. Euripides hatte die Figur des Herakles schon vor fünfhundert Jahren in seiner *Alkestis* humoristisch behandelt, und die Bewohner von Herculaneum machten sich mit einer Skulptur über ihren göttergleichen Stadtgründer lustig, die ihn zeigt, wie er betrunken zu urinieren versucht. Auch der Silen auf einem Relief, das einen Brunnen schmückt, ist offenbar betrunken.

Ein weiteres bedeutendes pompejanisches Heiligtum, der etwas besser erhaltene Apollo-Tempel,

◁ Mosaik eines Skeletts aus Pompeji. Ein zweites Mosaik zeigt einen Totenschädel. Diese Darstellungen erinnern den Betrachter an die Vergänglichkeit des Lebens, das er genießen soll, so lange er es hat. Museum in Neapel.

▽ Herakles genoß besondere Verehrung, der es aber auch nicht an Humor fehlte. Statue des betrunkenen Halbgottes im Haus der Hirsche in Herculaneum.

▷ umseitig: Der Apollo-Tempel in Pompeji. Die Statue des Apollo als Bogenschütze ist die Kopie einer dort aufgefundenen Bronzeskulptur, die sich heute im Museum von Neapel befindet.

nimmt die Hälfte der langen Südwestseite des Forums ein. Die Achse des Gebäudes verläuft nicht ganz parallel zum heutigen Forum. Daraus dürfen wir schließen, daß der Tempel früher entstanden ist als das Forum; die ältesten Spuren stammen aus dem 6. Jahrhundert v. Chr. Das war die Zeit, als der Apollo-Kult eingeführt wurde, und zwar höchstwahrscheinlich aus Cumae, wo sich ein berühmtes Orakel des Gottes befand. Apollo wurde auch in Dicaearchia (Puteoli) und Neapolis verehrt. Von dort mag der Apollo-Kult nach Pompeji gekommen sein. Sein Tempel wurde nun augenscheinlich zum größten Heiligtum der Stadt und trat an die Stelle des Herakles-Tempels. Die ältesten Reste und das erste Fundament des Gebäudes stammen aus dem 5. Jahr-

Bronzestatue des Apollo aus dem Haus des Kitharaspielers in Pompeji, nach einem Original aus der Mitte des 5. Jahrhunderts v. Chr.

hundert, als entweder Griechen oder Samniten den alten Tempel restauriert oder einen neuen gebaut haben. Der Portikus des eingefriedeten Platzes, eine aus achtundvierzig Säulen bestehende Kolonnade, ist erst etwa 300 Jahre später hinzugefügt worden. Er erinnert an eine ähnliche Anlage in Gabii bei Rom, nur daß diese Kolonnade anders als die in Gabii nach griechischer Art um die Rückseite des Heiligtums herumführte. Der hohe Sockel, auf dem die Tempel in Pompeji stehen, ist aber italischen und nicht griechischen Ursprungs. Unter Augustus hat der Kult zweifellos neue Impulse erhalten, weil der Kaiser Apollo zu seinem Schutzgott erklärte.[3]

Der antike griechische Gott ist in all seiner Pracht als Herr der Zivilisation in einer Bronzestatue als bogenschießender Apollo dargestellt. Die Skulptur wurde auf dem Tempelgelände gefunden. Eine zweite Statue, die ihn als Lyraspieler darstellt, fand sich im Hause des Kitharaspielers (Lyraspielers). Beide Götterbilder befinden sich heute im Museum von Neapel, aber eine Kopie des Bogenschützen ist auf dem Tempelgelände aufgestellt worden, wo man die Skulptur gefunden hat.

Als die Römer in den Jahren 433 bis 431 v. Chr. den ersten Apollo-Tempel in Rom bauten, kannten sie ihn schon als Orakelgott des Sibyllinischen Orakels, das im Jahrhundert zuvor von Cumae nach Rom gekommen war. Da jedoch die Stadt um diese Zeit von der Pest heimgesucht wurde, mußte Apollo die Rolle eines göttlichen Heilers übernehmen. Vierhundert Jahre später machte ihn Augustus aber wieder zu dem strahlenden griechischen Gott des Friedens und der geistigen Erleuchtung. Damit entsprach er den propagandistischen und patriotischen Bedürfnissen im Sinne des Imperiums und der Macht des Kaisers. Seit jener Zeit wurde die intime Beziehung des Gottes zur römischen Staatsautorität bei den alljährlich am 5. Juli in Pompeji beginnenden apollinischen Spielen besonders hervorgehoben. Wie R. M. Ogilvie meint, sollte Apollo »alles symbolisieren, was neu und jugendlich war – und Erfolg hatte«. Auch Nero als begeisterter Lyraspieler und Kunstfreund war ein Verehrer Apollos, und nach dem Erdbeben, das während seiner Regierungszeit im Jahre 62 n. Chr. Pompeji verwüstete (2. Kapitel), ergriff man Maßnahmen für den Wiederaufbau des Apollo-Tempels.

Nun wurde einiges daran verändert: aus den bisher jonischen Säulen wurden korinthische, und an die Stelle der doppelstöckigen Kolonnade trat ein einstöckiger, mit Stuck verzierter Portikus.

Als Schutzgott von Pompeji war Apollo jedoch mittlerweile von Venus abgelöst worden. Von ihrem großen Tempel, der auf einer erhöhten Terrasse an der Südwestecke der Stadt das darunterliegende Tal beherrschte, ist nichts übriggeblieben, denn er wurde durch das Erdbeben im Jahr 62 n. Chr. so schwer beschädigt, daß man sich entschloß, das Gebäude vollkommen abzureißen und einen ganz neuen Tempel zu bauen. Er sollte sicher noch größer und prächtiger werden, denn Nero behauptete, als angeblicher Nachfahre Caesars, von Venus abzustammen. Als jedoch 17 Jahre später der Ausbruch des Vesuvs erfolgte, war dieses Vorhaben noch nicht über die ersten Anfänge hinausgekommen, und man hatte erst

Eines der ungezählten Gemälde mit einer Darstellung der Venus Pompeiana, der Schutzgöttin der Stadt, auf einem Ladenschild vor dem Haus des Stoffhändlers Verecundus.

die riesigen, aus Ziegeln gemauerten und mit Eisenklammern befestigten Fundamente gelegt.

Das Leben in Pompeji wurde durch den Venus-Kult entscheidend beeinflußt. Menschen, deren Gedanken sich mit der Liebe beschäftigten, verwendeten ihren Namen, wenn sie ihre Graffiti in die Hauswände ritzten. Gelegentlich waren sie aber auch sehr unzufrieden mit der Göttin, und ein enttäuschter Liebhaber schrieb an die Mauer der Basilika, er wolle ihr die Eingeweide herausreißen.[4] (Ein Maler im Hause des Menander stellt sie gar als häßliche, behaarte alte Frau dar). In einer Inschrift wird die Frage gestellt: »Was nützt eine Venus, wenn sie nur aus Marmor ist?« Aus diesen Graffiti können wir sehen, daß man glaubte, die Venus müsse den Erfolg in der Liebe garantieren, und es sei ihre Schuld, wenn dieser Erfolg ausblieb (8. Kapitel).

Für die Pompejaner war sie aber noch mehr als die Gottheit der Liebe. Sie war auch die Herrin der Natur und die Mutter des Universums. Solche Interpretationen spielten im römischen Venus-Kult keine große Rolle, denn in der Hauptstadt wurde das Fest, das man alljährlich ihr zu Ehren feierte, von den Gemüse- und Kräuterhändlern ausgerichtet. Aber in ihrem Heiligtum in Eryx auf Sizilien im großen Tempel der Aphrodite, mit der die römische Göttin später identifiziert wurde, übernahm sie eben diese Rolle. Auch Lucretius hatte diese großartige Vorstellung von der Venus:

Liebling der Götter und Menschen unter den wandernden Sternen;
Du füllst die reiche Erde und die schäumende See
Durch dich nur empfängt das Leben jedes lebende Wesen . . .
Überall auf dem Meer, in den Bergen und Wasserfällen
Streichelt die Liebe die Herzen, entzündet die Kreatur
In allgewaltiger Lust und immer wieder von neuem.[5]

Wenn Venus auf pompejanischen Inschriften als ›fisica‹[6] bezeichnet wird, dann ist man versucht, anzu-

Schlafender Cupido, Sohn der Venus. Die Locken waren ursprünglich rot bemalt. Aus dem Haus mit dem schönen Innenhof in Herculaneum.

Venus löst den Riemen an ihrer Sandale. Einlegearbeit aus mehrfarbigem Marmor *(opus sectile)* aus Pompeji, Museum in Neapel.

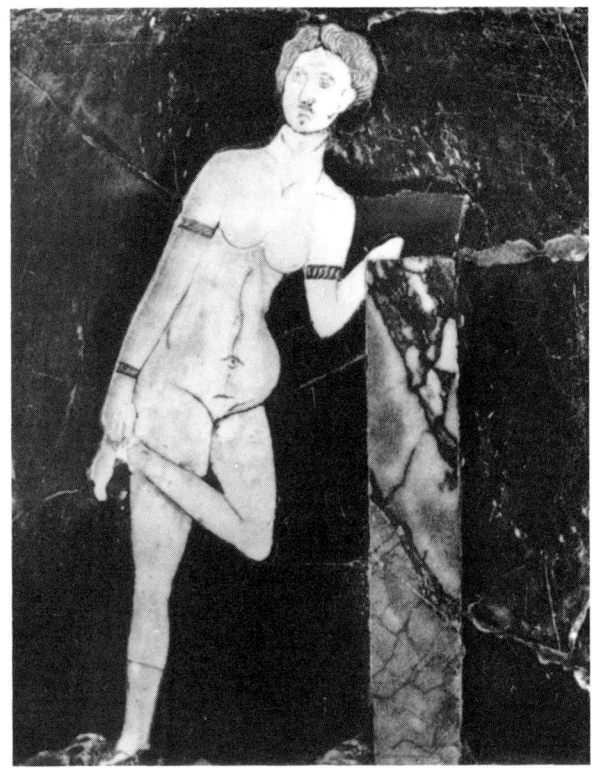

nehmen, daß dieses Wort, auch wenn es italischen oder umbrischen Ursprungs sein sollte (und das ist durchaus möglich), bald dem griechischen Wort für Natur, ›Physis‹, gleichgesetzt wurde. Die Venus Physica entspricht daher den Vorstellungen des Lucretius.

Als er dieses Gedicht verfaßte, bezeichnete man die Kolonie Sullas als ›Colonia Veneria‹. In Pompeji ist die Göttin allgegenwärtig, und zwar auf jeder Ebene. Einerseits wird sie im großen Zusammenhang mit der gesamten Natur identifiziert, andererseits macht man sie dafür verantwortlich, wenn es einem an Glück in der Liebe mangelt. 1952 entdeckte man im Haus der Venus Marina ein farbenprächtiges Gemälde, auf dem die Göttin in einer Muschel schwimmend von zwei Cupidos begleitet wird, Gestalten, die sich damals besonderer Beliebtheit erfreuten. Das Gemälde behandelt das gleiche Thema wie das später so berühmt gewordene Meisterwerk von Botticelli. Aber in Pompeji steht die Göttin nicht aufrecht wie auf dem Gemälde in Florenz, sondern sie liegt schwimmend auf der Muschel. In einem kürzlich freigelegten Speiseraum im Hause des Gaius Julius Polybius zeigen große Gemälde an gegenüberliegenden Wänden Venus und ihren Geliebten Mars; Venus betrachtet sich im Spiegel.

Wir finden sie nicht nur auf den Wandgemälden in den Privathäusern, sondern auch auf den Schildern der Tavernen und Läden. Ein Plakat vor einem Wollegeschäft zeigt sie auf einer Säule mit Cupido an der Seite. Dazu sieht man, wie ihr Standbild in einer Prozession von vier Männern zu einem Altar getragen wird. Ein Schneider, Vecilius Verecundus, zeigt sie auf einem von vier Elefanten gezogenen offenen Wagen und ein Wahlplakat trägt die Inschrift: »Gebt mir eure Stimme, und die Venus von Pompeji wird euch in allen euren Unternehmungen zum Erfolg führen«. Die Venus des antiken Pompeji war die Vorläuferin des heiligsten Gegenstandes dieser Stadt zu unserer Zeit: eines alten, oft restaurierten Gemäldes der Madonna auf dem Hochaltar der Kirche der Madonna del Rosario. Statuetten der Muttergottes von Pompeji werden in der Gegend von Neapel noch heute als Glücksbringer angesehen.

Rekonstruktion des Jupiter-Tempels am Forum in Pompeji, Aquarell.

Der höchste Schutzgott von Pompeji war jedoch weder Hercules noch Apollo oder Venus, sondern der höchste römische Gott Jupiter, der in seinem Tempel am schmalen Nordwestende des Forums verehrt wurde, von dessen Außenwänden noch etwas erhalten ist. Wahrscheinlich ist auf dem Marktplatz ursprünglich der große italische Gott Mars verehrt worden, und wir dürfen vermuten, daß es vielleicht im 3. Jahrhundert v. Chr. dort einen Tempel dieser Gottheit gegeben hat, dessen oberer Teil eine Holzkonstruktion gewesen sein mag. Aber wie in anderen italischen Städten wurde an seiner Stelle schon früher als 100 v. Chr. ein Jupiter-Tempel gebaut.

Die heute noch erhaltenen Reste dieses Tempels gehören jedoch in eine spätere Periode. Typisch italisch waren der drei Meter hohe Sockel und der tiefe Vorraum. Die auf dem Sockel stehenden Säulen trugen hier ebenso wie bei ähnlichen Bauten in anderen Teilen des Landes einen hohen Giebel, der viel steiler war als bei den Tempeln in Griechenland. Jetzt bezeichnete man den Tempel auch als das Capitolinum, das dem großen von einer etruskischen Dynastie im weit zurückliegenden 6. Jahrhundert v. Chr. errichteten Heiligtum in Rom entsprach. Ebenso wie dort war der Tempel in Pompeji nicht nur dem Jupiter, sondern auch Juno und Minerva geweiht, die in diesem viel kleineren Tempelbezirk allerdings in einer einzigen Kapelle *(cella)* gemeinsam verehrt wurden. Das war ein verhältnismäßig großer Raum mit einer Innenkolonnade. Im kapitolinischen Tempel Roms hatten sie dagegen drei jeweils einer Gottheit geweihte benachbarte Heiligtümer. Die Frage, weshalb man die drei kapitolinischen Gottheiten als ›Triade‹ gemeinsam verehrte, ist bis heute nicht beantwortet.[7] Sie wurden jedoch zu den gemeinsamen Schutzgöttern des römischen Staates, und Rom veranstaltete zu ihren Ehren alljährlich am 1. September die kapitolinischen Spiele. Diese Einrichtung wurde von anderen italischen Städten übernommen – auch von Pompeji.

Die Innenwände des Jupiter-Tempels wurden mit einem Anstrich versehen, der den Anschein erweckte, sie seien mit Marmorplatten belegt. In dem Sockel befanden sich Räume, in denen Opfergaben und der Stadt-Schatz aufbewahrt wurden. Wie wir auf dem Relief im Hause des Lucius Caecilius Jucundus sehen können, stürzten die Säulen beim Erdbeben im Jahr 62 n. Chr. um, und mit ihnen fiel auch der prächtige Tempelfries herab. Ein Arbeiter wurde von einer der Säulen erschlagen. Zur Zeit des Vulkanausbruchs 79 n. Chr. hatte man den Tempel noch nicht wieder

△ Münze des Vespasian (69–79 n. Chr.), dessen Tempel sich neben dem Forum in Pompeji befand.

▷ Altar im Tempel des Vespasian (der einen Monat vor dem Vesuvausbruch starb). Er zeigt eine Opferszene.

aufgebaut und konnte ihn daher auch noch nicht benutzen. Eine Statue war in der Krypta verschüttet. Bis dahin sind die Kulthandlungen wahrscheinlich in einem viel kleineren Heiligtum vollzogen worden, das 260 Meter südostwärts von hier gelegen war. Dort hat man Statuen von Jupiter und Juno und eine Büste der Minerva gefunden. Der vorläufige Sitz des kapitolinischen Kults war der Tempel des Zeus Meilichios. Von ihm erhofften sich die Frommen die Erfüllung ihrer Wünsche. Die Griechen auf Sizilien haben diesen Kult besonders gepflegt, und er wurde vor allem mit der Landwirtschaft in Verbindung gebracht, dem wichtigsten Erwerbszweig in Pompeji.[8]

Rings um das Forum in unmittelbarer Nachbarschaft des Haupttempels der kapitolinischen Gottheiten stehen auch noch andere Heiligtümer. Viel ist nicht von ihnen übriggeblieben. Es läßt sich aber noch feststellen, welche Bedeutung sie im Hinblick auf das Leben in der Stadt oder das Wohlergehen des Staates hatten.

Eines dieser Gebäude war den *lares publici* geweiht, den Schutzgöttern der Stadt. Wie Marcel Brion schreibt, waren sie »häßlich und furchterregend, aber auch schön und empfindsam«. Sie waren die vergöttlichten Geister der verstorbenen Ahnen; ihr Kult entsprach der Verehrung solcher Gottheiten in

den Lararien der Privathäuser und an den Kreuzwegen, und in Rom hatte Augustus diesen Kult geschickt so umgestaltet, daß dabei die Person des Kaisers Gegenstand göttlicher Verehrung wurde.

Ein weiterer Tempel in unmittelbarer Nachbarschaft des Laren-Heiligtums stand, wie sein Name sagt, in unmittelbarer Beziehung zum Kaiserkult. Er war der Fortuna Augusta geweiht (3 v. Chr.). Fortuna, die Mehrerin der Fruchtbarkeit und des Wachstums war die antike Göttin der Landwirtschaft, die 194 v. Chr. von Antium (Anzio) oder Praeneste (Palestrina) nach Rom gekommen war, wo man ihr einen Tempel gebaut hatte. Zunächst identifizierte man sie mit der griechischen Tyche, der Schutzgöttin der Städte, die als höchste Glücksgöttin verehrt wurde. Zu Beginn des Kaiserreichs gab man ihr den Beinamen ›Augusta‹ und verdeutlichte damit ihre enge Beziehung zum Regime.

Auf der gleichen Seite des Forums stand auch der dem Kaiserkult geweihte Tempel. Zunächst war er vielleicht nur dem Augustus geweiht, aber die noch vorhandenen Ruinen gehören zu einem später entstandenen Gebäude, das man dem Genius Vespasians errichtet hatte, der nur einen Monat vor der Zerstörung von Pompeji gestorben war. In der Nische an der Rückseite des Gebäudes war eine Statue des Kaisers aufgestellt, und der noch erhaltene Altar ist ein würdiges Beispiel für die damals geltende offizielle Kunstrichtung. An der Vorderseite sehen wir ein Relief mit der Darstellung einer Opferszene. Hier beschäftigen sich ein Priester und seine Gehilfen, ein Aufseher (lictor), ein Flötenspieler und andere junge Männer mit den Vorbereitungen für ein Stieropfer. An einer Seitenwand des Altars sind ein Eichenkranz und Lorbeerzweige dargestellt, die dem Augustus vom Senat zugesprochenen Symbole der kaiserlichen Würde. Für den Kaiserkult gab es ehrenamtliche Priester wie bei anderen römischen Kulten. Diese Priester hießen Augustales. Sie verwalteten auch ein Heiligtum auf dem pompejanischen Markt, dem Macellum. In Herculaneum besaßen sie ein an der Hauptstraße gelegenes collegium als Versammlungsort.

Viel erregender war der Kult der ägyptischen Göttin Isis, deren Heiligtum etwas weiter südostwärts des Forums in der Nähe des Tempels des Zeus Meilichios und der Theater stand. Es ist die heute am besten erhaltene Kultstätte, und wir hätten einen noch besseren Eindruck davon, wenn die ersten Ausgräber nicht so viele Fundstücke fortgenommen hätten, um sie in das Museum von Portici zu bringen. Jetzt befinden sich diese Möbel, Gemälde und andere Gegenstände in Neapel. Für uns sind sie, was diesen Kult betrifft, die wichtigste Informationsquelle. Bulwer Lytton ist durch sie zu den detaillierten Schilderungen in seinem Buch *Die letzten Tage von Pompeji* inspiriert worden, und die Begründerin der Theosophischen Gesellschaft, Frau Blavatsky, hat sich durch die daraus gewonnenen Erkenntnisse zu ihrem Buch *Entschleierte Isis* anregen lassen.

Von einer hohen Mauer umgeben, deren einziger Durchlaß so angebracht war, daß man die Kulthandlungen von außen nicht beobachten konnte, enthielt der Tempelbezirk eine Reihe einzelner Gebäude. Neben dem Tempel selbst befand sich hier ein kleines Heiligtum, das mit Stuckreliefs geschmückt war, und durch das man zu einem unterirdischen, mit Nilwasser gefüllten Becken gelangte. Außerdem gab es hier ein gedecktes Repositorium für Opferreste, einen Einweihungsraum, einen Raum für Zusammenkünfte und Gelage und Unterkünfte für die Priester. Bei dem Erdbeben 62 n. Chr. wurde der Tempel fast vollständig zerstört. Die Kosten für den Wiederaufbau übernahm das Mitglied einer führenden pompejanischen Familie, Numerius Popidius Celsinus, der damals erst sechs Jahre alt war, aber aus diesem Grund als Mitglied »ohne besonderen Aufgabenbereich« in den Stadtrat gewählt wurde. Der Vesuvausbruch überraschte die Priester beim Essen, und sie versuchten, die Tempelschätze in aller Eile in Sicherheit zu bringen, kamen dabei aber ums Leben (2. Kapitel).

Der Isis-Kult war eine der Mysterienreligionen, die für ungezählte Männer und Frauen der damaligen Zeit eine so große Bedeutung besaßen, daß sie überzeugt waren, nur darin den Sinn des Lebens erkennen zu können. Um für das recht eintönige, wohlgeordnete und materialistische Leben ein Gegengewicht zu finden, folgten diese Menschen göttlichen Heilsbringern, die mit der offiziellen Religion ihres Vaterlandes nichts zu tun hatten. Ein solcher Erlöser schenkte seinen Jüngern nicht nur die Kraft und Heiligkeit, die es ihnen ermöglichten, das Leben auf dieser Erde zu ertragen, sondern man erwartete von ihm auch, daß er seine Anhänger in ein glückliches Leben nach dem Tode führte, das sie von allen Gefahren befreite, mit denen das Schicksal oder der Zufall sie bedrohte. Zwar glaubte man, das Schicksal auch durch magische Praktiken überlisten zu können, von denen es in Pompeji eine ganze Reihe gab,[9] aber die Kulte, in denen man einem Erlöser folgte, waren emotional befriedigender. Anders als bei den offiziellen römi-

Wandgemälde aus Herculaneum. Isis-Priester in weißen Gewändern beim Nachmittagsgottesdienst, der Wasserzeremonie. Museum Neapel.

schen Götterkulten gab es hier hauptberufliche Priester, deren geheimnisvolle Rituale das Gefühlsleben ansprachen, die Gemeindemitglieder eng mit der Gottheit verbanden und ihre Ängste und Befürchtungen durch eine Reihe feierlicher und komplizierter Einweihungen zerstreuten, zu denen Reinigungsriten und Opferfeste gehörten.

Der beliebteste Mysterienkult war der Isis-Kult – die einzige heidnische Religion, die je die Chance gehabt hat, zur Weltreligion zu werden. Es ist nicht verwunderlich, daß gerade dieser Kult in Pompeji eine große Anhängerschaft gefunden hatte. Viele Gemälde und Inschriften deuten auf ägyptische Einflüsse hin, und zwar auf religiösem ebenso wie auf wirtschaftlichem oder künstlerischem Gebiet. Diese Tendenzen wurden dadurch gefördert, daß hier der Schiffahrtsweg vorüberführte, der Alexandria mit Puteoli verband. Da man das ptolemäische Ägypten in Rom mit einigem Mißtrauen betrachtete, zweifelte man dort schon lange an der Respektabilität der

99

Isis, aber nachdem Augustus Ägypten 30 v. Chr. annektiert hatte, gab man diese Vorbehalte allmählich auf, und seit der Regierungszeit Caligulas (38 n. Chr.) gab es auch in der Hauptstadt einen Isis-Tempel, in dem regelmäßig Gottesdienste abgehalten wurden. Im Jahr 69 n. Chr. erwarben sich die Isis-Priester die Gunst der neuen flavianischen Dynastie, nachdem sie dem jungen Domitian das Leben gerettet hatten, der dann zu einem besonders eifrigen Verehrer der Göttin wurde.

△ Fries an einem samnitischen Tempel der dionysischen Gottheiten bei Pompeji, um 200 v. Chr. Dionysos (Bacchus) und Ariadne werden von Silenus und Cupido flankiert. Museum in Pompeji.

▷ Bacchantische Szene im Haus der Dioskuren, Pompeji.

▽ Wandgemälde in der Mysterienvilla bei Pompeji. Auf dem stark beschädigten Mittelstück liegt Dionysos im Schoß von Ariadne.

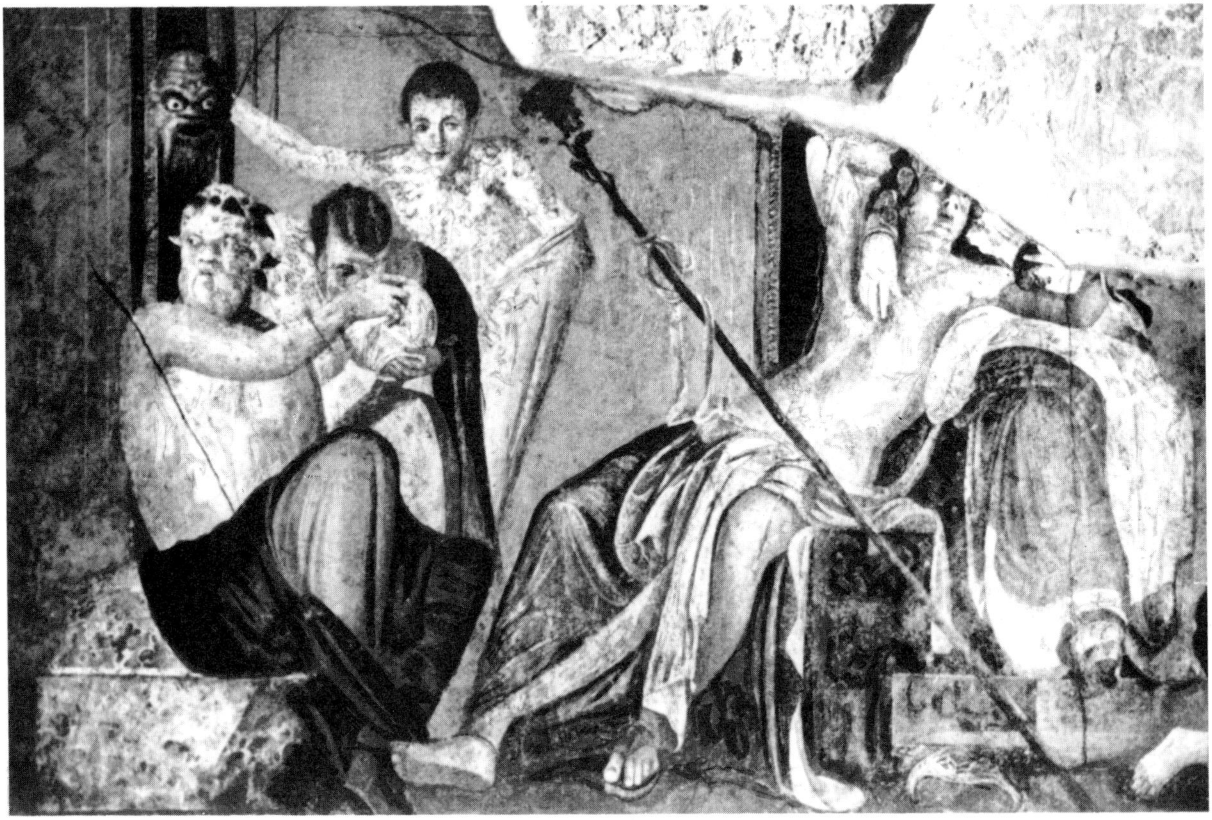

Ihr Kult gründete sich auf die altägyptischen Volks-mythen, und ihr Gefährte Osiris war nicht nur die Verkörperung des Ursprungs der Zivilisation, son-dern sein Leben war zugleich Symbol von Geburt und Tod im zyklischen Ablauf des Jahres. Das vom 12. bis zum 14. November dauernde Fest der Auffin-dung des Osiris und die Bootsprozession am 5. März waren Anlässe für allgemeine, überschäumende Ausgelassenheit und so inszeniert, daß dabei die stärkste dramatische Wirkung erzielt wurde. Anders als die übrigen Tempel war das Isis-Heiligtum täglich geöffnet, und es fanden hier ständig eindrucksvolle Gottesdienste statt. Der erste wurde im Morgen-grauen bei der Wiedergeburt der Sonne als Auferste-hung des Osiris aus der Unterwelt gefeiert. Am Nachmittag wurde das Wasseropfer dargebracht, das mit einem Segensspruch verbunden war. Im Wasser erblickte man den Ursprung allen Lebens. Der Glanz der alles bezaubernden Göttin, die als Ruhm der Frauen und Göttin der zehntausend Namen verehrt wurde, offenbart sich uns in der intensiven persönli-chen Erfahrung des Dichters, Redners und Magiers Apuleius aus Nordafrika. Er schildert, wie er angst-erfüllt erwacht und die blendende Erscheinung der Göttin unter dem Vollmond erblickt.[10] Etwas von dieser ekstatischen Erfahrung vermittelt ein Ge-mälde aus Herculaneum, das in dramatischer Weise den Vollzug des täglichen Wasserrituals darstellt, das von Instrumentalmusik, Gesängen und dem Ab-brennen von Weihrauch begleitet wurde.

Ein anderer Mysterienkult, der nicht das ehrwürdige Alter ägyptischer Volksmythen in Anspruch neh-men konnte, aber in Griechenland schon lange eine bedeutende Rolle spielte, hatte sich um Dionysos (Bacchus) entwickelt. Er war der Gott des Weines, aber auch der beunruhigende Befreier der Mensch-heit, und symbolisierte die irrationalen und durch nichts zu verdrängenden Elemente in der menschli-chen Natur. Von dem ekstatisch besessenen Einge-weihten verlangte er leidenschaftliche Hingabe, bot ihm aber dafür die Flucht aus den Realitäten dieser Welt in die mystische Kommunion. Dazu versprach er dem Menschen ein gesegnetes Leben nach dem Tode, nach dem sich die Anhänger dieser Religionen so sehr sehnten. Als der Kult des Dionysos oder Bac-chus im 6. Jahrhundert v. Chr. seinen Siegeszug durch Griechenland gehalten hatte, wurde er zwei bis drei Jahrhunderte später zur bedeutendsten Religion des hellenistischen Zeitalters, der Epoche, in der die Erben Alexanders des Großen ihre mächtigen Reiche gründeten und beherrschten. Besonders in Südita-lien fand der Bacchus-Kult sehr viele Anhänger. Hier waren die Mysterien, in denen der Gott mit der alten italischen Gottheit Liber identifiziert wurde, Anfang des 2. Jahrhunderts v. Chr. sehr verbreitet, nachdem Rom Hannibal besiegt hatte und begann, nach Osten zu schauen.

1947 wurden südlich von Pompeji auf dem Hügel Sant' Abbondio[11] die Reste eines Bacchus-Heiligg-tums aus dieser Periode entdeckt. Der Tempelfries, der sich heute im Museum von Pompeji befindet, zeigt Bacchus und Ariadne in sitzender Stellung. Der Gott fand die verlassene Ariadne auf der Insel Naxos, machte sie zu seiner Braut und schenkte ihr das ewige Leben. Das gleiche geschieht seinen Anhängern, die durch ihn Unsterblichkeit gewinnen. Die Beziehung des Gottes zu Ariadne deutet darauf hin, wie sehr sich die Frauen von diesem Kult angezogen fühlten. Das galt auch für die Verehrung der Isis, nicht aber für den olympischen Götterkult in Griechenland oder die römische Religion.

◁ Mysterienvilla, *Der Flötenspieler.*

▷ *Dionysos und Ariadne* in der Villa des Cupido–Verkäufers bei Stabiae (Castellamare della Stabia).

Kurz nach dem Bau dieses Tempels schritt der römische Senat gegen die bacchantischen oder dionysischen Riten ein, denn er erblickte in solchen emotionalen Exzessen eine Gefahr für die öffentliche Ordnung. Später überfluteten diese Glaubensvorstellungen die römische Welt, und im folgenden Jahrhundert verwandelte sich die Verehrung des Dionysos, wenn auch noch nicht offiziell anerkannt, in eine geachtete und weit verbreitete Mysterienreligion. In Pompeji hatte sie offenbar zahlreiche Anhänger – und vermittelte einigen tiefe spirituelle Einsichten.

Ein solcher Mann war offensichtlich der Maler, der einen Raum in der großen Mysterienvilla (Villa Item) vor der Porta Ercolano in Pompeji ausgemalt hat. Der fünf mal sieben Meter große Raum, der auf eine offene Terrasse hinausführt, gehörte augenscheinlich zu den Privatgemächern des Herrn und der Dame dieses Hauses. Drei Wände sind mit den größten Wandgemälden bedeckt, die uns aus der antiken Welt erhalten sind. Sie stammen aus der Zeit des Augustus oder sind sogar etwas älter (6. Kapitel), und sie beziehen sich auf den Bacchuskult.
Man könnte sie leicht falsch interpretieren, weil gerade die Wand mit den wichtigsten Darstellungen als einzige dort am meisten beschädigt ist, wo sich in ihrer Mitte der bedeutendste Teil des Gemäldes befindet. Wenn der Besucher den Raum durch eine weite Tür an einer Schmalseite betrat, sah er dieses Gemälde vor sich. Geradeaus in der Mitte des Bildes erblickte er auf einem erhöhten Platz die aufrecht sitzende Ariadne mit ihrem Geliebten Bacchus in den Armen. Man erkennt den Gott an seinem ›Thyrsos‹, dem Stab, an dessen Spitze sich ein Pinienzapfen befindet, und an dem mit Weinlaub bekränzten Haar. Wie auf dem Fries des in der Nähe gelegenen Bacchustempels symbolisiert die Vereinigung der beiden Gottheiten, wie die Seele des Eingeweihten, aus dem Hades und der Vergessenheit aufgestiegen, mit ihrem Erlöser für alle Ewigkeit am Triumph und Symposium der Gesegneten teilnimmt. Diese Vorstellung hat in Pompeji augenscheinlich einen tiefen Eindruck gemacht. Im Hause der Vettier gibt es ein Gemälde, das eine frühere Episode aus dem gleichen

Mythos darstellt. Hier nähert sich Bacchus mit der heilenden Kraft göttlicher Liebe der schlafenden Ariadne. Ein weiteres schönes Gemälde aus diesem Legendenkreis hat man in dem erst jüngst ausgegrabenen Haus des Marcus Fabius Rufus entdeckt. Auch in einer Villa außerhalb von Stabiae wird das Thema in bemerkenswerter Form behandelt.
Es war auch Gegenstand eleganter Stuckreliefs.[12] Im Zeitalter des späten Heidentums, als man eine besondere Vorliebe für Allegorien entwickelt hatte, zeigen viele Sarkophage die gleiche Szene, auf der Ariadne erwacht, um sich mit Dionysos zu vermählen – wie auch die Seele des Eingeweihten vom Tode zu einem Leben in der Vereinigung mit dem Gott erwachen soll.
Die Zentralszene in der Mysterienvilla ist, ebenso wie einige der anderen neun Figurengruppen zu beiden Seiten, die Kopie eines älteren Bildes; wir können aber nicht sagen, wie genau sie ist. Das griechische Original schmückte wahrscheinlich das Dionysos-Heiligtum in Pergamon (Bergama) in Kleinasien, einer Stadt, in der es unter den römerfreundlichen Monarchen, die dort herrschten, bis die Römer ihr Land 133 v. Chr. annektierten, eine bedeutende hellenistische Kunstschule gegeben hatte. Im Tempel von Pergamon, dem Zentrum des Mysterienkults dieses Gottes, wurde der große Augenblick der

◁ Dieses Mädchen wird von einem geflügelten Dämon mit einer Peitsche geschlagen. Teil der Einweihungsriten des Dionysos auf einem Gemälde in der Mysterienvilla.

▷ Detail aus dem großen Wandgemälde auf den drei Wänden eines Zimmers in der Mysterienvilla. Lesender Knabe.

Himmlischen Hochzeit als Höhepunkt der Riten zu Ehren Dionysos' feierlich vollzogen, und das war auch die Bedeutung der Darstellung auf dem Gemälde. Aber auch Pergamon kann die Zentralfiguren der Darstellung aus berühmten Kultbildern in dem nicht weit von hier gelegenen Smyrna entlehnt und nach seinen Bedürfnissen umgestaltet haben.

Die Figuren auf den Wandgemälden in der Mysterienvilla, die sich um die Zentralgestalten des Bacchus und der Ariadne gruppieren, sind sehr lebendig, verschiedenartig und sehr gut erhalten, sie geben uns manches Rätsel auf. Auf der Mittelwand wird das göttliche Paar von zwei Szenen umrahmt. Ein Silen bietet einem jungen Satyrn einen Krug an, während ein zweiter Satyr eine Theatermaske über den Kopf des Silen hält. Auf der anderen Seite ist eine Frau im Begriff, den Deckel von einem flachen Korb zu nehmen, in dem ein Phallus liegt, das Symbol der Fruchtbarkeit, während hinter ihr eine geflügelte halbnackte weibliche Gestalt drohend eine lange Peitsche hebt.

Auf der rechten Wand sehen wir die Frau, die mit der Peitsche geschlagen werden soll. Sie duckt sich mit entblößtem Oberkörper und verbirgt das Gesicht im Schoß einer sitzenden Frau, die ihr das Haar streichelt. Eine nackte Bacchantin oder Mänade führt einen orgiastischen Tanz auf, und neben ihr ordnet eine auf einem Elfenbeinstuhl sitzende Frau in gelbem Brautgewand das Haar, ein Cupido hält ihr den Spiegel vor, während ein anderer mit dem Bogen in der Hand zusieht. Eine weitere Frau, die ihren Mantel wie eine Priesterin über den Kopf gezogen hat, sitzt auf einem Stuhl mit einem Schemel davor und lehnt sich auf ein purpurnes, golddurchwirktes Kissen.

Auf der linken Wand liest ein Knabe, dem eine sitzende Frau die Hand auf die Schulter gelegt hat, aus einer Papyrusrolle, während ein anderer Knabe danebensteht. Dann sieht man vier mit einem Opferritus beschäftigte Frauen. Ein fetter Silen spielt die Lyra; ein Faun bläst die Flöte, ein anderer wird von einer Ziege gesäugt. Hinter dieser Gruppe sieht man schließlich eine Frau, die sich leidenschaftlich mit erhobener Hand im Kreise dreht, umflattert von ihrem Gewand.[13]

Die Komposition, an der man viel herumgerätselt hat, scheint die Rituale, Schrecken und Herrlichkeiten der Einweihung darzustellen. Wir sehen Frauen oder eine Frau, die sich darauf vorbereitet und die nötigen Prüfungen erleidet, um in den göttlichen Bereich aufgenommen zu werden. Die mystische

Braut wird von einer drohenden Gottheit geschlagen, denn noch ist sie nicht eingeweiht und nicht erlöst. Wer noch nicht ganz von Dionysos besessen ist, muß Strafen erleiden. Die Schauer der Furcht und des Schreckens, die diese grausige Szene vermittelt, erhöhen die Glückseligkeit durch den Kontrast zu der erhofften Erlösung, die das Gemälde an anderer Stelle zeigt. Und doch hat der Maler uns nicht davon überzeugt, hat es auch nicht versucht, daß uns dieses Glück unbedingt auch beschieden sein soll. Was er mit seinem großen Talent erreicht hat, ist vielmehr eine ganz besondere Art der Spiritualität, eine magische, traumartige, von der Außenwelt abgeschirmte Atmosphäre, bevölkert von selbstgenügsamen »Wesen, die allein mit ihrer eigenen Existenz beschäftigt sind; fasziniert von dem, was sie tun, sind wir ihnen völlig gleichgültig, denn sie leben in einer ganz anderen Welt als wir.«[14] Das ist eine Welt, aus der keine Geste und kein Blick den unbeteiligten Beobachter treffen.

Die antiken Darstellungen des dionysischen Kults haben nicht alle das gleiche hohe Niveau. Die Empfindungen, die der Maler (oder vielmehr der Meister, denn diese große Komposition ist zweifellos von einer ganzen Gruppe von Malern ausgeführt worden) so treffend zum Ausdruck gebracht hat, Empfindungen, die vielleicht von den Besitzern des Hauses geteilt wurden, stellen den ekstatischen Höhepunkt dar. Es gab aber auch eine Empfindungsstufe, auf der die Dinge gelassener hingenommen wurden. Petronius hat das parodiert, als er den bäurischen Gastgeber Trimalchio veranlaßt, einen Knaben in der Verkleidung des Erlösers, Erleuchters und Befreiers Bacchus auftreten zu lassen.[15] In den pompejanischen Gärten finden wir ungezählte kleine dionysische Masken und andere Gegenstände, die sich im Gebüsch verstecken oder irgendwo herumhängen. Weniger ernstzunehmende Maler als der Künstler, der die Mysterienvilla ausgemalt hat, zeigen wie Apollo das Liebesspiel von Bacchus und Ariadne auf der Lyra begleitet.

Auf seiner niedrigsten Stufe führte der Kult zur groben Sinnlichkeit und zu der Vorstellung, das Leben nach dem Tode sei eine Sexualorgie. So gab es eine ganze Reihe von Schlemmerklubs, die Bacchus als Schutzpatron in Anspruch nahmen. In Pompeji waren diese materialistischen Auffassungen sehr ver-

▷ Gemälde aus Pompeji. Ein Paar beim Genuß bacchantischer Freuden.

breitet, denn trotz der vielen Tempel und des Wirkens einzelner bedeutender Künstler war das religiöse Niveau nicht sehr hoch. Es herrschte ein Epikureertum, das die Dinge auf die leichte Schulter nahm, und man strebte nicht nach der »Befreiung vom Leiden«, die das Ideal des Begründers dieser Philosophie, Epikur, gewesen war, sondern suchte die Freuden des Lebens zu genießen, so lange es möglich war, denn morgen konnte es schon zu spät sein – was die Mysterienreligionen auch dazu sagen mochten.

Das ist auch die Aussage des in Pompeji aufgefundenen Mosaiks mit dem Totenschädel und eines zweiten vom gleichen Fundort, auf dem ein Skelett in jeder Hand einen Weinkrug hält. Die Skelette auf den prächtigen getriebenen Silberbechern aus dem benachbarten Boscoreale sind Ausdruck der gleichen Gesinnung. Auf dem einen steht die Inschrift »Freue dich des Lebens, solange du es hast, denn das Morgen ist ungewiß«. Ein ähnlicher Becher in Berlin, der ebenfalls ein Skelett zeigt, trägt die Inschrift: »Erwirb und gebrauche!« Im Nationalmuseum in Rom finden wir die Darstellung eines Skeletts, das sich auf dem Scheiterhaufen krümmt und auf einen Ellbogen gestützt den Betrachter angrinst und warnt: »Erkenne dich selbst!« Auch in viel späteren Jahrhunderten haben sogar fromme Menschen sich nicht gescheut, die Vergänglichkeit auf diese Weise zum Ausdruck zu bringen; denn in vielen christlichen Kirchen gibt es barocke Statuen von Fürsten und Bischöfen, unter deren prächtigen Roben der Totenschädel und das Knochengerüst sich kaum verbergen können.

Im Gastmahl des Trimalchio von Petronius bringt ein Sklave ein silbernes Skelett herein, das so zusammengefügt ist, daß man die Glieder und das Rückgrat herausziehen und nach allen Richtungen verdrehen kann.
Er wirft es ein paarmal auf den Tisch, und jedesmal nehmen die Glieder eine andere Haltung ein. Dazu spricht Trimalchio:
Nur eine kurze Spanne währt das Menschenleben;
Genießt drum, was es euch kann geben.
Im Tode seh'n wir alle aus wie dieser hier! . . .[16]

Immerhin war die Sterblichkeitsrate im Altertum sehr hoch. Wie in den meisten Ländern heute erreichten auch damals sehr viele Menschen nicht das Alter von vierzig Jahren. Die ungewöhnliche Sammlung chirurgischer Instrumente aus dem Haus des Chirurgen in Pompeji zeigt, daß die Ärzte sich sehr um die Kranken bemüht haben, aber diese Sonden, Katheter und Pinzetten, die ohne Betäubung angesetzt wurden, müssen in den meisten Fällen versagt haben.

So mußte man also hier und jetzt nach dem Glück streben; und auf den Graffiti in Pompeji lesen wir immer wieder die Worte, die diese Absicht bezeichnen: *felicitas* und *felix*. Ein Verfasser der Graffiti beschäftigt sich ebenfalls mit der Vergänglichkeit irdischen Lebens, kommt aber zu einem ganz optimistischen Schluß:

Nichts ist von ew'ger Dauer;
Auch wenn die Sonne golden glänzt,
Sie muß im Meer versinken;
Und auch der Mond ging unter,
Der eben noch so leuchtend schien.
Wenn der Geliebte eines Tages
In wildem Zorn aufbraust,
Dann bleibe ruhig, denn auch dieser Sturm
Wird einem sanften Zephir weichen.[17]

In den Städten der Campania äußerte sich das primitive Epikureertum zwar darin, daß die Menschen versuchten, sich das Leben so angenehm wie möglich

Einer von zwei silbernen Bechern mit Skeletten darauf. Teil eines in der Villa La Pisanella in Boscoreale entdeckten Schatzes.

zu machen. Es gab aber auch anspruchsvollere intellektuelle Ausdrucksformen der gleichen Philosophie. In der Villa der Papyri vor den Toren von Herculaneum hat man die bisher umfangreichste antike Papyrusbibliothek gefunden, und sie besteht fast ausschließlich aus den Aufsätzen epikureischer Philosophen.

Man hat darunter nur ganz wenige Schriften identifizieren können, die Epikur selbst verfaßt hat. Aber etwa zwei Drittel der Papyri enthalten Arbeiten von Philodemus, einem damals führenden Epikureer in Italien, der in seiner Bedeutung nur noch dem Lehrer Vergils, Siro, nachsteht. Die Zentren dieser Bewegung befanden sich in Neapolis und Herculaneum. Philodemus stammte aus dem Kulturzentrum Gadara am See Genezareth. Wahrscheinlich ist er identisch mit dem namenlosen epikureischen Philosophen, den Cicero als großen Freund des Lucius Calpurnius Piso Caesonius erwähnt, des reichen Schwiegervaters von Julius Caesar. Philodemus lebte lange Zeit in einer Villa in Herculaneum,[18] die Piso ihm geschenkt haben mag. Das war jedoch nicht die Villa der Papyri, wo man seine Manuskripte gefunden hat, denn sie war zu großartig, als daß ein römischer Adeliger sie seinem griechischen Philosophenfreund hätte schenken können. Das Haus gehörte vielleicht Piso selbst, der auch eine solche epikureische Bibliothek besessen haben könnte. Es gibt noch andere Gründe für die Annahme, er habe Beziehungen zu Herculaneum gehabt. Cicero beschuldigte ihn unter anderem, Statuen aus Griechenland geraubt zu haben, und in der Villa der Papyri gab es nicht nur die Bibliothek, sondern auch viele wertvolle Skulpturen (5. Kapitel). Vielleicht hat Philodemus hier als Gast gelebt und nicht in einem eigenen Haus.

Die in Herculaneum entdeckten philosophischen Werke des Philodemus, die wir nur aus diesen Funden kennen, bezeichnet Dr. Andrew Gow als »pedantisch im Stil, ernst im Ton, wenig anregend, aber inhaltlich nicht uninteressant.« Es berührt uns deshalb eigenartig, wenn der gleiche Philodemus auch sehr lebendige, amüsante und oft anzügliche griechische Epigramme verfaßt hat. Wir erfahren, daß der ungenannte Philosoph Ciceros auch ein Dichter gewesen ist, und wir haben gute Gründe, zu vermuten, daß es sich um ein und dieselbe Person gehandelt hat.

Während also Philodemus in seinen akademischen Abhandlungen den strengen philosophischen Interpretationen seines Meisters Epikur folgt, hält er sich in seinen Gedichten mehr an den Stil der örtlichen Graffiti, besonders wenn er seine Geliebte Philainion besingt und sich dabei an die zyprische Göttin Venus wendet.

Immer ist sie bereit, alles zu tun,
Und oft gewährt sie es mir umsonst.
Mit einer solchen Philainion,
O goldene Cypris, will ich
Zufrieden sein, es sei denn,
Es wird eine bessere erfunden als sie.[19]

Im übrigen ist er recht freimütig, wenn er das Liebesleben in Herculaneum und der dortigen Gegend kommentiert.

So bin ich dein ›geliebter Schatz‹!
Das sagen deine Tränen, deiner Hände zartes Spiel;
Und eifersüchtig bist du, wie es sich gehört.
In deinen Küssen spür' ich, was du willst.
Doch was du tust, verwirrt mich;
Du läßt mich flüstern: »Ich bin hier, o nimm mich, komm!«
Dann aber zögerst du, hüstelst verlegen und verschiebst
Das Spiel auf einen Tag, der niemals kommt.

Chirurgische Instrumente aus dem Haus des Chirurgen in Pompeji.

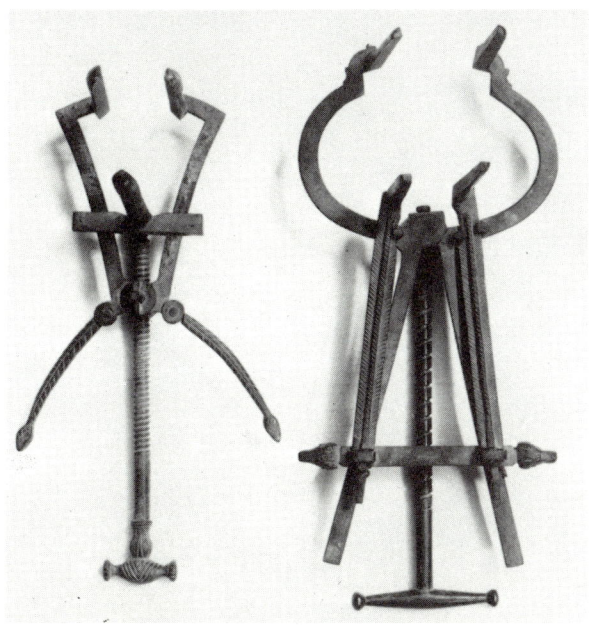

Privathäuser in Stadt und Land

5

Man hat die Privathäuser in Pompeji und Herculaneum mit gutem Recht als die wunderbarsten Dokumente oder Zeugen bezeichnet, die uns die antike
Welt hinterlassen hat. Wie die heutigen Häuser in
der arabischen Welt blicken sie nach innen und emp-
fangen das Licht nicht durch Fenster von außen, sondern aus den umbauten Innenhöfen. Diese Häuser
bieten ihren Bewohnern einen kühlen und friedli-
chen Zufluchtsort, und damit verwirklicht sich hier
eine in der heißen und geräuschvollen mediterranen
Umwelt geborene Idealvorstellung.

In der ersten Zeit, als sie am besten gebaut und am
bequemsten waren, nahmen diese einstöckigen Gebäude – zunächst gab es nur solche – eine Fläche von
650 bis 750 Quadratmetern ein. Deshalb waren sie in
Italien wahrscheinlich die Ausnahme, denn nur in
wenigen Städten gab es genügend Raum für so große
Häuser. Was Rom betrifft, können wir darüber allerdings nichts sagen, denn hier sind die meisten Häuser
aus der Antike verschwunden.

In der ursprünglichen Grundstruktur finden wir eine
innere Symmetrie, wie sie die Wohngebäude in
Griechenland normalerweise nicht hatten. Die italienischen Häuser waren nach den Worten von Professor Frank Brown

*. . . eng um den in der Mitte liegenden freien Raum
und die Lichtquelle angelegt, und zwar nach einem
ganz zweckbezogenen Plan. Die beabsichtigte Symmetrie und Axialität wurden durch die Anordnung,
Größe, Form und Beleuchtung der einzelnen Räume
unterstrichen. Das von Licht erfüllte Zentrum
bildete das Gegengewicht gegen diese Räume. Der
Vorrang der einzelnen Zimmer nach ihrer Lage, die
Deutlichkeit, mit der das Vorn, Rückwärts und Seit-
wärts bestimmt wurden, die klaren Unterschiede*

*zwischen Groß und Klein bestimmten den Verwen-
dungszweck, waren Ausdruck innerer Disziplin und
verliehen dem Haus seinen unverwechselbaren
Charakter.*[1]

Durch einen geräumigen Eingang betrat man eine
nach oben offene Halle, das Atrium, und gelangte
von dort in das gegenüber dem Eingang gelegene *tablinum.* Dahinter schloß sich ein nach beiden Seiten
verlaufender Korridor an, von dem aus man in einen
Garten kam, der von Säulen umschlossen sein
konnte. Obwohl die axiale Symmetrie manchmal

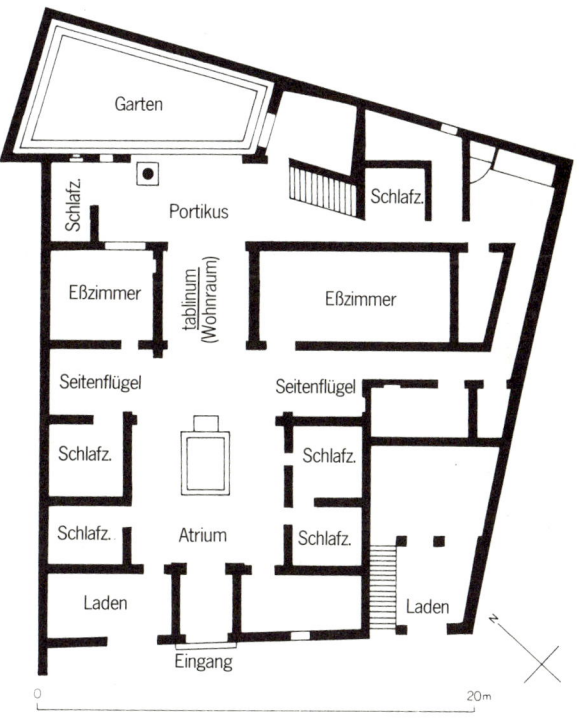

Abb. 6: Haus des Chirurgen, Pompeji.

◁ Atrium im samnitischen Haus, Herculaneum, 2. Jahrhundert v. Chr.
Die Loggia im oberen Stock entspricht griechischer Art (und der Renaissance). Die Wandtäfelung im Eingang ist so bemalt, daß sie wie Marmor
aussieht, gemäß dem sogenannten ›Ersten Stil‹.

keine Rücksicht auf den Bauplatz und den Grundriß nahm, glich kein Haus dem anderen. Jedes hatte seine individuelle Physiognomie, und im Verlauf der Zeit entwickelten sich markante Variationen.

Man hat in Pompeji zwar Reste älterer Wohnhäuser gefunden, aber das Haus des Chirurgen ist das einzige, das augenscheinlich früher als 200 v. Chr. gebaut wurde.[2] (Die Namen, die wir für die Häuser verwenden, stammen in den meisten Fällen aus heutiger Zeit.[3]) Der rechteckige Grundriß und das schlichte Atrium sind vielleicht den Wohnhäusern reicher Samniten in den Städten im Landesinneren aus jener Zeit nachgebildet, wie es sie etwa in Bovianum (Boiano) und Beneventum gegeben hat. Aber die großen im campanischen Stil gebauten Häuser aus dem 2. Jahrhundert v. Chr., das Haus des Fauns, das des Pansa oder des Sallust in Pompeji und die samnitischen Häuser in Herculaneum gehören bereits einer Periode an, in der diese Küstenstädte ihren eigenen Baustil entwickelt hatten. Hugh Plom-

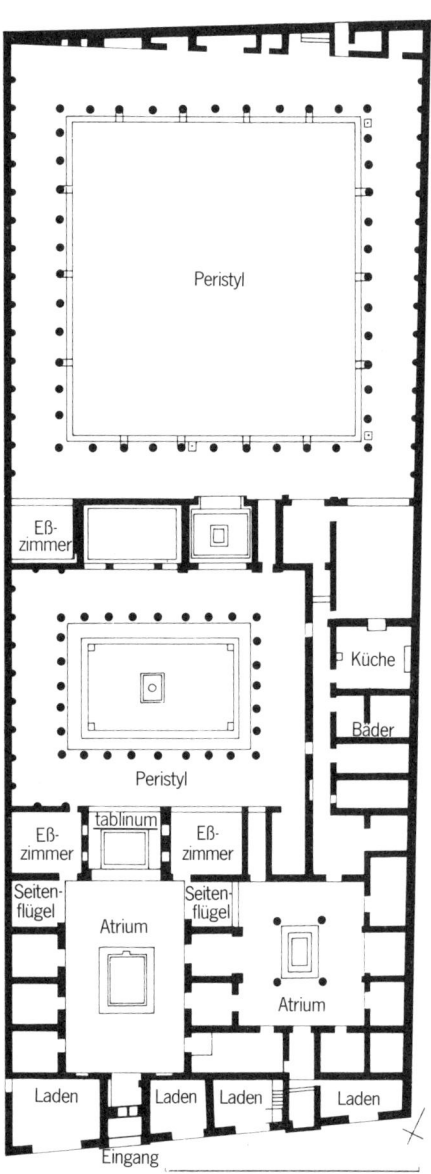

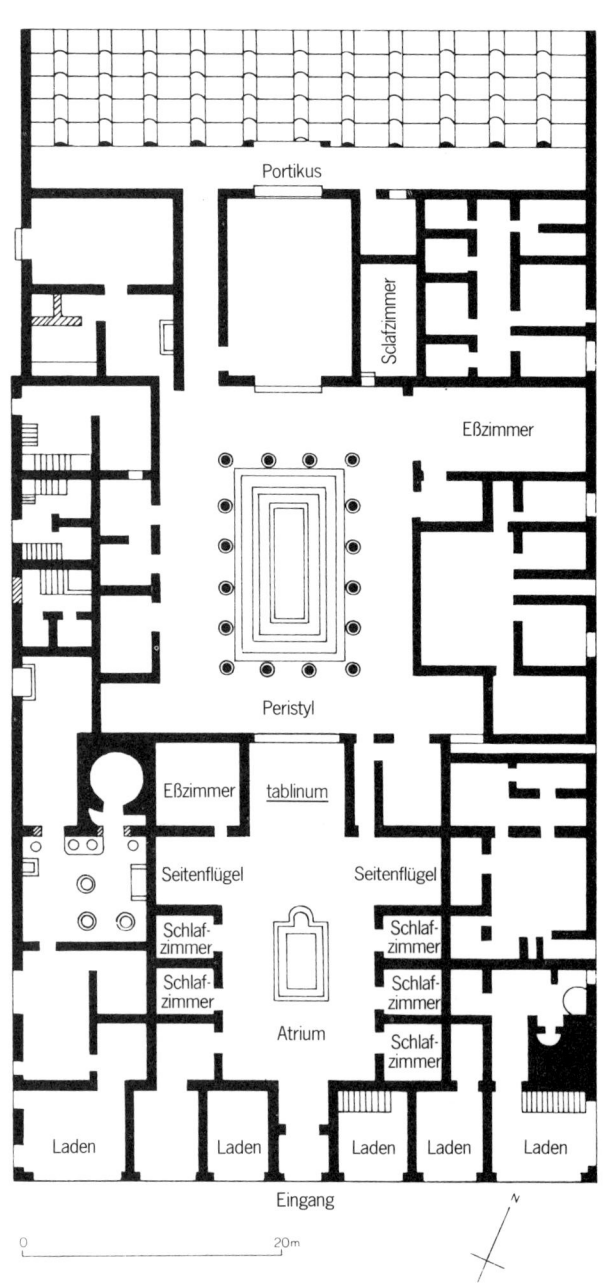

Abb. 7: Haus des Fauns, Pompeji
Abb. 8: Haus des Pansa, Pompeji ▷

mer sagt mit Recht: ». . . und wo können wir in unserer Zivilisation so elegante kleine Provinzstädte finden wie das Pompeji der Tuff-Periode?« Das Haus des Pansa ist das am regelmäßigsten gebaute.[4] Das Haus des Fauns entspricht dem griechischen Geschmack des ortsansässigen Adels und ist imposanter als alle uns bekannten Paläste oder Villen der helle-

nistischen Könige zu jener Zeit. Die Innenräume des Hauses in Pompeji mit seinen beiden Atrien, zwei säulengeschmückten Gärten und zwei Speisezimmern sind nüchtern und geschmackvoll, die Fußböden exquisit und die Proportionen klassisch und großzügig.

Dennoch vermitteln die Häuser in Pompeji dem Besucher nicht den Eindruck von Geräumigkeit, obwohl sie jeweils eine große Fläche einnehmen. Zwar waren die Zimmer hoch (sie erreichten eine Höhe

Das große, aus früherer Zeit stammende Haus des Pansa in Pompeji. Blick durch das Atrium auf den von Säulen umgebenen Garten (Peristyl). Dahinter der Vesuv.

von bis zu 7,5 Metern), sie wirken aber doch relativ klein und eng. Das ist besonders früheren Touristen wie etwa Goethe aufgefallen, der mit seinem Interesse für das häusliche Leben in Pompeji eine neue Ära in der Altertumsforschung eingeleitet hat, er spricht immer wieder von der Enge und Kleinheit der Häuser.

Wenn wir über die Struktur dieser Bauten sprechen, müssen wir immer daran denken, daß sie innen mit Gemälden, Mosaiken und Stuckarbeiten ausgeschmückt waren (6. Kapitel).
Was die rein architektonische Gestaltung betrifft – mit der die künstlerische Ausgestaltung unauflöslich verbunden war –, so war es im allgemeinen die folgende: Man betrat die Häuser durch einen engen Korridor, der durch eine Tür in zwei Hälften geteilt

wurde, die *fauces* und *vestibulum* hießen.[5] Dann folgte üblicherweise der Innenhof, das sogenannte Atrium, über dessen Mitte das Dach eine Öffnung hatte. Unter dieser Öffnung befand sich ein Becken, in dem sich Regenwasser sammelte.[6] Antike Kenner der Materie wie Varro und Vitruvius glaubten, das Atrium sei ursprünglich Kern und Hauptraum des italienischen Hauses und früher ganz überdacht gewesen. Man kann aber auch zu einem anderen Schluß kommen und annehmen, es sei zunächst der Hof vor dem Haus gewesen, ein offener, nicht überdachter Raum, der geschrumpfte Abkömmling der in der Frühzeit im Mittelmeerraum üblichen Höfe, wie wir sie aus dem 2. Jahrtausend v. Chr. aus Tiryns in Griechenland kennen. Die Frage läßt sich jedenfalls nicht mit letzter Sicherheit beantworten. Das Atrium hat aber noch in geschichtlicher Zeit ein Dach gehabt,

Abb. 9: Haus des tragischen Dichters, Pompeji.

Heiligtum der Hausgötter *(lararium)* im Hause des Menander in Pompeji.

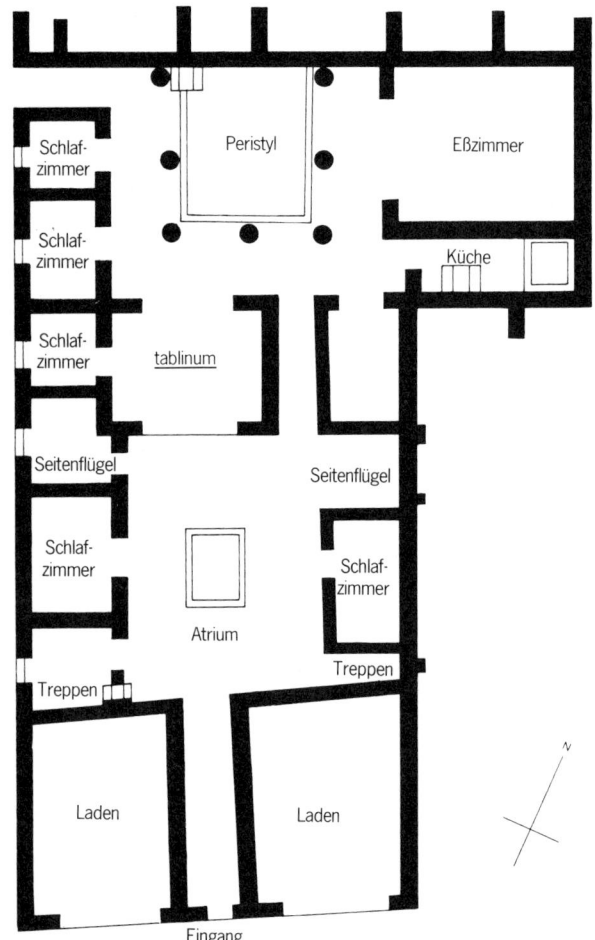

Hölzerne Trennwand in dem danach benannten Haus in Herculaneum. Die Wand trennt das Wohnzimmer *(tablinum)* vom Atrium. Sie hatte an jedem Ende eine Doppeltür und bestand in der Mitte wahrscheinlich aus Holzbrettern. Dieser Teil ist bei dem Tunnelbau im 18. Jahrhundert zerstört worden. Türangeln und Lampenhalter in der Form von Schiffsvorderteilen sind erhalten geblieben.

gewöhnlich mit einer Öffnung in der Mitte, und dieses Dach wurde von massiven Eichen- oder Buchenbalken getragen. Es gab verschiedene Variationen des Atriums. Im Haus der Hirsche und dem des Skeletts in Herculaneum und im Haus des Epheben in Pompeji war das Dach geschlossen und hatte gar keine Öffnung. Solche Dächer zu bauen und instandzuhalten, war kostspielig. Das galt natürlich für alle nicht von Säulen getragenen Dächer, so daß es im Lauf der Zeit üblich wurde, nach Art des griechischen Portikus vier oder mehr Säulen um das Wasserbecken zu

stellen. Im samnitischen Haus in Herculaneum hat das Atrium eine einzigartige überdachte Galerie mit Säulen und Halbsäulen, wobei die Zwischenräume zwischen den Säulen durch Wände verschlossen oder mit Fenstern versehen sind, eine Bauweise, die man später in der Renaissance wiederfindet und für die es gewisse griechische Vorbilder gibt wie zum Beispiel ein Grabmal in Shatby in Ägypten (ca. 260 v. Chr.). Obwohl das Atrium im Lauf der Zeit nur noch ein großes, reich ausgestattetes Wohnzimmer war, verliehen ihm das schwere Dach und andere traditionelle Bauteile in früherer Zeit die Atmosphäre eines in sich abgeschlossenen geweihten Raumes. Diese Feierlichkeit war angemessen für das *lararium*, das Heiligtum der Hausgötter, das sich oft in diesem Teil des Hauses befand. Es war eine Art Schrank, in dem die *lares*, Statuetten vergöttlichter Vorfahren, aufbewahrt wurden. Petronius erzählt uns, das *lararium* sei der erste Gegenstand gewesen, auf den das Auge des Besuchers fiel, wenn er das Haus des Trimalchio betrat. Der Lustspieldichter Plautus berichtet, wie die Tochter des Hausherrn täglich dort betete und dazu Weihrauch, Girlanden, Wein oder andere Opfergaben mitbrachte.[7] Kürzlich hat man im Haus des Julius Polybius in Pompeji ein großes Gemälde gefunden, auf dem der Hausherr zusammen mit den *lares*

dargestellt ist. Im Atrium wurde auch die Schatztruhe des Hauses aufbewahrt, und manchmal war es mit einer Porträtbüste des Besitzers geschmückt. Rückwärts stand traditionsgemäß ein Marmortisch, das *cartibulum*, als Symbol des in alter Zeit hier aufgestellten Herdes.

An beiden Seiten des Atriums, gewöhnlich am hinteren Ende, befanden sich Räume, die als Flügel *(alae)* bezeichnet wurden. Hier hatte man vielleicht ursprünglich die Porträts verstorbener Familienmitglieder aufgestellt. Später wurden diese kleinen Zimmer für die verschiedensten Zwecke benutzt. Sie dienten auch dazu, durch nach außen führende Fenster zusätzlich Licht in das Innere des Hauses zu lassen, oder hatten unauffällige, nach außen führende Türen.

Das sogenannte *tablinum* in der Mitte hinter dem Atrium war rückwärts durch eine Wand mit einer Tür oder einem Fenster abgeschlossen. Das *tablinum* öffnete sich normalerweise mit seiner ganzen Front zum Atrium, obwohl es gelegentlich durch eine hölzerne Trennwand oder Vorhänge abgeteilt werden konnte. Diese frontale Öffnung des Raumes wurde manchmal von einem Gebälk gekrönt und von Pilastern flankiert. Das waren rechtwinkelige Säulen, die hier in der Geschichte der Architektur wahrscheinlich zum erstenmal vorkommen, zum Beispiel im Hause des Fauns. Es sollten noch hundert Jahre vergehen, bevor sie in Mittelitalien auftauchten. Nach der Theorie, das Atrium sei ursprünglich ein Hof gewesen, war das *tablinum* der ursprünglich zentral gelegene Raum des Hauses (obwohl einige pompejanische Wohnhäuser wie etwa das des Loreius Tiburtinus gar kein *tablinum* besaßen). Bevor es besondere Eßräume gab, aßen der Herr und die Dame des Hauses im *tablinum* und verwendeten es als Empfangszimmer, Arbeitsraum und Schlafzimmer.

Auch in späterer Zeit blieb das Ehebett noch im *tablinum*, aber die zum Schlafen bestimmten Räume befanden sich an verschiedenen Stellen des Hauses. Der Ort, an dem das Bett stand, läßt sich oft an der Form der Wandmosaiken und daran erkennen, daß hier die Decke gewölbt ist und eine Art Nische bildet. Vor den Schlafzimmern befand sich in manchen Häusern ein kleiner Vorraum, in dem ein Sklave die Nacht zubrachte. Die übrigen Sklaven hatten keine bestimmten Schlafräume, vielleicht mit Ausnahme des Türhüters, dem ein kleines Zimmer neben dem Eingang zur Verfügung stand.

◁ Seitenansicht eines Marmortisches im Hause des Gaius Cornelius Rufus in Pompeji.

Ebenso wie die Schlafzimmer konnte auch das Eßzimmer *(triclinium)* an den verschiedensten Stellen des Hauses untergebracht sein. Richtiger wäre es, von »den Eßzimmern« im Plural zu sprechen, denn in den größeren Häusern (wie in dem von Trimalchio, das Petronius in seinem Roman beschreibt) gab

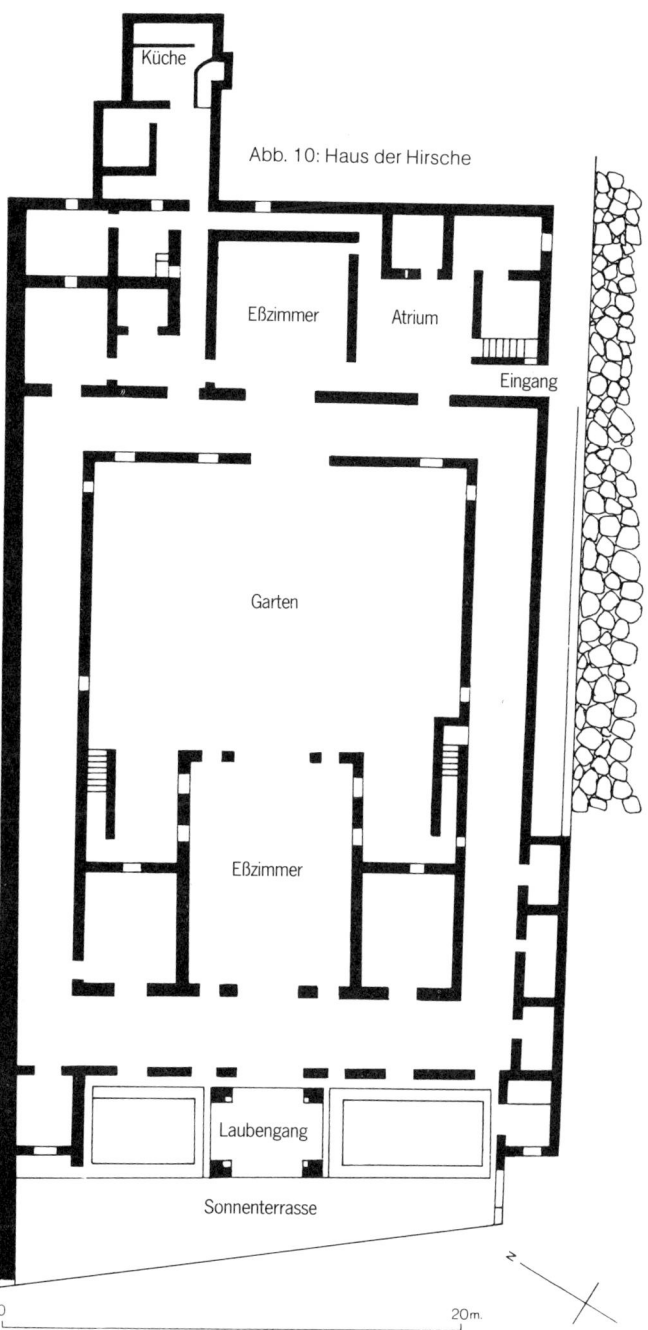

Abb. 10: Haus der Hirsche

Küche

Eßzimmer

Atrium

Eingang

Garten

Eßzimmer

Laubengang

Sonnenterrasse

0 20m.

117

Heizofen, Pompeji.

▷ Relief mit einem Hummer vor einer typischen ›heiligen Landschaft‹, die Wand eines Heiligtums darstellend. Wahrscheinlich dem Gott Priapus geweiht, dem ein alter Fischer in einem Epigramm einen Hummer darbringt. Privatsammlung.

es mehrere, die während der verschiedenen Jahreszeiten benutzt wurden. Im Sommer nahm man die Mahlzeiten im Garten ein oder in einem daran anstoßenden Zimmer oder einer Laube. Später wurde es, wie wir sehen werden, üblich, im Obergeschoß zu essen. Im unteren Stockwerk speiste man im Winter gern in einem Zimmer neben dem *tablinum*. In früheren Zeiten hatte man in Italien auch das *tablinum* selbst als Speisezimmer benutzt oder im Atrium gegessen. Erst als man von den Griechen die Sitte übernahm, die Mahlzeiten im Liegen einzunehmen, brauchte man besondere Speisezimmer.

Die Speisezimmer waren klein und hatten gerade Platz genug, um die üblichen drei Sofas aufzunehmen, die längs der Wände aufgestellt wurden. Für die Bedienung blieb kaum noch Raum, und ebenso war es zu eng für die Sklaven, die die Männer mitbrachten, wenn sie zum Essen eingeladen wurden. Auf einem Gemälde sieht man hinter dem Tafelnden einen schwarzen Sklaven. Andere Sklaven ziehen ihm die Schuhe aus (was wegen der sehr schmutzigen Straßen notwendig war) und bieten ihm Wein an. Der Besitzer des Hauses des Moralisten erwähnt das in seinen für die Gäste bestimmten Anweisungen, die er mit weißer Farbe auf die schwarz gestrichenen Wände seines Winterspeisezimmers geschrieben hat:[9]

Der Sklave soll die Füße der Gäste waschen und abtrocknen.
Er darf es nicht versäumen, die Kissen auf den Sofas mit einem Leinentuch zu bedecken.
Wirf keine lüsternen Blicke umher und mache der Ehefrau eines anderen nicht schöne Augen.
Sei im Gespräch nicht grob.
Sei zurückhaltend, werde nicht zornig und führe keine beleidigenden Reden. Wenn du das nicht kannst, dann gehe in dein eigenes Haus zurück.

Das Zimmer, in dem diese weisen Ratschläge gefunden wurden, hat eine gewölbte, kassettierte Decke. Aus verständlichen Gründen sind die Decken in den Häusern von Pompeji und Herculaneum am stärksten beschädigt, und deshalb können wir uns auch nicht mehr so gut vorstellen, wie die Räume ursprünglich ausgesehen haben. Aber mit ihren bemalten, mit Stuck verzierten, vergoldeten und mit Elfenbein eingelegten Balken müssen sie den Häusern ein sehr luxuriöses Aussehen verliehen und die Atmosphäre klösterlicher Abgeschlossenheit verstärkt haben.

Die Küchen waren recht primitiv und eng. Auch wenn es in Rom für eine komplette Mahlzeit den Ausdruck ›von den Eiern zu den Äpfeln‹ gab, hatte sich die Kochkunst im 2. Jahrhundert v. Chr. in vielen Häusern schon beachtlich verfeinert. Ein Koch kostete soviel wie ein Pferd, und zur Zeit des älteren und des jüngeren Plinius war der Preis auf den Gegenwert von drei Pferden gestiegen (wenn das auch nur ein Drittel des Preises für einen seltenen und teuren Fisch war). Frühere Generationen hatten ihre einfachen Mahlzeiten in irgendeinem beliebigen Teil des Hauses hergestellt; vielleicht im Atrium oder im Freien. Aber sogar in späterer Zeit gab es für die Küchen keinen festen Platz in den Häusern. Man richtete sie dort ein, wo man einen geeigneten Raum fand. Die Küchen in Pompeji waren enge, winzige Löcher, in denen ein Sklave kaum Platz fand. In diesem Raum gab es einen Spülstein, einen Herd aus Ziegelsteinen auf einem erhöhten Podest und dazu einen kleineren Backofen zum Brotbacken sowie einen Heizofen aus Bronze. Schornsteine kannte man nicht, und der Rauch entwich durch ein Fenster oder ein Loch in der Decke. Diese mangelhafte Einrichtung führte häufig zu Bränden.[10] Als Heizmaterial verwendete man Holz oder Holzkohle.

Da es keine offenen Kamine gab, heizte man die Häuser in Pompeji und Herculaneum mit flachen Kohlenpfannen und Holzkohle. Das Heizen stellte in dieser Gegend ein großes Problem dar, denn es kann hier bitterkalt werden, besonders wenn der Wind von Nordosten kommt. Wenn man diese Häuser betrachtet, dann überlegt man sich, ob es in der Antike im Winter nicht wärmer gewesen ist als jetzt. Gelegentlich wurden die Fenster in den Privathäusern, vor allem aber in öffentlichen Gebäuden wie etwa in den Bädern mit *lapis specularis*, einem mehr oder weniger durchsichtigen Material, verschlossen. Man hat angenommen, es habe sich dabei um Glimmer gehandelt. Augenscheinlich ist es aber Selenit gewesen, kristallisierter, in Platten vorkommender Gips oder Kalksulfat, das ebenfalls dünne Platten bildet und noch im 18. Jahrhundert zum Verglasen von Fenstern verwendet wurde. Man kannte aber auch schon eine Art primitiven Glases. Es glich dem heute manchmal für die Herstellung von Limonadeflaschen verwendeten Soda-Kalk-Glas. Man benutzte dieses Material in den Zimmern größerer Häuser,[11] zum Beispiel in den Bädern und Schlafzimmer-Al-

◁ Perseus mit dem Haupt der Gorgone Medusa. Gemälde aus dem Haus der Obsidianvasen.

koven (und für Sänften). In den Zentralen Thermen von Pompeji und in den Vorstadt-Thermen von Herculaneum sehen wir noch heute die Fensterscheiben aus Glas. Diese Scheiben waren etwa 6 Millimeter dick und wurden in die Wände eingelassen oder in Bronze- oder Holzrahmen gefaßt, die sich um eine vertikale Achse drehen ließen. Da die Glasscheiben so teuer waren, hielt man es für notwendig, sie mit Vorhängen, Blenden, hölzernen Läden oder Netzen zu schützen.[12] In Gallien und Britannien verwendete man das Glas später viel häufiger in Privathäusern zum Schutz gegen die Kälte,[13] aber in Pompeji und Herculaneum sind Glasfenster die Ausnahme und nicht die Regel.

Verschloß man statt dessen die Fenster oder die Öffnungen im Dach mit Stoff oder Häuten, dann gewährte dieses Material nicht genügend Schutz vor der Witterung und wurde vom Regen aufgeweicht. Die einzige Alternative bestand deshalb darin, die Fenster mit Läden vollständig zu verschließen. Diese wurden entweder zusammengeklappt oder in die Wand geschoben wie etwa im Eßzimmer des Hauses des Moralisten. Plinius der Jüngere ließ morgens die Läden geschlossen, weil er in der völligen Dunkelheit besser nachdenken konnte.[14] Zu gewissen Jahreszeiten mußte man sich entweder in der Dunkelheit verbarrikadieren, oder es wurde sehr kalt in den Häusern, und in den hermetisch verschlossenen Schlafzimmern wurde es recht dumpfig. Um den schlechten Geruch zu vertreiben, verbrannte man in diesen Räumen manchmal Brot.

Trotzdem war es im Winter kühl, und die Steinfußböden müssen für die nur in Sandalen steckenden nackten Füße recht ungemütlich und kalt gewesen sein, besonders wenn man, wie Augustus, sehr kälteempfindlich war. Er pflegte über seiner Toga vier Tuniken zu tragen und hängte sich darüber noch einen oder zwei Umhänge.

Mit den verdunkelten Fenstern verschärfte sich ein bereits vorhandenes schwieriges Problem; das der Beleuchtung. Selbst in den luxuriösesten Häusern war sie mangelhaft. Zwar kannten die Römer schon Rohöl und Petroleum, aber es war so feuergefährlich, daß man es nicht verwendete. Man benutzte statt dessen Fackeln, dünne Wachskerzen oder um einen gedrehten Docht gerollte Talgkerzen. Diese gab es aber nur in den Häusern der Reichen, denn die Armen wären, auch wenn sie das Geld gehabt hätten, welche zu kaufen, versucht gewesen, das Fett zu essen. Die Kerzen konnten in Laternen gestellt werden,

die entweder fest in den Häusern angebracht oder jeweils dort aufgestellt wurden, wo man sie brauchte. In diesen Laternen stand das Licht hinter dünnen Hornscheiben, getrockneten Tierblasen oder später hinter Glasscheiben. Die Ausgrabungen in Pompeji und Herculaneum haben eine große Zahl von Lampen aller denkbaren Größen zutage gefördert. Sie hatten die verschiedensten Formen, waren mehr oder weniger schön gestaltet und aus Bronze oder Terrakotta hergestellt. Im Haus mit der hölzernen Trennwand in Herculaneum gab es Halterungen aus Bronze in Form von Schiffsvorderteilen, an denen die Lampen nachts befestigt wurden.

Eine Lampe, in der nur eine Kerze brennt, gibt jedoch nur ein Hundertstel des Lichts ab, das eine elektrische Birne mit 60 Watt ausstrahlt. Ein prächtiger Kandelaber mit vierzehn Wachskerzen genügte als Beleuchtung für ein Festmahl, aber nur wenige Leute konnten sich das leisten, und selbst wenn sie es taten, müssen Rauch und Geruch der blakenden Dochte schwer und ölig in der Luft gelegen und die Stimmung beeinträchtigt haben. Es muß auch recht schwierig gewesen sein, bei solcher Beleuchtung zu lesen. Wir hören immer wieder von Augenerkrankungen durch Überanstrengung und Schmutzinfektionen, und Augenheilmittel waren sehr gefragt. Da die Beleuchtung schlecht war und man noch keine Brillen kannte, müssen die meisten Menschen schon in relativ jungen Jahren so schlechte Augen gehabt haben, daß sie nicht mehr lesen konnten. Die Vornehmen ließen sich das Lesen und Schreiben von vertrauenswürdigen Sklaven abnehmen.

Aus heutiger Sicht waren diese Häuser zum Teil sehr angenehme Aufenthaltsorte, machten das Leben andererseits aber auch recht beschwerlich.

Im großen und ganzen war die Wasserversorgung ausreichend, wenn uns daran manches auch nicht gefallen hätte. Sie war auf jeden Fall viel besser als das, was man heute in vielen Gegenden an der Mittelmeerküste findet. Obwohl man es im Altertum schätzte, in den öffentlichen Bädern zu baden, besaßen viele große Stadthäuser und Villen auf dem Lande eigene Badeeinrichtungen.[15] Sogar die Dienstboten und Sklaven konnten täglich ein heißes Bad nehmen. In allen Häusern mit Ausnahme der ärmlichsten gab es Wasserleitungen und Wasserhähne. In den Schlafzimmern fehlte das fließende Wasser allerdings. Sogar in der sehr geräumigen Villa des Diomedes stand im Schlafzimmer des Hausherrn in einem Alkoven ein Tisch mit einer

Waschschüssel, zu der sicher auch ein Wasserkrug gehört hat. Aber in der Villa der Papyri bei Herculaneum wurden die Brunnen im Garten durch ein kompliziertes Wasserleitungssystem gespeist. In alter Zeit hatten die großen Häuser jeweils ihre eigenen Brunnen. In Pompeji hat man unter dem Haus des Fauns zwei solcher Brunnen gefunden, die wahrscheinlich Anfang des 3. Jahrhunderts v. Chr. angelegt worden sind.

Im alten Italien gab es nicht nur öffentliche Bäder, sondern auch öffentliche Bedürfnisanstalten, aber die Häuser in Pompeji und Herculaneum hatten natürlich auch eigene Toiletten. Im Haus der Gemme in Herculaneum finden wir ein Graffito aus den letzten Tagen der Stadt, das uns die erfreuliche Mitteilung macht: »Apollinaris, der Arzt des Kaisers Titus, hat hier einen guten Schiß verrichtet.« Die Toiletten

in den Privathäusern waren im allgemeinen nicht so bequem ausgestattet wie die in den Thermen des Forums in derselben Stadt, wo es sogar eine Wasserspülung gab. Im Haus des Neptunmosaiks führte ein Abflußrohr in eine Klärgrube. Anderswo führten solche Abflüsse zwar nicht in Gruben, aber wenigstens in einen Graben. Oft lag das Klosett ebenso wie das Badezimmer neben der Küche, was nicht besonders hygienisch war. Aber im Haus des Amandus in Pompeji befand es sich in der dunklen Ecke unter der Treppe. Man gewinnt den Eindruck, daß es nicht genug Latrinen gegeben hat, denn immer wieder beklagen sich die Graffiti darüber, daß die Leute ihre Notdurft auf den Straßen, an den Hauswänden und auf den Grabmälern verrichten. Gelegentlich sind diese Klagen mit der derben Warnung verbunden, das sei nicht ratsam, weil man sich dabei den Hintern mit Nesseln zerstechen könnte. Selbst in den Hotels gab es manchmal nicht nur keine Toiletten, sondern es mangelte auch an Nachttöpfen. Ein Gast schrieb an die Wand seines Zimmers:

Garten am Haus der Julia Felix in Pompeji. An einer Längsseite befand sich ein Fischteich, der von kleinen Marmorbrücken überquert wird und an dem kleine Grotten und Schreine angelegt sind.

O Wirt, ich hab' ins Bett gepißt,
bekenne meine Sünden.
Du fragst warum: den Topf der Nacht,
den konnte ich nicht finden.[16]

Nun aber wollen wir uns den Gärten zuwenden. Schon Shelley schreibt: »Anders als die Bewohner der kimmerischen Schluchten in den modernen Städten konnten die alten Pompejaner in aller Ruhe die Wolken und die Himmelslichter betrachten.« Es läßt sich heute nicht mehr feststellen, wann die ersten Gärten in der Stadt angelegt worden sind. Schon das sehr alte Haus des Chirurgen besaß einen kleinen Garten, und auch anderswo hat es wahrscheinlich bereits in sehr früher Zeit hinter den Wohngebäuden kleine Küchengärten gegeben. Aber im 2. Jahrhundert v. Chr., wenn nicht sogar früher, baute man Innenhöfe oder Peristyle, in denen man Gärten anlegte. In diese Höfe gelangte man durch einen um das *tablinum* herumführenden Gang. Sie waren von manchmal zweistöckigen Säulengängen flankiert,[17] die den nach oben offenen Raum an mehreren Seiten oder ringsherum umgaben. Die überdachten seitlichen Gänge glichen den Kreuzgängen in kleinen Klöstern, und von dort gelangte man direkt in luftige rechtwinklige oder halbkreisförmig ausgebaute Zimmer. Ähnliche von Säulen umgebene Innenhöfe mit Wasserbecken oder Brunnen in der Mitte waren nach der Zeit Alexanders des Großen (der 323 v. Chr. starb) in Griechenland in Mode gekommen. Aber die Peristyle, die wir aus dem hellenistischen Olynthus in Mazedonien und aus Priene im westlichen Kleinasien kennen, sowie diejenigen auf der Insel Delos in der Ägäis hatten Mosaikfußböden, während der freie Raum in Pompeji gewöhnlich von einem Garten eingenommen wurde. Wir wissen nicht, welche Vorläufer die Innenhöfe in Italien gehabt haben, aber diese Idee ist schon zu einer sehr frühen Zeit aus Griechenland an die campanische Küste gekommen, wo die hellenistische Vorliebe für Kolonnaden und Säulengänge den italienischen Bedürfnissen angepaßt wurde. Einige Häuser reicher Bürger in den Städten am Vesuv hatten zwei oder sogar mehrere von Säulengängen umgebene Innenhöfe oder Gärten. Im Haus des Kitharaspielers (Lyraspielers) gab es Zimmer, von denen aus man nicht weniger als drei solcher Höfe überblickte, die jeweils auf einem anderen Niveau lagen.

So wurden die relativ dunklen und engen Zimmer mit frischer Luft versorgt. Nun verlegte man die häufiger benutzten Räume allmählich von der Straßenfront nach innen, wo die größeren Zimmer und Alkoven auf die umfriedeten Gärten hinausblickten, während die an der Straße gelegenen und das Atrium als Relikte aus alter Zeit nur noch wenig benutzt wurden. Im Haus der Silbernen Hochzeit in Pompeji bilden das dunkle Atrium und das von der Sonne beleuchtete Peristyl einen starken Kontrast. Das heute am besten erhaltene Peristyl ist der Garten im Innenhof des Hauses der Vettier, eines von den reichen Kaufleuten Aulus Vettius Restitutus und Aulus Vettius Conviva in den letzten Tagen von Pompeji restaurierten älteren Gebäudes.

Manchmal durchbrach der Garten auch die Grenzen des von Säulen umgebenen Hofs. Hinter der Villa der Julia Felix, dem größten bisher entdeckten Wohnhaus in Pompeji, gibt es zum Beispiel eine weite Fläche mit einem Fischteich, einem Gemüsegarten und einem Obstgarten.[18] Im Hause des Loreius Tiburtinus liegt in der Mitte des Gartens ein T-förmiger Fischteich, dessen längerer Arm über eine mit Weinreben bepflanzte Terrasse hinunterfließt. Am Teich ziehen sich Laubengänge, Grotten, Kapellen, Brunnen und kleine Wasserfälle entlang, die im Kleinen vorwegnehmen, was in der Renaissance als weiträumige Anlage gebaut wurde, wie etwa die Wasserspiele in der Villa d'Este in Tibur (Tivoli), in der Stadt, aus der – wie es der Zufall will – Loreius stammte. In einer Mauer seines Gartens sehen wir Löcher, in die das Dach eines Schuppens eingepaßt war, in dessen Schutz exotische Pflanzen und Blumen gediehen. Welche Bäume früher im Garten

Abb. 11: Haus der Vettier, Pompeji:

[Grundriss mit Beschriftungen: Peristyl, großes Speisezimmer, Wohnräume der Frauen, Küche, Atrium, Atrium, Eingang]

Der Garten (Peristyl) im Hause der Vettier, Pompeji. Welche Pflanzen in der Antike hier wuchsen, hat man nach den Hohlräumen festgestellt, die die Wurzeln hinterlassen haben.

standen, läßt sich aus den Hohlräumen erkennen, die ihre Wurzeln in der Lava hinterlassen haben, und heute hat man dort die gleichen Sorten angepflanzt: Birnen, Feigen, Granatäpfel und Kastanien. In den letzten Jahren hat sich die Verwaltung in Pompeji und Herculaneum besonders darum bemüht, nur die Bäume, Büsche und Blumen anzupflanzen, die nach einer genauen Untersuchung des Schutts und Analyse der antiken Gemälde zu damaliger Zeit gewachsen sind. Den im Altertum hier gezüchteten Pflanzen entsprechen auch die Rosen, Veilchen und Hyazinthen im Peristyl des Hauses der Vettier.

Die Bewohner von Pompeji und Herculaneum waren augenscheinlich ebenso wie die Römer der Auffassung, daß die Pflege von Gärten eine lohnende und gesunde Beschäftigung sei. Dazu sind die Römer zweifellos angeregt worden, als sie die Gärten in der Campania kennenlernten. Die Neigung dazu war aber sicher schon vorher vorhanden, denn sie sind von jeher Liebhaber des Landlebens gewesen. In früherer Zeit wurden in vielen Küchengärten auch Blumen gezogen. Später kamen sie in großen Mengen

aus Tusculum (Frascati) und Praeneste (Palestrina) nach Rom. Im 2. Jahrhundert v. Chr. wanderten zahlreiche griechische Gartenexperten nach Mittelitalien ein und richteten auf den Landgütern des jüngeren Scipio Africanus und des Auguren Decimus Junius Brutus Lustgärten ein. Aber im folgenden Jahrhundert wurden diese ersten Versuche durch die Schaffung der großen Parks des Pompejus und Lucullus weit in den Schatten gestellt.

Man legte großen Wert auf luxuriöse Wasserspiele und Bepflanzungen, und diese Leidenschaft hat der römischen Architektur und Kunst einen besonderen Stempel aufgedrückt. Der Garten galt als irdisches Symbol des Paradieses, das die Religion des Bacchus dem Eingeweihten verhieß (4. Kapitel).

Deshalb gab es besonders nach der Regierungszeit Neros in den Gärten zahlreiche dionysische Reliefs, Statuen und Masken auf Metallscheiben, die sich im Winde bewegten. Selbst die künstlerisch weniger wertvollen Stücke, zu denen auch Grotten und Sonnenuhren kamen, übertreffen an künstlerischer Qualität bei weitem unsere heutigen Gartenzwerge. Unter dem Licht der südlichen Sonne vereinigen sich

hier Kunst und Natur in ähnlicher Weise wie in den zur Zeit der italienischen Renaissance geschaffenen Gärten. Auch Vögel waren sehr beliebt, und zu jedem größeren Garten gehörte eine Voliere.

In Pompeji und Herculaneum erkennen wir außerdem ganz deutlich, daß die Armen die kultivierte Natur und die Blumen ebenso liebten wie die Reichen. Einige Häuser, die zu klein sind, als daß man dort einen Peristyl anlegen oder einen Baum pflanzen konnte, besitzen dennoch einen Garten. Um ihn größer erscheinen zu lassen, bemalte man eine rückwärts gelegene Mauer oft mit einer Gartenlandschaft, in die dionysische Attribute eingefügt waren. Die Bewohner der Häuser hinter den Kaufläden besaßen oft sehr hübsche kleine Gärten. Oder sie legten ihre Fenster so, daß sie einen Blick auf das Grün des Nachbargartens gewährten. Wie heute gab es auch Blumenfenster und weinumrankte Laubengänge auf den Balkonen. Aus den *Georgica* von Vergil erfahren wir, daß man sogar den Anblick von Gemüsebeeten als etwas Ästhetisches empfand. Die gleiche Einstellung kommt in dem folgenden Vers des Dichters Philodemus zum Ausdruck, der sich in Herculaneum niedergelassen hatte:

Schon blühen hier die Rosen,
Sosylos und frische Erbsen;
Hier sind die ersten grünen Triebe,
Dort die Sardellen,
die nach der Brandung schmecken,
Und zart gesalzener Käse,
Und hier die krausen Blättchen des Salats . . .[19]

An den Hängen südlich von Pompeji und Herculaneum, wo sich die Lava beim Herabfließen in Falten zusammengeschoben hatte, war man zum Teil stark von der üblichen Bauweise abgewichen und hatte die Gebäude terrassenartig an den Hang gelehnt. Wir haben schon zwei Wohnhäuser in diesem Teil von Pompeji erwähnt, die Loreius Tiburtinus und Julia Felix gehörten. Am Südwestrand der Stadt steht die Villa Imperiale an der Porta Marina. Sie hat zwei Stockwerke, und in den so entstandenen Gewölben fanden ihre Bewohner Schutz vor der sommerlichen Hitze. An die Stadtmauer lehnt sich eine Kolonnade aus dreiundvierzig Säulen, die bei der Bombardierung im Jahr 1944 freigelegt wurde; ebenso das Spei-

sezimmer. Doch dieses weitläufige Gebäude, halb Stadt- und halb Landhaus war schon vorher zweimal zerstört worden, denn es wurde bei dem Erdbeben 62 n. Chr. stark beschädigt und war noch nicht wieder vollständig aufgebaut, als der Ausbruch des Vesuvs im Jahr 79 n. Chr. erfolgte.

Auch an den steilen Klippen im Südwestteil von Herculaneum mußte man auf den traditionellen pompejanischen Baustil verzichten und näherte sich der im übrigen Mittelmeerraum üblichen Bauweise. Hier stehen die Häuser auf übereinanderliegenden Terrassen, haben Veranden, Loggien, Fensternischen und offene, zur See hinausblickende Säulengänge. Das sogenannte Hotel wird von einer Terrasse gekrönt, auf der man die wahrscheinlich schönste Aussicht von Herculaneum genießen kann. Das Haus mit dem Mosaik im Atrium wird von einem weitläufigen, mit Kolonnaden geschmückten Garten beherrscht, an den sich das Eßzimmer mit Blick nach Südwesten über eine Sonnenterrasse, anschließt. Aber das reichste all dieser nach Süden orientierten Wohnhäuser ist das Haus der Hirsche, wo wir anstelle einer Kolonnade einen modern wirkenden, mit Fenstern versehenen Korridor finden. Über der Terrasse erhebt sich eine auf vier Säulen ruhende Pergola mit Blumenvasen aus Terrakotta. Ein zweites elegantes Gebäude, das Haus der Gemme, wird von dem Haus des Telephus-Reliefs fast erdrückt. Letzteres besitzt in einem seiner Räume die schönsten mit Marmorplatten ausgelegten Fußböden und Wände, die sich in einem Privathaus in diesen Städten erhalten haben. Das geschickt angelegte Haus paßt sich dem Gelände sehr gut an, einige der zahlreichen Rampen und Treppen führen zu bisher noch nicht freigelegten Teilen des Gebäudes.

Treppen waren in Pompeji und Herculaneum natürlich nichts Neues. Die ältesten Häuser, die eine relativ große Fläche einnahmen, waren allerdings einstöckig, und das Atrium mit seiner Öffnung in der Mitte sowie das *tablinum* mit seinem giebelförmigen Aufsatz regten nicht dazu an, ein zweites Stockwerk aufzusetzen. Aber trotzdem unternahm man bald den Versuch, die Häuser aufzustocken. Das geschah abschnittsweise in jeweils verschiedener Höhe und unter Verwendung vieler Treppen, die man an geeigneter Stelle möglichst unauffällig anbrachte, ohne dabei einem allgemeinen Grundmuster zu folgen. In Rom benutzte man die ersten Zimmer im oberen Stockwerk als zusätzliche Speisezimmer (*cenacula*), über denen dann oft noch eine Terrasse lag, und Ci-

◁ Die Kolonnade in der Villa an der Porta Marina (oben rechts) von Pompeji. Die Villa wurde zum Teil durch den Bombenangriff im Jahr 1944 freigelegt.

127

cero erzählt, wie sie in Mode kamen. Eine ähnliche Entwicklung gab es in Pompeji und Herculaneum, zum Beispiel in dem Haus mit der hölzernen Trennwand, wo man das alte Gebäude einfach um ein Stockwerk erweiterte. Mit Steigrohren führte man die Wasserleitung in die oberen Stockwerke, und in einigen Häusern gab es sogar Abflußrohre, die aus den dort befindlichen Toiletten nach unten führten. Architektonisch waren diese vertikalen Anbauten von geringer Bedeutung. Versuche in dieser Richtung gingen aber doch weiter, denn gegen Ende der Republik kam es als Folge des Bevölkerungszuwachses, der raschen Industrialisierung und der Mietsteigerungen zu einer Revolutionierung des Baustils. In der Hauptstadt regten diese Faktoren die Errichtung immer höherer Gebäude an. Die Verwendung von Beton kam der neuen Bauweise besonders entgegen (3. Kapitel), wenn man die Bauten aber zu billig ausführte (und das geschah bei einigen Häusern des Cicero),[20] konnte die Sache gefährlich werden. Da die sozialen Verhältnisse in Pompeji und Herculaneum anders lagen als in Rom, blieb die Entwicklung hier gegenüber der Hauptstadt zurück. Dennoch entstanden nach dem 1. Jahrhundert v. Chr. immer häufiger zwei- und sogar dreistöckige Gebäude aus den alten Atriumhäusern. Die Zimmer in den oberen Stockwerken hatten Fenster, fortlaufende, offene Kolonnaden, überdachte Loggien und leichte, über die Hauswand herausragende, auf Balken stehende Balkone.

Im 1. Jahrhundert n. Chr. beschleunigte sich der Bau mehrstöckiger Häuser, weil man nun dazu neigte, sie aufzuteilen. Man hatte schon seit einiger Zeit einen Teil der Zimmer als Läden vermietet (7. Kapitel). Jetzt geschah das immer häufiger, außerdem teilte man die Wohnhäuser selbst in eine Anzahl getrennter, in sich abgeschlossener Wohnungen auf.[21] In Herculaneum, wo die Aufteilung der Häuser vielleicht unter dem Einfluß sozialer Veränderungen entlang der Küste besonders schnell vonstatten ging, war das ›Hotel‹ recht ungeschickt in eine Reihe einzelner Wohnungen eingeteilt. Diese Entwicklung begünstigte die Neigung zum Aufstocken der Häuser, denn da die Wohnfläche in den neuen Wohnungen kleiner war als in den alten, mußte man sich, wenn man soviel Raum brauchte, nach oben ausdehnen. Außerdem versuchte man, die neue Lage durch Anwendung ganz neuer Techniken zu meistern. Das bemerkenswerteste Beispiel, das wir bisher entdeckt haben, ist das Trellis-Haus (Haus mit den verkohlten Möbeln) in Herculaneum, das in leichter und billiger Bauweise aus Holz und Gips errichtet wurde (3. Kapitel). An die Stelle des Atriums tritt hier ein ›moderner‹ Innenhof, wie wir ihn ähnlich auch im Hause mit dem schönen Innenhof finden. Diese Höfe gaben Licht, Luft und Wasser und wurden von Treppen flankiert, die in das obere Stockwerk führten. Im Trellis-Haus besitzt das ausgezeichnet erhaltene obere Stockwerk (in einem Zimmer fand man doch alle Möbel) eine vorspringende, überdachte und mit einer Balustrade versehene Loggia, die auf Säulen aus Ziegelsteinen ruht und so breit ist wie der darunter am Haus vorüberführende Gehsteig. In diesem Haus befanden sich Wohnungen für zwei Familien; eine im unteren, die andere im oberen Stockwerk. Die einzige Einrichtung, die sie gemeinsam benutzten, war die Zisterne. Das Seil und die Winde zum Heraufziehen des Wassers sind noch erhalten, wenn auch von der glühenden Lava leicht angesengt. Die altmodischen Atriumhäuser in Pompeji und Herculaneum, an deren Stelle diese neuen Gebäude traten, sind für das Leben in Italien insgesamt viel

◁ Das Trellis-Haus (Haus mit den verkohlten Möbeln) aus der letzten Periode von Herculaneum. Auf jedem Stockwerk lebte eine Familie. Dieser Innenhof versorgte beide mit Licht, frischer Luft und Wasser.

▷ Das Haus mit dem schönen Innenhof in Herculaneum. An die Stelle des Atriums ist ein Hof getreten, von dem aus eine Treppe in das obere Stockwerk führt.

weniger typisch als die großen Häuserblocks mit Mietwohnungen, die man in Rom baute. Wir kennen sie nicht so sehr aus der Hauptstadt selbst (wo es heute nur noch wenige Reste davon gibt) als vielmehr aus der Hafenstadt Ostia, wo solche Häuser viel häufiger waren als die des pompejanischen Typs.[22] In Ostia sind sehr viele erhalten geblieben. Es wird berichtet, daß die Wohnhäuser in der Hauptstadt unter dem Einfluß der städtebaulichen Ideen und Reformen Neros im Lauf der Zeit fester gebaut wurden. In den Küstenstädten der Campania hat sich die neue Bauweise wahrscheinlich zuerst in Neapolis und Puteoli durchgesetzt und die näher am Vesuv gelegenen Orte erst kurz vor ihrer Zerstörung erreicht. In Pompeji war ein neuer Häuserblock an der Via del Foro gebaut worden. In Herculaneum gibt der Wohnblock an der Palästra ein ausgereiftes Beispiel für die gleiche Bauweise. Er hatte eine massive Front und eine Höhe, die wir nur nach den stehengebliebenen zwölf Meter hohen Mauern schätzen können. Das war die Richtung, die die Entwicklung wahrscheinlich in Zukunft genommen hätte.

Von außen müssen die Häuser in Pompeji und Herculaneum ganz anders ausgesehen haben als heute. Die meist flachen, manchmal aber auch geneigten Dächer waren mit Ziegeln aus leuchtend roter und gelber Terrakotta gedeckt, und die Häuserfronten waren, wie in der Antike wahrscheinlich allgemein üblich, mit leuchtenden Farben gestrichen. Die alten aus Sarnus-Kalkstein gebauten Wohnhäuser haben wahrscheinlich schlichter ausgesehen. Später schmückte man die Fassaden mit Stuck, gelegentlich auch mit Reliefs, und die untere Hälfte der Mauern war mit Wandgemälden bedeckt. An den Häusern im Südteil von Pompeji regte das starke Sonnenlicht die Bewohner dazu an, die Mauern schwarz zu grundieren und auf diesem schwarzen Grund meist weiße Figuren aufzutragen.

Auch die aus Ziegeln gemauerten Säulen beiderseits der Hauseingänge waren mit Stuck überzogen und bemalt. Das ›pompejanische Rot‹ sieht man noch am Haus mit dem großen Portal in Herculaneum, das seinen Namen dem schönen Eingang verdankt, dessen Stil in der Renaissance und im 18. Jahrhundert immer wieder kopiert worden ist. Es gibt in Pompeji und Herculaneum für die Hauseingänge die ver-

schiedensten Formen; sie sind glatt oder verziert, haben Vordächer oder verzichten darauf, und gelegentlich stehen auch Sitzbänke daneben. Die großen samnitischen Häuser aus republikanischer Zeit hatten Eingänge, deren Kapitelle dionysische Szenen oder Darstellungen von Ehepaaren zeigten. Im sogenannten Haus eines Mitglieds der kaiserlichen Familie neben dem Haus des Loreius Tiburtinus in Pompeji ist über dem Bronzetor ein in Stein gehauener Lorbeerzweig noch zum Teil erhalten. Die Türflügel waren mit den Pfosten nicht durch Angeln verbunden, sondern um hölzerne, mit Eisen oder Bronze überzogene Zapfen drehbar. Das Haus des Stiers hatte einen doppelten Eingang. So konnte man durch einen Seiteneingang hineinkommen, ohne daß das Innere des Hauses von der Straße her sichtbar wurde.

Die Häuserfronten hatten praktisch keine Fenster, höchstens einige sehr kleine; zum Beispiel in den Flügeln neben dem Atrium. Mit Ausnahme dieser Fenster hielt man es für praktischer, die Innenräume von den Innenhöfen her zu beleuchten. Auf diese Weise war die Sicherheit der Häuser besser gewährleistet. Plinius der Ältere schreibt, daß es in Rom »erschreckend viele Einbruchsdiebstähle« gab, weil man über keine leistungsfähige Polizei verfügte. Zweifellos hat es dieses Problem auch in den kleineren italienischen Städten gegeben. In Pompeji und Herculaneum versuchte man, ihm dadurch zu begegnen, daß man glatte, geschlossene Außenwände baute und die Türen verriegelte, die außerdem von wachsamen Torhütern und bissigen Hunden bewacht wurden, die wir auf Mosaiken in den Hauseingängen mit der Inschrift *cave canem* (Vorsicht vor dem Hunde) noch sehen können.

An den Hängen des Vesuvs vor den Toren von Pompeji und Herculaneum an der Küste und auf dem Lande in der Umgebung dieser Städte gab es zum Teil sehr große Landhäuser. Um sie von den Stadthäusern zu unterscheiden, verwenden wir für sie den Ausdruck ›Villa‹, obwohl dieses Wort heute eine etwas andere Bedeutung hat. Ihre wohlhabenden Besitzer hielten sich nicht das ganze Jahr über in diesen Villen auf. Oft gehörten auch landwirtschaftliche Betriebe dazu. Der Geograph Strabo schildert Anfang des 1. Jahrhunderts n. Chr. die Bucht von Neapel als eine ununterbrochene Reihe von Ortschaften, Landhäusern und Pflanzungen, also eigentlich als eine zusammenhängende Stadt.[23] Plinius der Ältere spricht ebenso wie Boccaccio 1300 Jahre später davon,

◁ Eingang zum Haus mit dem großen Portal, Herculaneum. Diese Bauweise ist in der Renaissance oft imitiert worden. Rechts davon liegt das Sportfeld (Palästra).

131

Friese dieser Art, die dionysische Szenen oder Reliefporträts von Mann und Frau zeigen, finden sich über den Eingängen der alten samnitischen Häuser. Museum in Pompeji.

daß die Villen an dieser schönen Küste viel zu dicht nebeneinander standen. In der Bucht von Paestum und im Golf von Salerno weiter im Süden war es ganz ähnlich.

Im Jahr 1931 hatte man in dieser Gegend 39 Villen festgestellt, untersucht und in einigen Fällen ausgegraben. Heute könnten es sehr viel mehr sein. Einige stammen sicher noch aus dem 2. Jahrhundert v. Chr., aber mehr als hundert Jahre später baute man immer noch neue Landhäuser dazu. Beim Erdbeben im Jahre 62 n. Chr. wurden einige dieser Gebäudekomplexe zu stark beschädigt, als daß sich ein Wiederaufbau gelohnt hätte. Im ganzen haben sie aber die Erdstöße besser überstanden als die enger zusammenstehenden Häuser in den Städten. Nach-

dem die Menschen diese Erfahrung gemacht hatten, suchten einige Stadtbewohner beim Vesuvausbruch im Jahr 79 n. Chr. Zuflucht auf dem Lande, obwohl auch hier die Villen zerstört wurden und die Flüchtlinge umkamen.

Im 1. Jahrhundert v. Chr. waren viele Römer zu Badekuren nach Pompeji und nach Puteoli gekommen. Auch Herculaneum war ein fast ebenso beliebter und eleganter Kurort wie Cumae oder Baiae am anderen Ende der Bucht. Cicero besaß während der letzten zwanzig Jahre seines Lebens eine bescheidene Villa in Pompeji und hielt sich gern darin auf, weil er hier von niemandem belästigt wurde. Der Enkel des Augustus, Agrippa Postumus, besaß ebenfalls eine Villa im heutigen Boscotrecase, die vielleicht sein Vater Agrippa gebaut hatte. Ebenso wie das benachbarte Boscoreale war der Ort bekannt für die vielen Landhäuser und Bauernhöfe, die alle in einem Gebiet ein bis zwei Kilometer nördlich von Pompeji lagen. Die Schwester des Postumus, die ältere Agrippina, Gattin von Germanicus, lebte eine Zeitlang in der Verbannung in einer Villa, die ihr Sohn Caligula später abreißen ließ. Damit verschwand ein für die Seeleute markanter Orientierungspunkt an der Küste. Zur Regierungszeit Neros versetzte der Schriftsteller Petronius seinen Romanhelden Trimalchio nach Pompeji und machte ihn dort zum Hausbesitzer. Aber Trimalchio war so reich, daß er diesen Besitz vollständig vergaß.[24]

Wie diese Landhäuser ausgesehen haben, kann man sich nach einer Reihe von Gemälden aus dieser Gegend vorstellen. Mit ihren Säulengängen und säulengeschmückten Fassaden erinnern sie an ältere griechische Gebäude wie das im 4. Jahrhundert v. Chr. in Olympia erbaute Leonidaeum. Die Villa als solche war jedoch eine typisch italienische Erfindung. Die Landhäuser an den Buchten von Neapel und Salerno unterschieden sich grundsätzlich von den Wohnhäusern in Pompeji und Herculaneum, die nicht an den terrassenförmigen Südhängen am Rand dieser beiden Städte lagen. Die ländlichen Villen blickten zwar ebenso wie die Wohnhäuser in den Städten nach innen, wo sich die Räume in ein Atrium oder noch häufiger ein großes Peristyl öffneten, um das sie sich gruppierten. Aber der Unterschied gegenüber den Stadthäusern lag darin, daß die Wohnhäuser auf dem Lande auch nach außen blickten. Sie wurden nach Lage und Grundriß so geplant, daß man die schöne Landschaft und das ausgezeichnete Klima in jeder Hinsicht genießen konnte; dazu mußten die festen Außenmauern fallen. In diesem Sinne waren die kleinen Paläste an der See und in den Bergen eins mit der Landschaft. In einem anderen Sinn waren sie aber auch aus ihr hervorgehoben, denn sie wurden auf künstlichen Erhebungen im Mittelpunkt weiträumiger Anlagen errichtet. Die sie umgebenden Flächen bestanden aus Parks mit Lorbeerbäumen, Platanen, Pinien sowie exotischen Sträuchern und Myrten- und Blumenbeeten.

Unweit der Porta Ercolano lag die prächtige Villa des Diomedes. Sie wurde in den Jahren 1771 bis 1774 ausgegraben, als die Entdeckung von 18 Skeletten im Keller eine Sensation bedeutete. Man entfernte die sehr schönen Wandgemälde aus dem Haus, sie sind

Kopf eines jungen Mannes mit Mantel und Schleier des Priesters; vielleicht ein Mitglied der kaiserlichen Familie wie Agrippa Postumus oder Marcellus. Museum in Pompeji.

heute im Museum von Neapel. Der von Säulen umrahmte Eingang führt direkt ins Peristyl, eine Anlage, die, wie Vitruvius meint, zu einer Villa auf dem Lande gehört (obwohl es in Wirklichkeit zwei Grundtypen gibt, die oft ineinander übergehen: die Villa mit einem Peristyl und die etwas mehr in die Länge gezogene mit einem Portikus). Die Südseite des Peristyls wird von einem Sonnenzimmer flankiert, das die Form einer Apsis hat. Etwas tiefer liegt der größte Garten der ganzen Gegend um Pompeji. Die Bäume, Sträucher und Blumen, die sich um einen Brunnen, einen Fischteich und eine Pergola (die im Sommer als Eßraum verwendet wurde) gruppierten, standen innerhalb einer geschlossenen Kolonnade. Wer in ihrem Schatten lustwandelte, erblickte zwischen den einzelnen Säulen jedesmal ein neues reizvolles Bild der Landschaft und des Meeres. Von den Aussichtspunkten auf der Terrasse an den Ecken des Umgangs, die zur Küste hinausblicken, hatte man eine der herrlichsten Aussichten der Welt.

Etwas weiter außerhalb von Pompeji liegt das prächtigste dieser Landhäuser, die Mysterienvilla (Villa Item). Hier befindet sich der Raum mit den bemerkenswerten Wandgemälden, die den Mysterienkult des Bacchus darstellen (4. Kapitel). Als die Ausgrabungen 1909 begannen, mußte man 7,50 Meter tief in die vulkanische Erde eindringen, und es bestand die Gefahr, daß sich in den Schächten giftige Gase bildeten. Aber 1929 und 1930 gingen die Arbeiten weiter, und die Restaurierung kam voran. Doch bis heute sind die Ausgrabungsarbeiten nicht abgeschlossen. Die an einem zur See abfallenden Hang gelegene Mysterienvilla ist dreihundert Jahre bewohnt gewesen. Zunächst hatte sie etwa die Form eines großen Landhauses aus der Frühzeit und entwickelte sich dann zu einer ländlichen Villa mit sechzig Räumen. Der ursprüngliche Eingang auf der Ostseite führte durch einen kurzen Gang direkt in ein Peristyl, um das sich die Wohnräume gruppierten. Die ganze weite Fläche, die nach Süden, Osten und Westen hinausging und über unterirdischen Gewölben lag, war als weitläufiger, prächtiger hängender Garten angelegt.

Die Entdeckung einer Statue der Gattin des Augustus, Livia, hat zu der Vermutung Anlaß gegeben, die Mysterienvilla könnte kaiserlicher Besitz gewesen sein. Die Statue beweist das zwar nicht, aber die Eigentümer waren sicherlich angesehene und wohlhabende Leute. Aus Inschriften geht hervor, daß einer der samnitischen Adelsfamilie der Istacidier angehört hat, die in der Nähe ein prächtiges Mausoleum besaß. Nachdem das Erdbeben im Jahr 62 n. Chr. das Haus stark beschädigt hatte, ist die Villa augenscheinlich in die Hände eines Freigelassenen des ehemaligen Besitzers, eines gewissen Lucius Istacidius Zosimus, übergegangen. Anlaß für diese Vermutung ist ein in der Sklavenunterkunft gefundenes Siegel. Er hat vielleicht auch einige alte Eingänge zumauern und neue durchbrechen lassen. Die Wohnräume des ehemaligen Besitzers ließ er unbenutzt und richtete einen großen landwirtschaftlichen Betrieb ein.[25] Die Karikatur eines weiteren Besitzers aus der gleichen Periode mit einem Lorbeerkranz auf dem Kopf ist in eine Wand geritzt und trägt die Inschrift: »Das ist Rufus«.[26]

Viele Landhäuser lagen auf einem Hügel oberhalb von Stabiae (Castellamare di Stabia) am Meer, etwa 5 Kilometer südlich von Pompeji. Dorthin war Plinius der Ältere gefahren, um seinen Freund Pomponianus zu retten, und fand am Strand den Tod (2. Kapitel). Hier hat man die Reste von wenigstens 12 Villen gefunden. Das waren sowohl prächtige, palastartige Bauten als auch einfache Landhäuser. In den Jahren 1749 bis 1782 sind auf dem Berg Varano (Barano) Ausgrabungen vorgenommen worden, die Funde sind heute in Neapel. Nach 1950 und dann wieder in den 1960er Jahren wurden die Ausgrabungen fortgesetzt, und man hat jetzt große Villen freigelegt. Einige eindrucksvolle Wandgemälde sind an Ort und Stelle geblieben, andere hat man im Antiquarium in Castellamare di Stabia untergebracht.

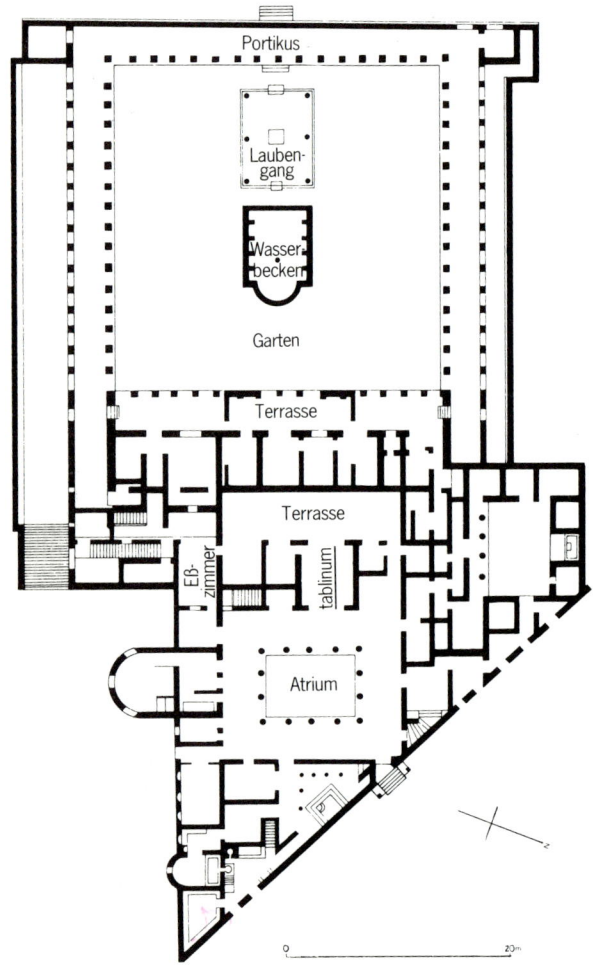

Abb. 12: Die Villa des Diomedes außerhalb von Pompeji

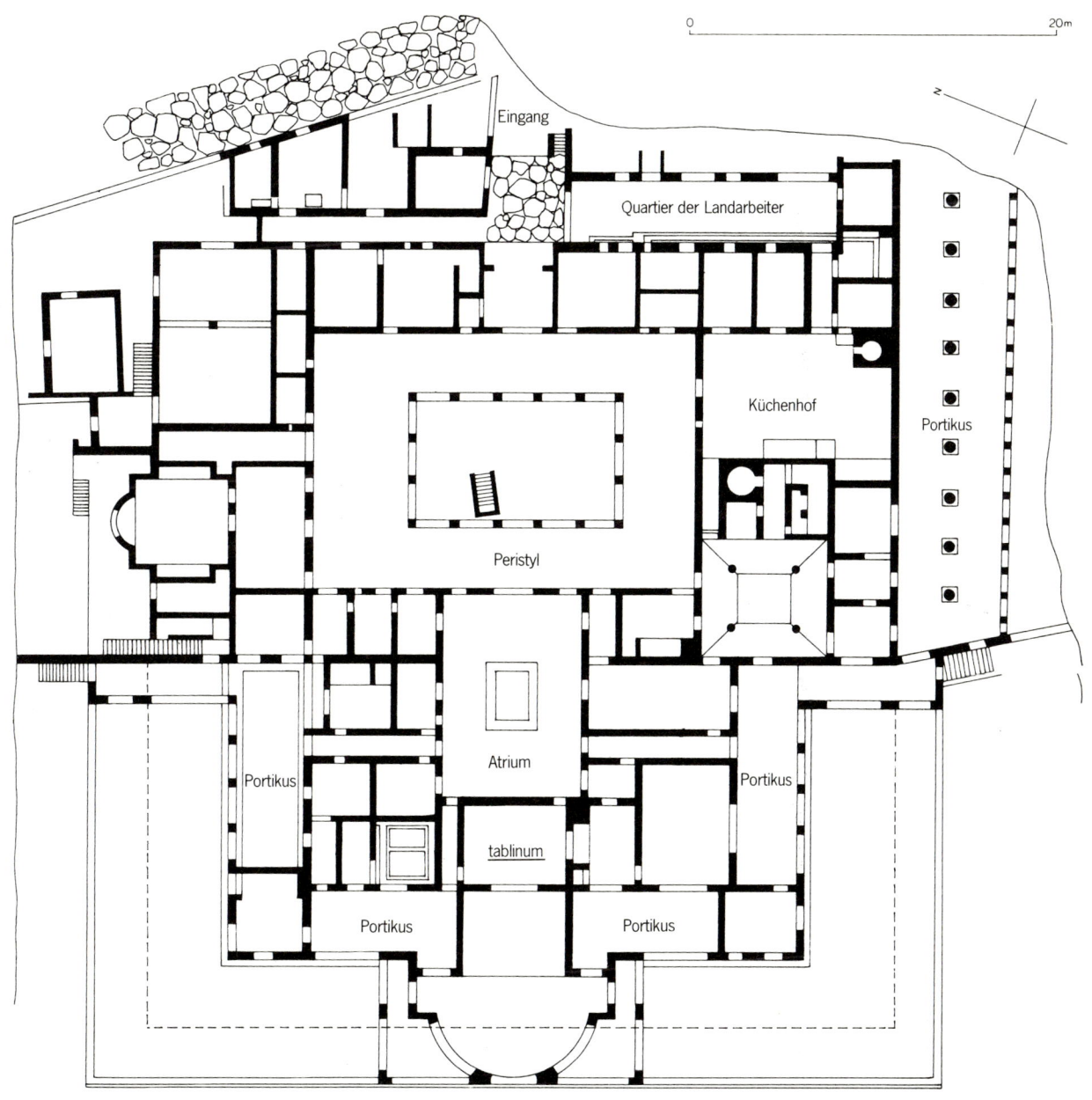

Abb. 13: Die Mysterienvilla außerhalb von Pompeji

Die Villa della Venditrice di Amori[27] (so benannt nach den berühmten und schon sehr früh entdeckten Gemälden in ihren 50 Räumen) liegt am Berghang. Ihre breite, von Säulen umrahmte offene Terrasse hatte große Fenster, durch die man das Panorama der Bucht von Neapel und der Küstengebirge betrachten konnte, während man vom Eßzimmer aus den Vesuv sah. Ein dahinter gelegenes Zimmer enthält groteske Graffiti, die einen Gladiatorenkampf zeigen. In einem anderen besonders luxuriösen Landhaus, der Villa der Obsidianvasen,[28] die bei den Ausgrabungen im 18. Jahrhundert schwer beschädigt wurde, hat man neuerdings festgestellt, daß sie aus drei Hauptteilen bestand, die jeweils auf verschiedenem Niveau lagen. Eine dieser Einheiten ist um ein Peristyl mit spiralförmigen Säulen angeordnet. Eine zweite

135

Gruppe von Zimmern liegt an einem großen, von Säulen umgebenen Raum, in dem sich in der Mitte des Gartens ein 27 Meter langes Schwimmbecken befindet. Der Garten liegt auf der Seeseite und war, wie man aus den Wurzel-Hohlräumen ersehen kann, früher von Platanen umgeben. Schließlich wird ein Atrium mit vier Säulen von einer weiteren Gruppe von Zimmern umgeben. An den Wänden der daneben gelegenen Unterkünfte für die Landarbeiter fand man Graffiti.[29]

Auch in Boscoreale und Boscotrecase auf der anderen Seite von Pompeji gab es viele Landhäuser, obwohl es heute nicht leicht ist, sich eine Vorstellung von ihnen zu machen. Im Mittelalter hießen diese beiden Orte Nemus Scyphati und Silva Mala. Bei Boscoreale gab es ein fürstliches Wildgehege. In der Antike gehörte eine Villa in Boscotrecase dem Agrippa Postumus einem Mitglied der kaiserlichen Familie. Zwei andere Villen in Boscoreale enthielten die schönsten architektonischen Malereien, die wir aus dieser Zeit besitzen (in der Villa des Publius Fannius Sinistor oder Lucius Herennius Florus, 6. Kapitel), und dazu einen der reichsten Silberschätze (in der Villa La Pisanella). Auf beiden Besitzungen spielte jedoch die Landwirtschaft eine mindestens ebenso große Rolle wie der private Luxus. Es gab hier nicht nur luxuriös ausgestattete Wohnräume, sondern auch Wirtschaftsgebäude, die so groß und zweckmäßig angelegt waren, daß man sie nicht nur als Liebhaberei betrachten kann, wie das bei manchen anderen Landhäusern der Fall gewesen sein mag, wo der Besitzer sich nur mit Landwirtschaft beschäftigte, um

sein Ansehen zu heben. Über den Ackerbau in diesem Gebiet werden wir mehr zu sagen haben, wenn wir im 7. Kapitel über die in Pompeji betriebenen Gewerbe sprechen.

Auch in Oplontis (Torre Annunziata) an der Küste, 5 Kilometer westlich von Pompeji, gab es eine sehr große Villa. Man hat in jüngster Zeit mehr als fünfzig Räume dieses Gebäudes ausgegraben. Es muß wie die auf zeitgenössischen Gemälden dargestellten, am Meer gelegenen herrschaftlichen Landhäuser ausgesehen haben. Der palastähnliche Wohnteil erinnert in der architektonischen Gestaltung etwas an ein Stadthaus und enthält unter anderem fünf Zimmer, in denen wir geschmackvolle illusionistische architektonische Darstellungen finden. Nach erheblichen Umbauten ist das Haus später vielleicht von der Gattin Neros, Poppaea, bewohnt worden, deren Familie in dieser Gegend eine bedeutende Rolle spielte. Das Erdbeben im Jahr 62 n. Chr. hat hier jedoch schwere Schäden angerichtet, und bei der Eruption im Jahr 79 n. Chr. wurde das Landhaus unter einer fast zwei Meter dicken Schicht aus Asche und Lava begraben, über die sich dann eine fünf Meter dicke Schicht aus vulkanischem Schlamm legte.

Der schönste Landbesitz ist die Villa der Papyri am Hang des Vesuv, hart westlich von Herculaneum, die eine Fläche von 33465 Quadratmetern (245 × 137 m) einnimmt. Nachdem dieses Gebiet 1631 unter einer frischen Lavaschicht begraben worden war, entdeckte man bei Ausgrabungen in den Jahren 1738 und 1765 eine ungewöhnlich reiche Sammlung von Skulpturen und Papyri. Anschließend wurden alle Tunnel und Schächte wieder zugeschüttet, und man gab die Grabungen auf, denn man fürchtete die gifti-

Diese Ansichten von Landhäusern auf Gemälden aus Pompeji vermitteln uns einen Eindruck von den Besitzungen im Stil der Villa der Papyri. Museum in Neapel.

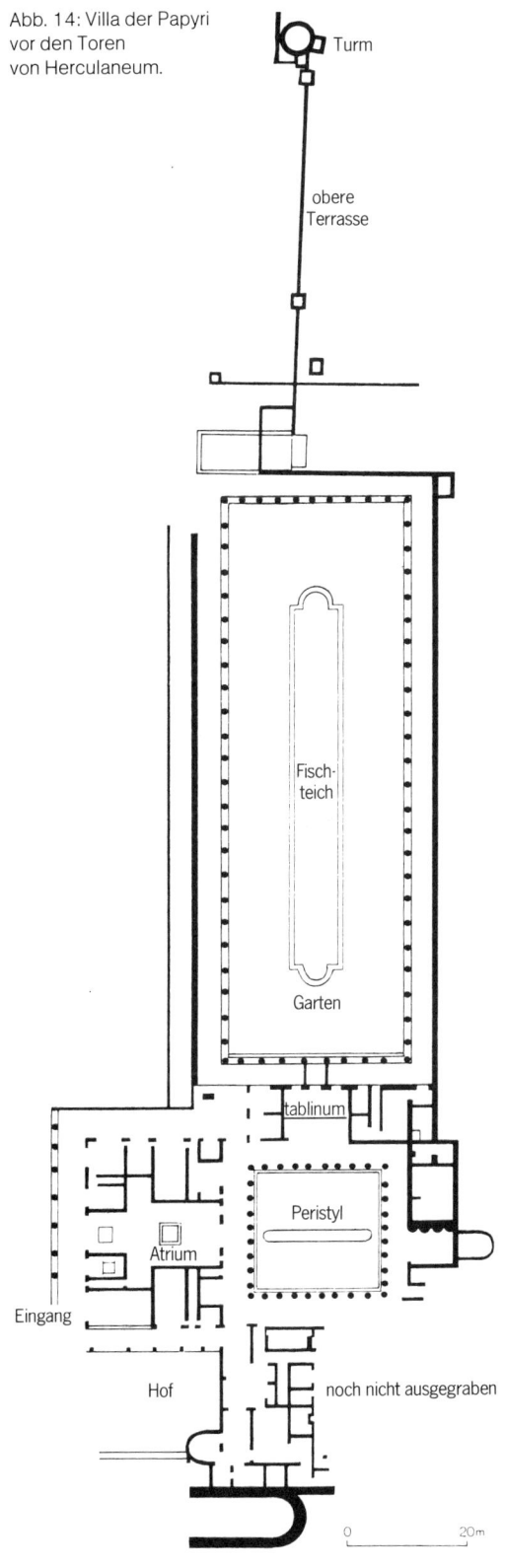

Turm

obere
Terrasse

Fisch-
teich

Garten

tablinum

Peristyl

Atrium

Eingang

Hof

noch nicht ausgegraben

0   20m

gen Dämpfe, die aus der Tiefe aufstiegen. Zum Glück besaß man jedoch jetzt einen Grundriß von dem bisher Entdeckten. Er war von Karl Weber aufgenommen worden, dem einzigen, der damals eine Vorstellung davon hatte, wie solche Ausgrabungen technisch durchgeführt werden sollten. Das ursprüngliche Gebäude war einstöckig und hatte ein kleines Atrium – kaum mehr als eine Vorhalle – und ein großes Peristyl, neben dem sich das *tablinum* befand. Von hier aus hatte man einen guten Ausblick in die Landschaft. Die Besitzer der Villa legten im 1. Jahrhundert v. Chr. neben dem *tablinum* einen rechteckigen, von Säulen umgebenen, terrassenartigen Park an, der von Südosten nach Nordwesten verlief. In der Mitte gab es ein großes Wasserbecken. Der Park fand seinen Abschluß unmittelbar oberhalb des Strandes mit einem runden Turm oder Belvedere, den schönes Marmorpflaster schmückte.[30] Darunter lagen der Strand, ein Privathafen und ein Bootshaus. Dorthin verlegte man nun den Haupteingang mit einem imposanten, von Säulen getragenen Portikus.

Eine phantasievolle moderne Rekonstruktion der Villa der Papyri stellt das J. Paul Getty Museum in Malibu, Kalifornien, dar. Hier finden wir zahlreiche Kopien von in der Villa gefundenen Skulpturen, deren Originale im Archäologischen Museum von Neapel aufbewahrt werden. Zu ihnen gehören zahlreiche Marmorskulpturen und die größte bisher an einer Stelle gefundene Sammlung antiker Bronzen. Im ganzen sind es 90 Stücke. Sie stammen aus einer Zeitspanne von der archaischen Periode bis zum 1. Jahrhundert v. Chr. Einige sind Originale, andere von Meisterhand gefertigte Kopien. Zu den Bronzen gehören 18 Statuen verschiedener Größe und 32 Porträtbüsten. 7 Statuen und 15 Köpfe sind aus Marmor. Die Porträts in Bronze und Marmor stellen die verschiedensten Persönlichkeiten dar: griechische Monarchen, Feldherren, Redner, Denker und Schauspieler. Ein großer Teil der Skulpturen wurde im *tablinum* gefunden, aber auch der große Garten mit dem Portikus war eine Kunstgalerie. Die Statuen waren zwischen den Säulen, Bäumen und Pflanzen und am Rand des Wasserbeckens aufgestellt. Die Archäologen der westlichen Welt im 18. Jahrhundert waren tief beeindruckt, als diese Sammlung entdeckt wurde. Den Künstlern sagte sie weniger, denn sie hatten den Eindruck, mit Ausnahme des schönen ›sitzenden Hermes‹ habe man hier nichts gefunden, was die schon in Rom vorhandenen antiken Kunstwerke an Qualität übertraf.

Die zweite sensationelle Entdeckung bestand aus einer umfangreichen Papyrus-Sammlung. Der von den ersten Ausgräbern in die Tiefe getriebene Tunnel endete in einem Raum mit herrlichem Marmorfußboden. Dieses Zimmer lag neben einem kleineren zweiten Raum, in dem sich, zwar verkohlt, die hölzernen Regale noch erhalten hatten. Auf diesen Regalen lag eine große Menge von Gegenständen, die wie kleine schwarze Briketts aussahen.

Andere fand man auf weiteren Regalen, die in der Mitte des Zimmers standen. Bald stellte man fest, daß es in Holzschachteln aufbewahrte, verkohlte Papyrusrollen waren. Es handelte sich um die erste antike Bibliothek, die man bisher gefunden hatte, denn damals träumte noch niemand von den reichen Funden, die sich im Sand Ägyptens verbargen, wo man seither mehr Papyri gefunden hat als in irgendeinem anderen Land. Bei den ersten Versuchen, die Rollen auszubreiten und zu lesen, wurden sehr viele Papyri zerstört. Aber 1806 war es gelungen, insgesamt 96 von ihnen zu entziffern. Anfang der 1820er Jahre erwarb der britische Gesandte in Neapel, Sir William A'Court, 18 Papyri im Tausch gegen ebensoviele Känguruhs, die er dem König von Neapel, Ferdinand IV., für seinen zoologischen Garten schickte. Ein halbes Jahrhundert später waren 341 Papyri aufgerollt und der Inhalt von 195 veröffentlicht. Die Zahl der vollständig oder in Bruchstücken erhaltenen schätzte man auf 1803. 800 warten noch in der Nationalbibliothek von Neapel darauf, gelesen zu werden. Einige kann man im Nationalen Archäologischen Museum besichtigen.

Bedenkt man, unter welchen Umständen Herculaneum und die Villa untergegangen sind, dann ist es erstaunlich, daß man überhaupt einen Teil der Papyri entziffern konnte, denn nachdem sie unter den Lavamassen verkohlt waren, haben sich auf dem fibrösen und bei der geringsten Berührung zu Staub zerfallenden Material die Schriftzüge erhalten. Wo es unter großer Mühe gelungen ist, die einzelnen Blätter voneinander zu lösen, erkennt man deutlich das matte Schwarz der Buchstaben, die mit ausgezeichneter Tinte geschrieben sind, auf dem glänzenden Schwarz des verkohlten Papyrus. Die Entzifferung macht aber trotzdem noch sehr große Schwierigkeiten. Oswyn Murray sagt, die Papyri »sind ungewöhnlich brüchig. Nur der Glanz der Tinte, die sich leicht verwischt, ist sichtbar, wenn man das Blatt von verschiedenen Seiten beleuchtet; oder dort, wo die Oberfläche zerstört ist, lassen sich die Eindrücke der Schreibfeder auf den darunterliegenden Fasern erkennen. Dort wo die Papyri selbst zerstört sind, muß man sich auf die Kopie verlassen, die beim Aufrollen gemacht wurde, gewöhnlich von jemandem, der kaum griechische Kenntnisse besaß und nur ein geschickter Zeichner war.«[31]

Es hat sich gezeigt, daß fast alle diese Werke griechisch geschrieben waren. Weniger als zwei Dutzend sind lateinisch abgefaßt. Eines davon ist das Fragment eines Gedichts, das den Sieg des Augustus über Antonius und Kleopatra in der Schlacht bei Actium feiert. Wie schon im 4. Kapitel erwähnt, handelt es sich bei den Papyri fast durchweg um epikureische Traktate, und meist sind es Werke des zeitgenössischen Vertreters dieser Philosophie, Philodemus. Man hat darum angenommen, die große Villa habe seinem Freund und Schutzherrn Lucius Calpurnius Piso Caesonius, dem Schwiegervater von Julius Caesar, gehört.

Da diese beachtliche Bibliothek bei einer zufälligen und laienhaft vorgenommenen Ausgrabung ans Licht gekommen ist, dazu eine nicht weniger ungewöhnliche Sammlung von Statuen, ist es wahrscheinlich, daß eine Ausgrabung mit modernen Methoden, wenn sie je in der Villa der Papyri vorgenommen werden sollte, auf ähnlich bemerkenswerte Funde stoßen könnte. Diese Villa ist aber nur eines von vielen italienischen Landhäusern. Es gab auch noch viel großartigere. Horaz beklagt sich über die Unverschämtheit der Magnaten, die sich das angeeignet hätten, was eigentlich dem Meer gehörte:

Die Fische fühlen, daß der Ozean enger wird
Von all dem Unrat, den man in die Tiefe wirft.
Baumeister und Maurer werfen noch immer
Zement hinein für einen Mann,
Dem diese feste Erde nicht genügt.[32]

▷ Bronzestatue des sitzenden Hermes (Merkur) nach einem Original von Lysippus (4. Jahrhundert v. Chr.). Eine der schönsten Plastiken aus der Villa der Papyri.

Gemälde, Mosaiken und Möbel

6

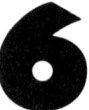

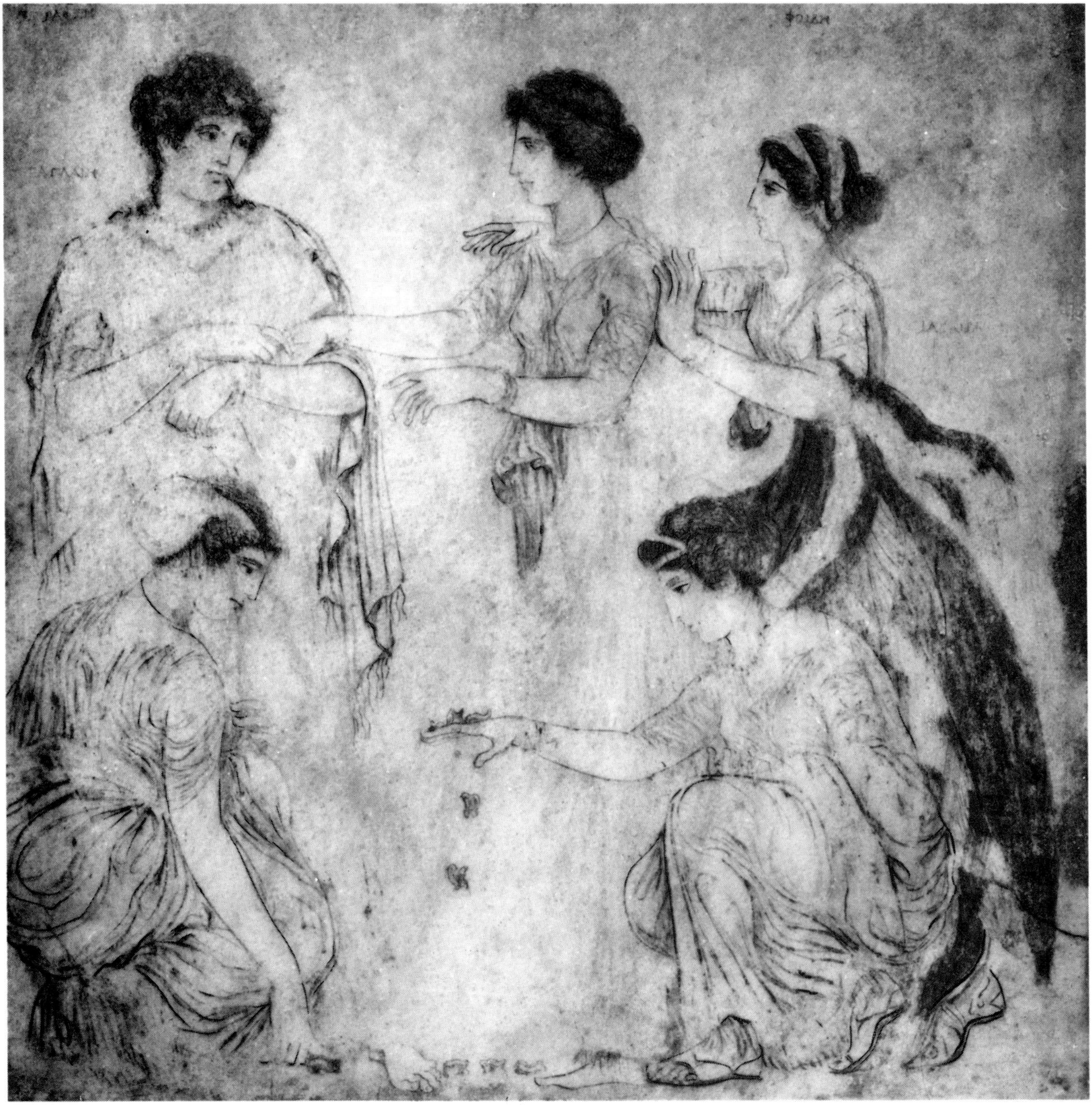

Wir müssen hier noch einmal sagen, daß man die Architektur der Häuser in möglichst enger Beziehung zu den Gemälden, Stuckreliefs und Mosaiken sehen sollte, die Wände, Decken und Fußböden schmücken. Die Innenräume wurden von den Wandgemälden beherrscht, die als bedeutendste Funde in Pompeji und Herculaneum angesehen werden müssen. Sie verliehen den Wohnhäusern in den Städten und den Villen auf dem Lande einen ganz spezifischen und für unsere Augen seltsamen Charakter. Für die Griechen und Römer waren sie nichts Besonderes. Das wäre uns sofort verständlich, wenn sich in anderen Gegenden eine größere Zahl antiker Häuser erhalten hätte. Wir sind aber, was die Innenarchitektur der Häuser in der Antike betrifft, fast ausschließlich auf Pompeji, Herculaneum, Stabiae und Oplontis angewiesen, weil sich in Rom nichts Vergleichbares erhalten hat und wir auch nicht ein einziges griechisches Wandgemälde aus der Antike kennen. Außer auf Keramiken ist die Malerei die Kunstart, die sich am wenigsten gut über Jahrhunderte konservieren läßt, und das geschieht nur unter besonders günstigen Voraussetzungen. So war das Sterben der beiden Städte – wie Goethe gesagt hat – nicht so bedeutungsvoll für die Vergänglichkeit des Lebens wie für die Erhaltung der Kunst.

Der künstlerische Wert der Gemälde und das Können der Maler liegen im Durchschnitt auf keinem sehr hohen Niveau, zum Teil, weil die unterschiedlich begabten Maler nach dem Erdbeben von 62 n. Chr. zur Arbeit gepreßt wurden. Manchmal zeigen sie jedoch eine erstaunlich hohe Qualität. Es fehlt den Bildern nur selten an Licht, Atmosphäre, Beschwingtheit und Grazie. Sie wollen das Auge erfreuen, tun das auch und verraten einen kultivierten Geschmack, den man auch am unteren Ende der sozialen Stufenleiter erkennen kann. Dieses Niveau ist in späteren Perioden nie übertroffen worden und allem, was man in einer modernen Stadt vergleichbarer Größe findet, weit überlegen.

Der einzige Vergleich, der sich hier anbieten könnte, ist Holland im 16. und 17. Jahrhundert, wo man auch in recht bescheidenen Häusern gute Gemälde sehen konnte. Aber in Holland waren es auf der Staffelei gemalte Tafelbilder, die man an die Wände hängte, während sie in Pompeji und Herculaneum direkt auf die Wände, und, wie man kürzlich in Oplontis festgestellt hat, auch auf die Decken aufgetragen wurden. Sie bestimmten die innenarchitektonische Gestaltung der Häuser ebenso wie der Plan des Architekten, der selbst daran beteiligt war, den Malgrund aus Stuck an den Wänden anzubringen.

Der erste Schritt bei der Herstellung der Wandgemälde bestand darin, auf den Wänden drei Schichten aus sorgfältig hergestelltem Kalksteinstuck anzubringen, der mit Kalkspat und Sand vermischt wurde. Dann trug man den Hintergrund des Gemäldes auf. Nach dem Trocknen kamen Ornamente und Figuren hinzu. Die Farben wurden mit seifigem Kalkstein vermischt, und um eine glänzende Oberfläche zu erzeugen, gab man eine Art Leim und Bienenwachs dazu. Auf diese Weise wurden die Gemälde sehr haltbar und erhielten starke Leuchtkraft. Die in der Antike verwendeten Pigmente waren hauptsächlich Erdfarben wie Ocker, Mineralfarben wie Kupferkarbonat und aus Pflanzen und tierischen Stoffen gewonnene Farben.[1]

Die Technik war nicht leicht zu erlernen und verlangte von dem Maler schnelles Arbeiten. Er mußte seine Ideen auf einer großen Fläche sehr rasch verwirklichen können. Die Ergebnisse dieser Bemühungen beeindrucken uns noch heute. Damals haben diese Gemälde aber sicher besser ausgesehen, denn wir sehen sie aus einer zwangsläufig ungünstigeren Perspektive.

Entweder befinden sie sich in einem Museum – die meisten in Neapel – oder sie sind noch in den Räumen in Pompeji und Herculaneum, für die sie bestimmt waren. Doch so günstig sie im Museum auch beleuchtet und aufgestellt sein mögen, der Eindruck ist nicht derselbe, den der Künstler erzeugen wollte, denn diese Bilder sollten nicht isoliert von den übrigen Wänden und der Einrichtung des Zimmers betrachtet werden. Wenn sie andererseits an der Stelle geblieben sind, wo sie gemalt wurden, dann ist hier die Beleuchtung – nachdem das Dach fortgerissen wurde – nicht so, wie der Maler sie sich dachte. Gewöhnlich ist es viel zu hell. Die Bilder sollten ursprünglich bei gedämpftem Licht gesehen werden. Licht und Schatten entsprechen deshalb zum Beispiel im Haus der Vettier, wo das Dach restauriert worden ist, am besten diesen Vorstellungen. Hier kann man die Gemälde etwa unter den gleichen Verhältnissen betrachten wie zur Zeit ihrer Entstehung, und man empfindet dabei die bezaubernde Wirkung der Farben und des Schimmers der Oberfläche.

◁ Gemälde auf Marmor aus Herculaneum im klassischen Stil, signiert von Alexander von Athen. Die Göttin Latona (Leto) nimmt augenscheinlich widerwillig die Hand, die Niobe, von Phoebe unterstützt, ihr reicht, um ihren Ärger darüber zu besänftigen, daß Niobe den gleichen Rang beansprucht wie sie. Museum in Neapel.

Diese Gemälde waren nicht Originale im eigentlichen Sinne dieses Wortes, wie man es im romantischen 19. Jahrhundert interpretierte, sondern Kompositionen, übernommen von Kunstwerken, die man aus anderen Städten kannte. Die Vorbilder waren meist griechische Originale aus den vergangenen drei Jahrhunderten.

Die Malkunst war in der Campania und Lucania schon seit langer Zeit heimisch. Beispiele dafür findet man an griechischen oder samnitischen Hauswänden und in Grabmälern sowie auf Vasen.[2] Man hat sich sehr um die Feststellung bemüht, welche Gemälde in Pompeji und Herculaneum als griechisch, campanisch oder römisch angesehen werden müßten und ob es überhaupt zulässig sei, eine solche Unterscheidung vorzunehmen. Man findet in der Tat alle drei Einflüsse mit der Einschränkung, daß bestimmte Kompositionen in der Campania schon bekannt waren, bevor sie nach Rom gelangten, obwohl andererseits das Mäzenatentum der Römer die Künstler in der Campania gefördert und angeregt hat.

Die ersten aus der Zeit vor 80 v. Chr. in Pompeji entstandenen Wandgemälde waren plastisch wirkende Imitationen verschiedenfarbigen Marmors, Alabasters oder Porphyrs im sogenannten ›Inkrustationsstil‹, der seinen Namen von dem Wort ›crusta‹ ableitet, was ›Marmorplatte‹ bedeutet. Bei diesen imitierten Einlegearbeiten herrschten die Farben Rot und Schwarz vor, unter denen ein gelber Streifen lag. Sie zeigten wirksame Farbkontraste und waren ein subtiles Spiel abstrakter Linien und Flächen. In Pompeji findet man solche Arbeiten in der Basilika und im Jupiter-Tempel, daneben aber auch in Privathäusern wie etwa im Haus des Fauns. In Herculaneum wird die gleiche Technik sehr geschickt im samnitischen Haus verwendet. Hier paßt sie gut zu den architektonischen Proportionen und der Harmonie, die diese frühen Wohnhäuser auszeichnet.

Der Inkrustationsstil erinnert an marmorierte Bemalungen in griechischen Häusern der Inselstadt Delos aus dem späten 3. und dem 2. Jahrhundert v. Chr. Auch Grabmäler aus der Zeit um 300 bis 280 v. Chr. in Ägypten bei Alexandria sind ähnlich bemalt, obwohl die Farbe hier unmittelbar auf das Mauerwerk und nicht auf eine glatte Gipsfläche aufgetragen wurde.[3] Ursprünglich waren diese Imitationen, die man später sehr oft in Renaissance-Kirchen anbrachte, durch Verwendung echten Marmors in den inzwischen zerstörten hellenistischen Palästen angeregt worden. Wir wissen, daß Mamurra, ein Militärbefehlshaber unter Caesar, sein Haus auf dem

Abb. 15: Der Mittelmeerraum in der Antike. Die in den Ostgebieten eingezeichneten Orte haben auf die künstlerische Entwicklung in Pompeji und Herculaneum einen entscheidenden Einfluß gehabt.

142

Macedonia
Pella •
Palatitsa •
Olynthus
Samothrace •
Troja •
Ida-Gebirge

Empirus
Thessalia
Pagasae •
Actium •
Theben •
Eretria
Euboea
Athen •
Corinth •
Olympia •
Achaia

Ägäisches Meer

Asia
• Pergamon
Myrina •
• Smyrna
• Tralles
• Alabanda
• Miletus
Delos
Cos
Thera •

Byzantium

Issus •

Syria

Euphrat

Dura Europos •

nisches Meer

Creta

Judaea

• Jerusalem

Alexandria

Nil

Ägypten

caelischen Hügel in Rom im 1. Jahrhundert v. Chr. mit Marmorplatten dieser Art hat auslegen lassen. Die Wandgemälde in Pompeji und Herculaneum in diesem Stil enthalten auch architektonische Elemente wie zum Beispiel eine vertikale Aufteilung der Wand durch Pilaster. In dem späteren sogenannten Zweiten Stil, in einer Phase, die vielleicht drei Viertel des 1. Jahrhunderts v. Chr. eingenommen hat, beherrscht die Architektur die Gemälde vollständig.[4] Eine wunderbare Reihe von Wandbildern in einem Zimmer der Villa des Publius Fannius Sinistor, eines der zahlreichen Landhäuser in der unmittelbaren Nachbarschaft von Boscoreale (5. Kapitel), stellt den Höhepunkt dieser Entwicklung dar. Heute befinden sich die Gemälde im Metropolitan Museum of Art in New York und sind – jedes ein Meisterstück für sich – voneinander durch schlanke Säulen getrennt, so daß der ganze Raum den Eindruck eines Kreuzgangs macht, von dem aus man einen sehr lebendigen und erregenden Ausblick auf Straßen, Häuser und Säulenhallen hat.

Man darf kaum daran zweifeln, daß diese Kompositionen von Theaterkulissen angeregt worden sind, Bühnenrequisiten, wie sie auch Vitruvius erwähnt.[5] Daß solche Anregungen aus der Campania kamen, kann man nur vermuten. Es ist aber wichtig zu wissen, daß Neapolis ein bedeutendes Theaterzentrum war. Aus Rom berichtet Plinius der Ältere über Bühnenbilder, die wahrscheinlich diesen Wandgemälden stark glichen.[6] Jene Bühnenbilder wurden 99 v. Chr.

von Appius Claudius Pulcher entworfen und sollen so realistisch gewesen sein, daß sogar Vögel sich von den darauf dargestellten Hausdächern hätten täuschen lassen. Die Griechen und Römer begeisterten sich an solchen Augentäuschungen und schätzten natürlich auch die darüber kursierenden Anekdoten. Kulissen der Art, wie sie der Maler in Boscoreale auf seinen Bildern imitierte, verwendete man im römischen Theater solange, bis man dazu überging, dreidimensionale Requisiten und Architekturmodelle auf die Bühne zu stellen. So hat der Aedile Marcus Aemilius Scaurus 58 v. Chr. eine dreistöckige Rückwand im Theater angebracht. Der Künstler in Boscoreale ist aber wahrscheinlich auf die Idee gekommen, Bühnenbilder auf seinen Wandgemälden zu verewigen, bevor diese neuen Bühnendekorationen in Mode kamen, das heißt irgendwann in der ersten Hälfte des 1. Jahrhunderts v. Chr.

Die Malerei mit architektonischen Motiven war in der mediterranen Welt nichts Neues. Man findet Vorläufer dieses die Phantasie so anregenden Stils bereits in ägyptischen Grabmälern aus früheren Jahrhunderten. Aus dem gleichen Jahrhundert gibt es einen in Kairo gefundenen Lehrbuch-Papyrus aus hellenistischer Zeit mit einem Gemälde, auf dem Arkaden zu sehen sind.[7] Das bedeutet aber nicht, daß es sich um einen spezifisch ägyptischen Stil handelt, denn wir finden ihn auch auf Delos und in Judäa.

Die Gemälde in Boscoreale zeigen eine gewisse räumliche Tiefe, bei der verwischte Konturen und gebrochene Farben den Eindruck erwecken, daß die Gegenstände im Hintergrund weiter entfernt sind. Jedes dargestellte Gebäude hat seine eigenen Fluchtlinien, die auf verschiedene Fluchtpunkte zulaufen. Diese Form der perspektivischen Darstellung läßt sich auf griechische Vorbilder aus den Jahren nach 300 v. Chr. zurückverfolgen. Jene wiederum gehen auf Theorien und Versuche um das Jahr 400 v. Chr. zurück.[8] Bis die Malschulen im 20. Jahrhundert die Lehren von der Perspektive neu faßten, bereitete es gewisse Schwierigkeiten, sich an die griechischen Vorstellungen zu gewöhnen, die ›inkorrekt‹ erschienen, weil die Griechen einen anderen Weg gegangen waren als den in der Renaissance entwickelten ›korrekten‹. Damals entstand die uns vertraute Malweise, bei der die Gegenstände so dargestellt werden, wie das menschliche Auge sie sieht.

Im 20. Jahrhundert haben wir uns wieder der Auffassung der Maler von Boscoreale genähert, als man begann, riesige Glaswände um die bewohnten Räume zu stellen und so gemauerte Wände überflüssig werden zu lassen. Die antiken Künstler haben versucht, die Festigkeit der Hausmauern auf andere Weise zu durchbrechen. Sie bemalten die ganzen Flächen mit perspektivischen Ansichten, die den kleinen Zimmern mehr Raum zu geben schienen, da sich nun ein gemaltes ›Fenster‹ zur Außenwelt öffnete. Es entsprach der Absicht der Künstler, wenn sie sich dabei der Architekturlandschaft bedienten, denn es waren architektonische Räume, die sie durch ihre Gemälde zu erweitern suchten. Da es Wandbilder waren, hatten sie sowohl eine architektonische als auch eine darstellerische Funktion. Auch wenn darauf nicht nur gemalte Gebäude erschienen, wie es manchmal der Fall war, hat man diese letzte Funktion nie außer acht gelassen.

Die Gemälde in Boscoreale stellen nicht nur Gebäude dar, sondern auch Landschaften. Zunächst waren diese Landschaften gewissermaßen ein Nebenprodukt, dann nahmen sie in der pompejanischen Malerei den ersten Platz ein. Die Künstler haben später nie wieder das Niveau erreicht, das die Gemälde aus der Mitte des 1. Jahrhunderts v. Chr. zeigen, die Szenen aus der Odyssee darstellen und die in dem Haus auf dem Esquilinischen Hügel in Rom entdeckt worden sind. Aber der Maler dieser Szenen hatte Zeitgenossen in Herculaneum und Pompeji, die ebenfalls recht geschickt darin waren, die Wände mit Landschaften zu bemalen und so den Eindruck zu erwecken, daß die Räume sich nach außen öffneten. Die beliebtesten Themen waren Parklandschaften mit Hügeln und kleinen Tempeln, geweihten Bäumen in einer Umzäunung, Viehherden und bäuerlichen Figuren: also traditionelle idyllische Motive, die die Illusion der Realität erzeugten. Das entspricht dem bucolischen Geist der *Eclogen* Vergils, die er Ende der 40er Jahre v. Chr. verfaßt hat.[9] Plinius der Ältere erwähnt einen Künstler mit Namen Ludius oder Studius, vielleicht auch Spurius Tadius, der Gemälde dieser Art in Mode gebracht haben könnte.[10] Ebenso wie die architektonischen Kompositionen vermittelten auch sie den Eindruck, daß die so ausgemalten Räume größer wurden. Die weiten Himmel auf den Bildern lassen an die holländischen Maler aus dem 17. Jahrhundert denken, obwohl Renoir beim Anblick der pompejanischen Wandgemälde ausrief: »Es war Corot persönlich, den ich im Museum von Neapel wiedergefunden habe!«

◁ Eine meisterhaft gemalte Landschaft aus Pompeji: *der verlorene Ziegenbock*. Museum in Neapel.

Oft näherten sich die pompejanischen Landschaftsmaler ihren Gegenständen auch auf ganz kurze Entfernung und stellten das dar, was in den Gärten wuchs, die ihre Auftraggeber so sehr liebten. Wie die Maler von architektonischen Kompositionen haben sie auch hier wahrscheinlich Bühnenbilder kopiert. Die größten noch erhaltenen Arbeiten dieser Art aus der Zeit von 40 bis 25 v. Chr. sind die Pflanzenstudien aus der Villa der Livia in Primaporta, die sich heute im Nationalmuseum von Rom befinden.[11] Aber auch in Pompeji gibt es zahlreiche Beispiele dieses Stils. Zu ihnen gehören die 1954 im Haus mit dem Obstgarten entdeckten beschaulichen Pflanzenstilleben, Vorläufer der französischen und flämischen als *verdures* bezeichneten Gobelins. Das gleiche gilt für die lebendigen Darstellungen exotischer Tiere. Besonders die Gartenmauern in diesen Häusern zeigten Blumen, Büsche und Tiere, so daß der Raum der kleinen Gärten sich scheinbar erweiterte. Man folgte dabei dem Grundsatz, daß die Gemälde dem Verwendungszweck des Raumes oder Innenhofs entsprechen sollten, der damit ausgemalt wurde. Das geschah in lebendiger, frischer Malweise. Die Idee war aber nicht neu, denn gemalte oder in Stein gehauene Girlanden aus Früchten oder Blumen gab es bereits im 2. Jahrhundert v. Chr. in Pergamon, als die Kunst in diesem kleinasiatischen Reich eine Hochblüte erlebte. Der griechische Maler Demetrius, Sohn des Seleukos, der 164 v. Chr. in Rom gewesen war, wurde als *topographos*, ›Landschaftsmaler‹, bezeichnet und war damit, wie wir annehmen, der erste Maler, für den man diese Bezeichnung gefunden hat. Als literarisches Thema war die Landschaft schon in den 270er und 260er Jahren v. Chr. durch die idyllischen Gedichte von Theokrit von Syrakus in Mode gekommen, des Verfassers von Hirtengedichten, der aus einem urbanen Kulturkreis kam, für die Bewohner von Kos und Alexandria schrieb und in seinen Versen feinen Geschmack, Schlichtheit und humoristischen Realismus mit dem hergebrachten Konventionalismus zu verbinden wußte; eine ganz ähnliche Mischung, wie sie sich später in den Gemälden entwickelte, die in Pompeji und Herculaneum entstanden sind.

Zwischen dem Grün der gemalten Pflanzen stolzieren Vögel einher, man sieht Reiher unter den Granatäpfelbäumen, und im Haus des Fabius Amandio sitzen drei Vögel auf dem Rand eines Vogelbades aus Marmor, das auf einer hohen Säule steht – die Variation eines sehr beliebten Themas. Diese Bilder zeigten die Vögel, die in den Gärten oft in Volieren gehalten wurden, und die Künstler, die solche Motive bevorzugten, müssen in ihrem Charakter einem Knaben geglichen haben, von dem Petronius in seinem Roman erzählt. Er interessierte sich für zwei Dinge, für Vögel und für die Malerei.[12]

Oft stellte man auch tote Vögel, Tiere und Fische dar. Es gibt eine Reihe hervorragender Stilleben, auf denen man sie zusammen mit Obst und Gemüse abgebildet sieht. Auch dieses bei pompejanischen Malern so beliebte Motiv erinnert uns an die Holländer. Es war üblich, seinen Freunden nicht zubereitete Lebensmittel als Gastgeschenk *(xenia)* zu schicken,[13] offenbar stellen diese Naturstudien solche Geschenke dar.

Die Behandlung des Themas, bei der geschickt realistische und impressionistische Elemente vereinigt wurden, verdankt wahrscheinlich dem berühmten griechischen Maler Piraeicos aus dem 3. Jahrhundert v. Chr. einiges. Er hatte sich darauf spezialisiert, ganz gewöhnliche Gegenstände darzustellen wie Friseurläden, Schusterwerkstätten, Esel und Lebensmittel.[14] Auch die in etwas gröberer Malweise hergestellten Ladenschilder in Pompeji (7. Kapitel) gehen vielleicht auf solche Anregungen zurück.

Es gab im 1. Jahrhundert v. Chr. auch Maler in Pompeji, die die menschliche Gestalt auf großen Kompo-

◁ Eine der Gartenmalereien, oft an den Mauern der echten Gärten angebracht, die vom späten 1. Jahrhundert n. Chr. an sehr in Mode kamen. Aus dem Haus des Epheben in Pompeji. Museum Neapel.

▷ Stilleben dieser Art gehörten zu den besonders aparten Schöpfungen dieser Künstler. Vögel und Pilze aus Herculaneum. Museum Neapel.

sitionen darzustellen vermochten. Wir haben schon von den großartigen religiösen Gemälden gesprochen, die auf drei Wänden eines Zimmers in der Mysterienvilla entdeckt worden sind (4. Kapitel). Sie stellen eine bacchantische Einweihung dar und gehen auf heute verlorengegangene Vorbilder aus Pergamon zurück. Aber der Maler, der die älteren Vorbilder kopiert hat – wenn man das so nennen darf –, war selbst ein Könner, der seinen entrückten Gestalten eine erstaunliche Würde verlieh und es verstand, sie in heftiger Bewegung, Furcht und Schrecken, magischer Verzückung und Ekstase darzustellen.

Im 4. Jahrhundert v. Chr. war es die besondere Leistung des Bildhauers Praxiteles gewesen, einer geistigen Idealwelt Ausdruck zu verleihen und Figuren zu schaffen, die das Anderssein der Gottheit aussagten. Der Meister, der in der Mysterienvilla mit einem anderen Medium arbeitete, war sein würdiger Nachfolger. Man hat die komplexe und fesselnde Komposition, die diese Wände bedeckt, mit Recht als das bedeutendste noch erhaltene Dokument antiker Malerei bezeichnet. Ob diese Gemälde aus der Zeit Caesars (der Mitte des 1. Jahrhunderts v. Chr.) oder den ersten Regierungsjahren des Augustus (31 v. Chr. bis 14 n. Chr.) stammen, hat man nicht feststellen können.

Vielleicht hat sich unter Augustus ein neuer und andersartiger Dritter Stil der Malerei entwickelt, der sich zeitlich wahrscheinlich mit dem Zweiten überschneidet und bis zur Regierungszeit des Claudius (41 bis 54 n. Chr.) gehalten hat.[15] Die Künstler, die in dieser Manier malten, kehrten die Methode, nach der die Räume bisher mit dreidimensional wirkenden Gemälden erweitert wurden, vollständig um. Sie bedeckten die Wände statt dessen mit einem sparsamen, immateriellen bambusartigen Netz von Strichen, die nur oberflächlich an architektonische Motive erinnerten und gewissermaßen nicht funktional, sondern rein formal wirkten. Es erscheinen viele neue Motive – aus Ägypten als Folge der Eroberung dieses Landes im Jahr 30 v. Chr. durch die Römer und seiner kommerziellen und religiösen Beziehungen zu Pompeji (4. Kapitel). Zunächst bekommen die architektonischen Motive früherer Künstler einen nebensächlichen, flachen und ornamentalen Effekt, und die Bilder erinnern an Gobelins und Wandbehänge, die, wie man aus den in den Wänden steckenden Nägeln und Haken schließen kann, über diese Wände gespannt wurden. Die Gobelins stellten einen Zweig der in der Antike hochentwickelten

Kunst des Textilhandwerks dar, und ihr Verlust reißt eine der bedauernswertesten Lücken in unsere Kenntnis von den kulturgeschichtlichen Zusammenhängen jener Zeit. In der Mitte solcher Wandbehänge waren bestimmte Muster eingewebt. Ebenso fügten auch die Maler, die sich dem neuen Stil verschrieben, auf leeren Flächen an zentralen Punkten kleine Szenen ein wie etwa auf den Wandfriesen des Hauses des Marcus Lucretius Fronto mit ihren Landschaften und säulengeschmückten Villen.

Die Landschaftsbilder früherer Wandmaler waren gelegentlich recht klein gewesen. Jetzt wurden sie noch kleiner und hatten manchmal nur noch das Format eines Medaillons. Auf dem schwarzen Hintergrund wirkten sie fast wie Tafelbilder, an die wir heute gewöhnt sind. Es waren jedoch keine auf der Staffelei gemalten Gemälde, denn sie wurden immer noch unmittelbar auf die Wand aufgetragen. Mit anderen Worten: sie stellten einen integrierenden Teil des Hintergrundes dar, so einfach dieser auch sein mochte. Gerahmte Bilder an Schnüren und Nägeln aufzuhängen, wie wir es tun, wäre den Menschen der Antike als unlogischer und unorganischer Eingriff in die Struktur des Raumes erschienen. Am nächsten kamen sie der modernen Auffassung, wenn sie kleine Bilder (pinakes) auf besonders feinkörnigen Stuck malten, um sie dann an ganz bestimmten, entscheidenden Stellen in die Gesamtkomposition der Wand einzufügen. So verhält es sich zum Beispiel mit den Einsatzstücken in der Wand des Speiseraum der Villa Imperiale an der Porta Marina in Pompeji. Es war auch möglich, solche bemalten Einsätze zu rahmen, wobei die Rahmen Läden hatten, die geöffnet oder geschlossen werden konnten. Diese Bilder wurden aber auch jetzt noch nicht aufgehängt, sondern nur hier oder dort auf ein Regal oder ein Sims gestellt. In der Villa an der Porta Marina haben wir daher eine neue Kunstform entdeckt, denn eines der Wandgemälde stellt eine gerahmte Arbeit dieser Art dar, die das Auge täuschen soll. Manchmal wurden solche Bilder auch auf Marmor gemalt. Das Museum in Neapel besitzt ein besonders schönes Stück in dieser Technik. Es zeigt Frauen beim Würfelspiel,[16] ist auf zwei Ebenen gemalt und von einem gewissen Alexander von Athen signiert. Ob die Signatur bedeutet, daß er der Künstler war, der diese Arbeit geschaffen

▷ Ausschnitt aus dem Gemälde auf Marmor von Alexander. Eine der Töchter Niobes beim Würfelspiel (astragaloi, vierseitige Würfel). Sie scheint nicht zu bemerken, daß Latona sie und ihre Schwester töten und in Stein verwandeln will.

Herkules und Telephus auf einem Wandgemälde in der Basilika von
Herculaneum. Vor der sitzenden Arkadia erkennt Hercules das von einer
Hirschkuh gesäugte Kind als seinen Sohn Telephus, den Auge, eine
Priesterin der Athene, ihm geboren hat.

hat, oder ob es der Maler gewesen ist, von dem das Original stammt, dessen Kopie das Gemälde auf Marmor ist, können wir nicht entscheiden. Die Arbeit ist aber offensichtlich die genaue Kopie eines Gemäldes vom Ende des 5. Jahrhunderts v. Chr., was im übrigen recht ungewöhnlich ist. Die Schattierungen auf den Frauengewändern erinnern uns daran, daß Plinius behauptet, in der Periode kurz vor Beginn des 4. Jahrhunderts habe der Maler Apollodoros aus

Athen das Schattieren erfunden. Ein anderes pompejanisches Gemälde auf Marmor, das die Ermordung der Töchter Niobes zeigt, ist in einer Manier ausgeführt, die an eine Vorlage aus späterer Zeit erinnert, die Ende des 3. Jahrhunderts v. Chr. in Pergamon entstanden ist.

Wenn wir uns nun der Malweise zuwenden, die als Vierter Stil bezeichnet wird, dann müssen wir sagen,

Ausschnitt aus dem Gemälde *Herkules und Telephus*: der Säugling Telephus und die Hirschkuh. Die lebendige und empfindsame Behandlung des Themas steht in scharfem Kontrast zu den zahlreichen Darstellungen der Wölfin, die Romulus und Remus säugt. Museum in Neapel.

daß diese Bezeichnung eigentlich nicht zutrifft und uns nur verwirrt; denn dieser Stil umfaßt ungezählte verschiedene Techniken und Typen der Malerei. Einige wurden schon vor Auslaufen des Dritten Stils angewendet, und sie erscheinen gleichzeitig oder nacheinander von der ersten Hälfte des 1. Jahrhunderts n. Chr. bis zur endgültigen Zerstörung der Städte am Vesuv. Diese Malweisen waren vor und nach dem Erdbeben von 62 n. Chr. in Mode, also auch vor und nach dem Bau des Goldenen Hauses von Nero in Rom (64 bis 68 n. Chr.), den einige Gemälde in Pompeji und Herculaneum vorwegnehmen und andere imitieren. Da die Bilder dieses Vierten Stils in die letzten Jahre der Städte fallen, haben sie in größerer Zahl überlebt als solche aus früherer Zeit, ja die verschiedenen Spielarten des Vierten Stils umfassen insgesamt mehr als alle übrigen. Nach einer kunstgeschichtlichen Auffassung hat es wenigstens siebzehn gute Maler gegeben, die gleichzeitig arbeiteten, und auch wenn es weniger gewesen sind, dann sieht man bei einer genauen Untersuchung der Gemälde in einem der bedeutendsten Privathäuser, und zwar im Haus der Dioskuren, daß mehrere Maler zugleich am Werk gewesen sind.

Bezeichnend für diese Künstler ist es unter anderem, daß sie sich gegen den architekturfeindlichen Dritten Stil wenden. Das heißt, die neuen Maler greifen auf die Vorliebe des Zweiten Stils für architektonische Motive zurück, wie wir ihn in Boscoreale finden. Sie gehen dabei aber nur die halbe Strecke in die Vergangenheit, denn die Architektur, die sie darstellen, löst sich in Phantasien auf. Zwar finden wir bei ihnen auch realistische Studien von Gebäuden und Städten, zum Beispiel eine bezaubernde, vom Licht der Sonne durchflutete Ansicht des Hafens von Stabiae, doch viel häufiger sind die zart hingehauchten und ganz unwirklichen architektonischen Erfindungen, die wie ein feines Gitterfiligran wirken. Es sind in die Höhe strebende, phantastische Strukturen, Traumgebilde, die aus der Vogelperspektive gesehen an steilen Hängen stehen. Einige dieser Kompositionen, zum Beispiel eine mit leuchtenden Farben und nervösen Strichen gemalte Ansicht von Herculaneum, sind höchstwahrscheinlich wieder von Bühnendekorationen angeregt worden. Ein Besitzer des Hauses des Menander, vielleicht Quintus Poppaeus, der mit Neros Gattin Poppaea verwandt war, muß ein Theaterliebhaber gewesen sein, denn in einem seiner Zimmer finden wir ein Porträt des Dramatikers Menander (der etwa 290 v. Chr. gestorben ist). Auf dem Saum seiner Robe und auf der Schriftrolle, die

er in der Hand hält, steht sein Name, daraus müssen wir schließen, daß es Menander ist.

Außerdem werden auf einigen Wänden sogar einzelne Szenen aus Theateraufführungen abgebildet. Im Haus des Pinarius Cerialis in Pompeji bedeckt eine Theaterszene die ganze Wand. Hier wird vor einer architektonischen Kulisse die Tragödie des Euripides *Iphigenie auf Tauris* aufgeführt. Obwohl solche Motive älteren griechischen Gemälden entnommen sind, waren sie gerade zu dieser Zeit besonders beliebt, weil der Kaiser Nero eine starke Leidenschaft für das Schauspiel und den Gesang hatte.[17] Die alten Mythen waren keineswegs tot. Sie reichten tief ins Unterbewußtsein und das unbewußte Gefühl und regten viele Künstler in Pompeji und Herculaneum zu ungezählten Kompositionen an. Diese Maler kopierten zwar griechische Originale, taten das aber sehr frei und phantasievoll unter Berücksichtigung ihrer eigenen Zwecke und der Umgebung, in der sie arbeiteten. Wie stark sie sich dieser Freiheit bewußt waren, erweist sich, wenn wir, wie das manchmal der Fall ist, die Möglichkeit haben, zwei oder mehr pompejanische Kopien desselben Originals miteinander zu vergleichen. Die Kopien unterscheiden sich in einzelnen Fällen sehr stark.[18]

Die griechischen Originale, nach denen die pompejanischen Maler arbeiteten, waren ihnen aus Kunstsammlungen, Schatzkammern und Musterbüchern bekannt. Gewöhnlich handelte es sich aber nicht um die Werke der großen Meister aus dem klassischen 5. Jahrhundert v. Chr., sondern um die ihrer Nachfolger aus späteren Epochen. Einige dieser griechischen Künstler hatten im 4. Jahrhundert v. Chr. gelebt und gearbeitet, und zwar auch zur Zeit Alexanders des Großen, der 323 v. Chr. starb. Andere gehörten in das 3. und 2. Jahrhundert und waren oft am Hof von Pergamon tätig gewesen. Von hier kam auch, wie wir gesehen haben, die Anregung für ein Gemälde, das die Töchter der Niobe darstellte. Aber vor allem inspirierten sie die großartige dionysische Komposition in der Mysterienvilla. Wegen dieser Anleihen verdanken wir Pompeji und Herculaneum fast alles, was wir über die griechischen Kunstschulen wissen, die nacheinander in den letzten vier Jahrhunderten vor der christlichen Zeitrechnung geblüht haben.

Die Künstler, die diese frühen Werke in den beiden Städten am Vesuv kopiert und modifiziert haben, lassen sich zum größten Teil nicht mehr identifizieren. Nur selten haben sie ihre Werke mit ihren Namen signiert. Ein gewisser Lucius berichtet, er habe

Perseus und Andromeda – eine klassische, aber auch romantische Komposition aus dem Haus der Dioskuren in Pompeji. Kopie einer Arbeit aus dem 4. Jahrhundert v. Chr. von dem Athener Nikias. Museum in Neapel.

Der dramatische Malstil auf einem Bild im Haus der Vettier. Pentheus
wird von den Verehrern des Dionysos wegen seines Unglaubens in
Stücke gerissen.

Priamus und Thisbe[19] und andere Gemälde im Hause von Loreius Tiburtinus gemalt. Er ist aber nicht der beste dieser Maler. Ein weitaus begabterer Künstler, der wie viele andere anonym geblieben ist, war der Maler des Bildes *Herkules und Telephus* in der Basilika von Herculaneum. Mit kühnem Strich gezeichnet und gemalt, gekonnt schattiert und mit Glanzlichtern versehen, darf man diese komplexe, aber doch ausgewogene Komposition als eines der Meisterwerke bezeichnen, die uns aus der Antike erhalten geblieben sind. Dem Blick des Herkules, der seinen ihm von der Priesterin der Athene, Auge, geborenen Sohn Telephus erkennt, fehlt es nicht an Gefühl, und die Darstellung des von der Hirschkuh gesäugten Kindes ist meisterhaft. Die Emotionen werden mit klassischer Verhaltenheit wiedergegeben, und zwar unter Verwendung einer klaren, dreidimensionalen klassischen Maltechnik.

Andere Bilder erzielen ihre Wirkung durch weniger deutlich erkennbare Mittel. Ein Gemälde, das Perseus und Andromeda zeigt, ist zum Beispiel, obwohl die Figuren klar und solide darauf erscheinen, in sanftes Licht getaucht, das eine andere Auffassung verrät und eine eher romantische als heroische Atmosphäre erzeugt. Es gibt aber auch stärker gefühlsbetonte Werke. Das Thema *Tod des Pentheus*, der von Maenaden in Stücke gerissen wird, eignete sich natürlich für eine solche Behandlung, ebenso auch einige dramatische Szenen aus dem trojanischen Krieg. Das homerische Epos, das Fundament jeder klassischen Bildung in Griechenland und Rom, lag Nero besonders am Herzen,[20] der nicht nur behauptete, vom trojanischen Königshaus abzustammen, sondern auch ein Gedicht über ein Thema aus der *Ilias* verfaßt hat. Ein weiteres hat er angeblich deklamiert, als er 64 n. Chr. den großen Brand von Rom betrachtete. *Das Opfer der Iphigenie* im Hause des tragischen Dichters ist ein theatralisches Bild und stellt den Schmerz der Beteiligten in dramatischer Weise dar. *Die Auslieferung der Briseis durch Achilles* zeigt innere Spannung und psychologische Ungewißheit.[21] Auf dem Gemälde *Odysseus und Penelope* verrät der verkleidete Wanderer eine fast unkontrollierbare Verwirrtheit beim Anblick seiner Gattin. Eines der größten Gemälde, die uns aus der Antike erhalten sind, ist ein in kühnen Farben gehaltenes Bild aus dem Haus des Menander. Dort geht der Künstler

Das Trojanische Pferd aus Pompeji. In der Mitte dieser unheimlich dramatischen impressionistischen Komposition sieht man vier Trojaner, die das hölzerne Pferd, in dem sich die griechischen Krieger versteckt haben, in ihre dem Untergang geweihte Stadt ziehen. Museum in Neapel.

meisterhaft mit dem Detail um, wenn er erzählt, wie das Trojanische Pferd in die dem Untergang geweihte Stadt gebracht wird. Auch die Dichter dieser Zeit haben sich mit dem Thema beschäftigt. Petronius, der sowohl Lyriker als auch Prosaschriftsteller war, hat es behandelt:

Dann sprach Apollo,
und die baumbestandenen Hänge
Des Ida wurden abgeholzt;
hinab zur See zog man die hohen Bäume,
Hieb sie in Stücke, zimmerte ein Pferd daraus,
Ein riesiges Schlachtroß,
In dessen Bauch man eine Höhle schuf . . .[22]

Der Geist des neronischen Zeitalters kommt in dem pompejanischen Gemälde deutlich zum Ausdruck. Leid, Trauer und unverdientes Geschick im Sinne Senecas sind überall lebendig. Man spürt den Hauch des dramatischen Grauens und Geheimnisses, der uns aus dem epischen Gedicht seines Neffen Lucan *Der Bürgerkrieg (Pharsalia)* entgegenschlägt. Das hölzerne Pferd selbst sieht finster und unheimlich aus. Der sich hinter den Wolken verbergende Mond verbreitet einen gespenstischen, unheilverkündenden Schimmer, und ein flackernder Schein kommt von den Fackeln, welche die in lange Gewänder gekleideten Frauen in der Mitte des Bildes tragen. Im übrigen ist die ganze Landschaft düster und verschwommen; ebenso die Türme und Mauern, die sich im Hintergrund gegen den Himmel recken. Aber aus dem Schatten werden zwei dramatische Bewegungsabläufe deutlich sichtbar; die sich kraftvoll zurücklehnenden Figuren im Vordergrund stehen im scharfen Kontrast zu den statischen Gestalten im Halbschatten dahinter.
Auf diesen Gemälden sind die Umrisse der menschlichen Figuren mit breiten Pinselstrichen ausgefüllt. Gesichter und Mienen werden in impressionistischer Manier mit ein paar dünnen Strichen angedeutet, und die mythische Szene erhält dadurch packende Lebendigkeit.

◁ Detail aus dem Gemälde *Herkules und Telephus* aus Herculaneum. Arkadia, deren Kopf hier zusammen mit dem eines meisterhaft gemalten jungen Satyrn erscheint, soll die Stadt Pergamon in Kleinasien glorifizieren, die ihren Ursprung auf den Arkadier Telephus zurückführt. Dieses Bild in Herculaneum ist die Kopie eines Gemäldes in Pergamon.

▷ Philosoph aus der Villa des Publius Fannius Sinistor in Boscoreale. Unabhängig und würdevoll blickt der alte Mann auf zwei Gestalten (auf einem anderen Teil des Bildes). Man hat diese Gestalten als Verkörperungen von Mazedonien und Persien bezeichnet. Museum in Neapel.

Diese Wirkung verdanken die Gemälde ohne Zweifel den griechischen Vorläufern ihrer Maler, besonders denen aus Pergamon und anderen, die zuerst die Helldunkeltechnik dazu verwendet haben, menschliche Gefühle auszudrücken. Die Maler in Herculaneum und Pompeji haben diese Künstler imitiert, aber während sie es taten, haben sie offenbar auch improvisiert, und zwar mit einer Geschicklichkeit, die es fast verdient, als originale Leistung bezeichnet zu werden.

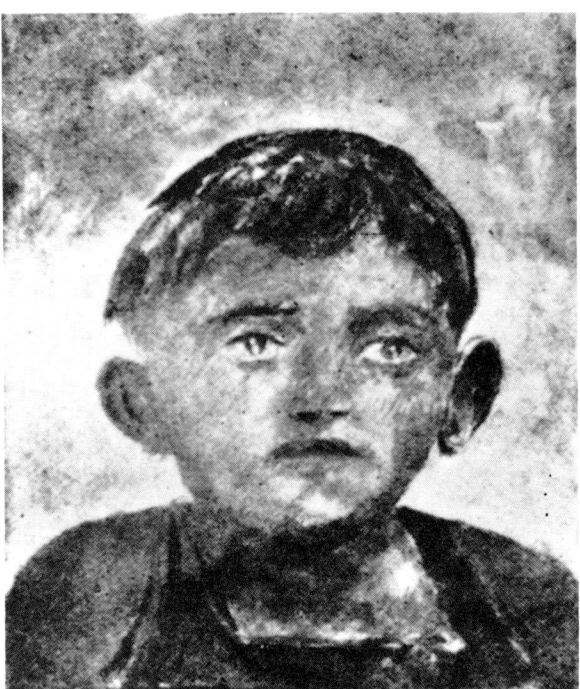

△ Das Porträt eines traurigen kleinen Knaben. Es zeigt, wie groß das Interesse für Kinderporträts war. Das Bild befand sich auf einer Wand in Pompeji und ist heute verschwunden.

▷ Die besondere Vorliebe der Römer für Kinder zeigt sich in diesem Relief eines schlafenden Knaben an einem Brunnen in der Via di Mercurio. Museum in Pompeji.

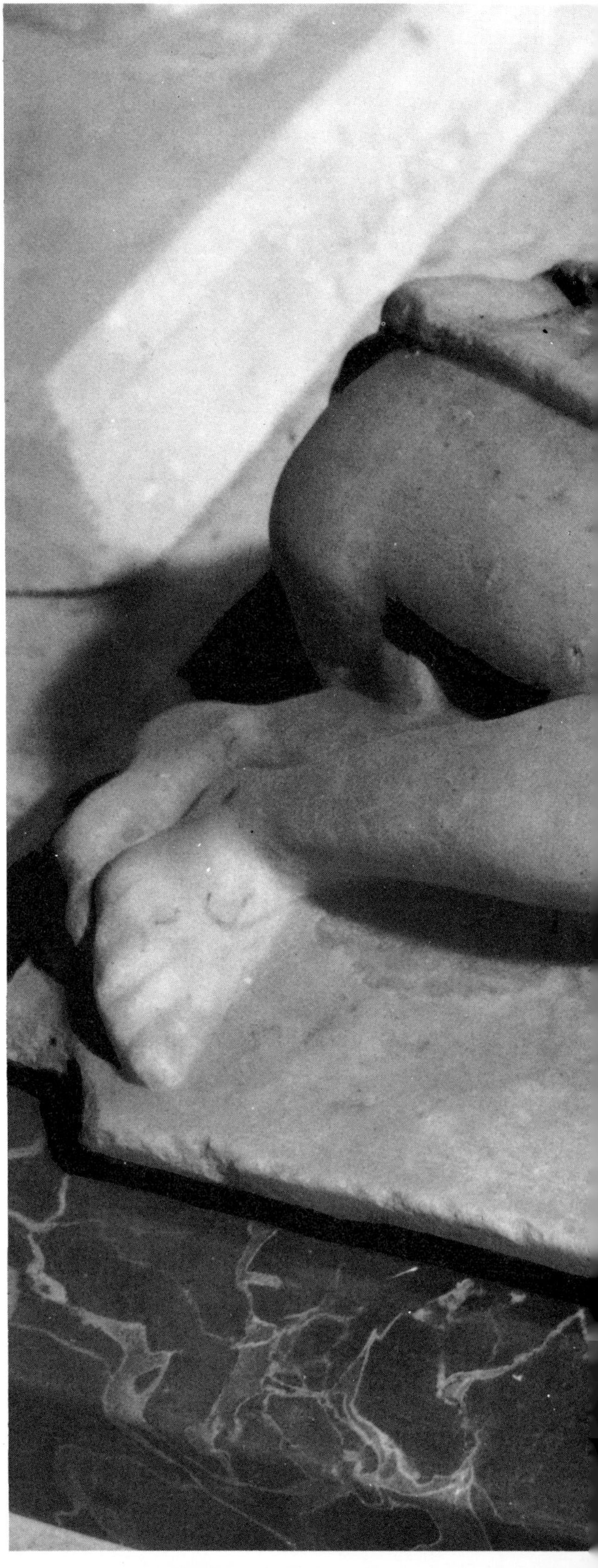

Einige Persönlichkeiten auf diesen mythologischen Gemälden werden mit großer Kraft und starkem Einfühlungsvermögen gezeichnet. Das Bild *Herkules und Telephus* enthält zum Beispiel eine beachtenswerte Interpretation des Herkules, der seinen kleinen Sohn mit einigermaßen wohlwollender Überraschung betrachtet. Der Knabe, der hinter der mit starrem Gesicht dasitzenden Arkadia die Hirtenflöte spielt, ist in der Tat der Prototyp des Satyrs; ein hervorragendes, wenn vielleicht auch etwas düsteres Beispiel für die Leidenschaft, mit der man in Italien in der frühen Kaiserzeit Kinder porträtiert hat. (Mit den Gesichtern kleiner Knaben und Mädchen bemalte Medaillons sind in Pompeji an vielen Stellen gefunden worden. Viele sind allerdings zerbröckelt und für immer verloren.)

Auch auf Gemälden ohne mythologische Szenen gibt es überzeugende Charakterdarstellungen. Ein beeindruckendes Beispiel ist ein Philosoph auf einem Gemälde in der luxuriös ausgestatteten Villa des Publius Fannius Sinistor in Boscoreale (um 40 v. Chr.). Abseits stehend beobachtet er ein Gespräch, das zwei

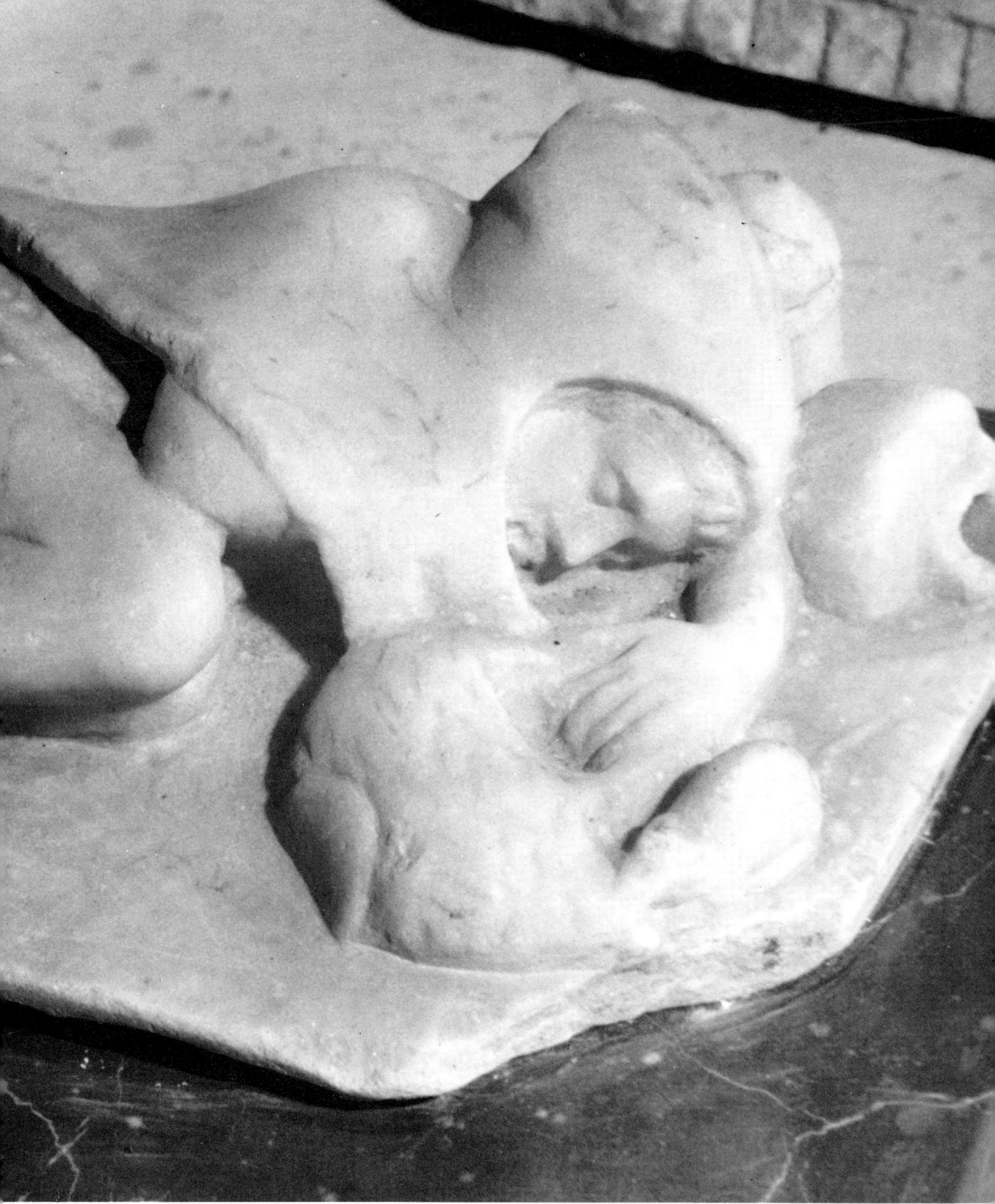

andere Gestalten miteinander führen, wahrscheinlich die personifizierten Länder Mazedonien und Persien. Das Original ist zwei oder drei Jahrhunderte früher für eine der Nachfolgedynastien Alexanders, vermutlich die mazedonischen Antigoniden, gemalt worden. In diesem Fall ist der Philosoph vielleicht ein gewisser Menedemus von Eritrea (um 319–265 v. Chr.). Aber der Künstler in Boscoreale hat seinem Bild eine seltene untheatralische, dramatische Stimmung verliehen, eine gespannte und doch vibrierende Unbeweglichkeit, die irgendwie auch seinem eigenen Wesen entsprochen haben muß.

Der Kopf einer jungen Frau mit Schreibtafel und Stift, wahrscheinlich aus der Mitte des 1. Jahrhunderts v. Chr., fängt mit viel Einfühlungsvermögen eine meditative Stimmung ein. Aber hier interessiert sich der Künstler mehr für den Pinselstrich als für psychologische Fragen oder die realistische Ausführung des Gemäldes. Ganz anders ist das bei dem

▷ Porträt eines Ehepaars aus Pompeji. Der Rechtsanwalt Terentius Neo und seine Gattin. Museum in Neapel.

▽ Mädchen mit Schreibtafel und Stift aus Pompeji (fälschlich als Sappho bezeichnet). Museum in Neapel.

Der Maler dieser Porträts aus der Villa der Obsidianvasen (San Marco) außerhalb von Stabiae zeigt einen ausgesprochen emotionalen Stil und versteht es, den richtigen Gebrauch von den Schatten zu machen. Der

Kopf rechts oben stellt vielleicht Theseus dar. Antiquarium, Castellamare di Stabia.

Doppelporträt des Rechtsanwalts Terentius Neo und seiner Gattin. Das ist ein überzeugendes Meisterwerk der realistischen Tradition in der Porträtmalerei, in der Italien zur Römerzeit so Großartiges geleistet hat. Das junge Paar zeigt, wie wesensverwandt die heutigen Menschen im Mittelmeerraum mit ihren Vorfahren in der Antike sind. Hier hat sich der Maler gewiß nicht von einem älteren griechischen Original beeinflussen lassen.

Die Maler, die die Landhäuser in Stabiae ausmalten, folgten, wie neuere Ausgrabungen beweisen, einer eigenen Tradition, die von der realistischen Malweise ähnlich abwich wie dies die impressionistisch aufgefaßten mythologischen Szenen tun, wenn sie die klassische Mythologie interpretieren. In diesen Villen hat man eine ganze Reihe gut aufgefaßter, ausdrucksstarker Porträtköpfe entdeckt, die stärkere Farben, einen intensiveren Gesichtsausdruck und entschiedenere, mehr gefühlsbetonte Ausnutzung von Licht und Schatten zeigen als alle anderen Porträts dieser Zeit. Die Gesichtszüge sind oft nur skizzenhaft behandelt, aber die leuchtend farbigen Au-

gen haben einen Ausdruck, der die unbekannten Tiefen der Seele widerspiegelt.

Doch die Kunst in diesem Gebiet war nicht überall oder auch nur generell eine ernste Kunst. Der Maler arbeitete damals zwar für Auftraggeber, die viel Sinn für Harmonie und guten Geschmack hatten und ein feines ästhetisches Gefühl besaßen. Vor allem aber wollten sie sich an den Gemälden, die ihre Hauswände schmückten, erfreuen; und sie hatten besonderes Verständnis für eine elegante, etwas maliziöse Leichtigkeit in der Auffassung. Da sich die Künstler solchen Wünschen fügen mußten, waren die Details, die sie an ihren Bildern anbrachten, oft das Beste daran. Die schönsten Figuren sind nicht immer die statiösen, im Mittelpunkt der Komposition stehenden Hauptgestalten, sondern die kleinen Wesen, die sich auf die in Bögen verlaufenden Balustraden und Tragbalken setzen, von denen die Wände eingerahmt werden. Das ist eine geistreiche, ironische Kunst, und sie legt besonderen Wert auf die delikate Leichtigkeit des Pinselstrichs.

Die in den letzten Jahrzehnten vor der Zerstörung

Kleine Cupidos oder Putten sind typisch für den Geschmack in der pompejanischen Spätzeit. Haus der Vettier.

ſ 140!

von Pompeji, Herculaneum und Stabiae gemalten Bilder umfassen eine erstaunlich breite Skala kühner, fließender und mit beachtlichem Können getönter Farben. Bei der Untersuchung der Kunst dieser Epoche wird es vielleicht nach weiteren gründlichen Studien möglich werden, eine gewisse Evolution der Mode zu entdecken. So sieht man zum Beispiel schon jetzt, daß sich in den allerletzten Jahren eine starke Neigung für Schwarzweißeffekte entwickelt hat. Im Haus des Loreius Tiburtinus bestehen die letzten Arbeiten aus einer Reihe von Medaillons mit Darstellungen der Jahreszeiten, die von hauchartig gemalten architektonischen Elementen vor großen weißen Flächen herabhängen. Man versuchte sich auch an neuen Beleuchtungseffekten, und die Künstler, die das Haus der Vettier ausgemalt haben, verliehen den Gebäuden ein Aussehen, als stünden sie in einer von Licht durchfluteten Schlucht. Da wird der Blick des Beschauers in unergründliche Tiefen gelenkt. In die traditionelle pastorale Landschaftsmalerei mit ihren Bäumen und Tempeln kam durch neue impressionistische Ideen frisches Leben, und es entstanden

Meisterwerke wie *Der verlorene Ziegenbock*. Auf diesem Bild erscheinen der Mann und der Ziegenbock wie Schatten vor den hellen Wänden eines kleinen Tempels, hinter dem eine romantische Landschaft mit wilden Schluchten und Höhlen den Hintergrund bildet.

Weniger anspruchsvoll waren die zahlreichen mehr dekorativen Arbeiten in ihrer klaren und schlichten Art. Daneben müssen wir vor allem die ausgezeichneten Basreliefs erwähnen, die in großer Zahl nicht nur in den öffentlichen Bädern, sondern auch in den Privathäusern anzutreffen sind. Die schon lange gehegte Vorliebe für ägyptische Themen belebte sich von neuem, und man fand Geschmack an den mehr oder weniger phantastischen nordafrikanischen Landschaften. Ähnliche Entwicklungen hat es mit Sicherheit auch anderswo gegeben, aber in Pompeji, das enge Beziehungen zu Ägypten unterhielt, sind diese Tendenzen wahrscheinlich besonders stark gewesen.[23] Man sieht den überschwemmten Nil, Sykomoren und Palmen, Pygmäen und wilde Tiere. Vor allem in den Gärten hat man oft und gern exo-

tische und andere Tiere in die Wandgemälde eingefügt. Im Haus des Marcus Lucretius Fronto und des Lucius Ceius Secundus finden wir eine ganze Reihe reizvoller afrikanischer Landschafts- und Tierdarstellungen. Bei einem Besuch des Vatikanischen Museums sehen wir in einer Sammlung zu diesem Thema, daß es im antiken Italien nicht nur hervorragende Tiermaler gegeben hat, sondern daß zu dieser Zeit auch sehr gute Tierplastiken entstanden sind. Eine Ziege aus der Villa der Papyri, die Bronzeskulptur eines laufenden Wildschweins und Pferdeköpfe aus Herculaneum sind schöne Beispiele für diese Kunstrichtung. Aber wie bei den Jägern späterer Epochen verbindet sich auch hier die Tierliebe in eigenartiger Weise mit einer grausamen Freude an Darstellungen, auf denen Tiere brutal getötet werden. Das Haus der Hirsche in Herculaneum trägt heute diesen Namen, weil man dort zwei Bildhauerarbeiten gefunden hat, die Hirsche zeigen. Es sind zwei Gruppen, die von Hunden angefallen werden. Die Arbeiten verraten ein beachtliches bildhauerisches Können, aber nicht jeder wird dem Experten zustimmen, der meint, es seien hervorragende Beispiele für einen kultivierten künstlerischen Geschmack.

Man kannte also in Pompeji und Herculaneum keine gerahmten, an die Wand gehängten Bilder, denn die Wände waren selbst bemalt und manchmal auch mit textilen Wandbehängen verkleidet. Teppiche auf den Fußböden verwendete man dagegen nicht. Zwar kannten die Italiener orientalische Teppiche aus Alexandria, aber an den Fußböden der Häuser in den campanischen Städten sieht man, daß sie dort kaum benutzt worden sind.[24] Die Einlegearbeiten auf den Böden waren ebenso ein integrierender Teil der Gesamtarchitektur wie die Gemälde an den Wänden. Das Mosaik, eine der für die römische Welt bezeichnenden Kunstformen, wurde hier zur größten Vollendung gebracht.
In Griechenland (Olympia) und Ägypten (Alexandria), besonders aber in Olynthus und anderen größeren mazedonischen Städten (Palatitsa, Pella) hat man sehr viele griechische Mosaiken aus dem späten 5., dem 4. und der ersten Hälfte des 3. Jahrhunderts v. Chr. entdeckt. Die Themen sind mythische Szenen, Tiere oder Blumenmuster. Sie bestehen aber noch nicht – wie die Mosaiken späterer Zeit – aus

◁ Elegante Stuckarbeiten kombiniert mit Wandgemälden und Mosaiken in einem pompejanischen Haus (siehe S. 175).

▽ Eines der vier (Ziege, Löwe, Schlange, Hirsch) zum Schmuck eines Brunnens in Nuceria Alfaterna (Nocera) aufgestellten Tiere, Museum in Neapel.

▷ Die Künstler der frühen Kaiserzeit haben ausgezeichnete und sehr einfühlsame Tierplastiken geschaffen. Kopf eines der Bronzepferde vor einem Streitwagen auf dem Sockel der Basilika in Herculaneum. Museum in Neapel.

kleinen, zu diesem Zweck zugeschnittenen Würfeln, sondern aus schwarzen, weißen oder vielfarbigen Natursteinen. Mosaiken aus kleinen, gleichgroßen farbigen Steinwürfeln und Marmor *(opus tessellatum)*, die mit Zement in geraden, parallelen Reihen nebeneinander auf dem Untergrund befestigt sind, wurden in der griechischen Welt erst in den Jahrzehnten nach den Eroberungszügen Alexanders bekannt. Wahrscheinlich stammte die Idee aus dem Osten, es gibt aber auch eine Theorie, nach der diese Technik sizilianischen Ursprungs ist. Zunächst können die Wände mit ähnlich gemusterten Geweben verkleidet worden sein, aber dann verlieh man dieser Verkleidung eine dauerhaftere Form; das heißt, das Mosaik oder die bildlichen Darstellungen darauf betrachtete man als eine Art Teppich, der in die Mitte des Fußbodens eingelassen wurde. Diesen Mittelteil bezeichnete man als *emblema*. Es konnte aber auch eine Matte vor der Tür sein.

In Italien interpretierte man jedoch die Funktion dieser Mosaiken im Lauf der Zeit etwas anders, obwohl sich nicht mehr feststellen läßt, ob die neue Auffassung italienischen Ursprungs ist. Man betrachtete den Fußboden in seiner Gesamtheit als eine Einheit und legte ihn ganz mit Mosaiken aus. So entstand der Eindruck, daß der ganze Raum mit Teppichen ausgelegt war und das Mosaik nicht nur die Funktion einer Teppichbrücke oder Matte hatte. Man findet solche Bodenmosaiken besonders oft in den Atrien der großen samnitischen Häuser, die im 2. Jahrhundert v. Chr. in Pompeji und Herculaneum gebaut wurden, obwohl die Gliederung dieser Häuser in gewissem Sinne einen Kompromiß zwischen beiden Mosaiktypen erforderlich machte, weil das Wasserbecken in der Mitte des Atriums hier die Stelle des Mittelmosaiks einnimmt. Als daher das Atrium im Haus des Fauns in Pompeji nach 200 v. Chr. umgebaut wurde, verschwand, wie man bei den Ausgrabungen 1961/62 feststellte, ein Fußboden aus Ziegelbruch, der mit aschehaltigem Mörtel befestigt gewesen war. Dieser alte Fußboden hatte geometrische Muster aus eingelegten Kieselsteinen *(opus signinum)*.[24] Im Atrium des samnitischen Hauses in Herculaneum besteht der Boden um das Wasserbecken aus einem ähnlichen Material. Aber dann entstand die Casa del Atrio a Mosaico. Hier finden wir ein echtes ›Tessellate-Mosaik‹ mit einem geometrischen, schachbrettartigen Muster aus schwarzen und weißen Karos. Noch später entwickelte man komplizierte geometrische Formen, indem man mehrfarbigen Marmor zusammenfügte wie im Haus des Tele-

phus-Reliefs. In den folgenden Jahrhunderten legte man die ganze Fläche der Fußböden in den Häusern auf diese Weise mit Mosaiken aus, Beispiele dafür gibt es in der ganzen römischen Welt.

In den Städten am Vesuv finden wir aber auch eine Anzahl bemerkenswerter Arbeiten im alten griechischen Stil der ›Teppichmuster‹. Das sind Mosaiken, die in die Mitte des Fußbodens eingelassen wurden und zu Bildern, nicht nur zu dekorativen Mustern, zusammengefügt sind.

Abb. 16: Casa dell'Atrio al Mosaico, Herculaneum.

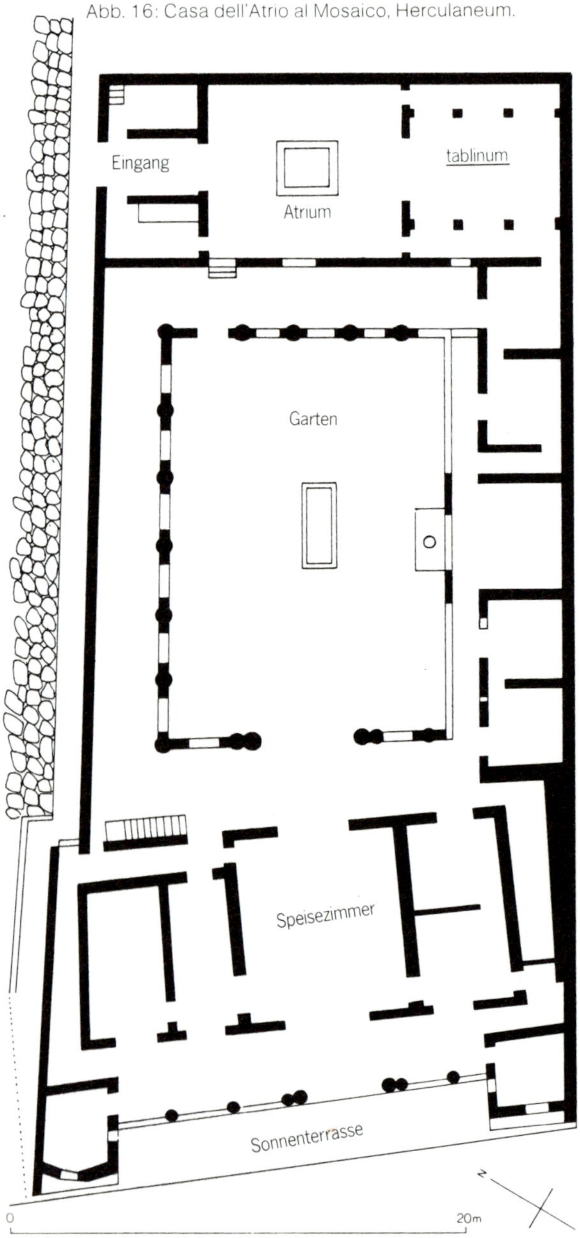

Diese Bilder waren manchmal recht groß. Das berühmteste zeigt die Schlacht bei Issus (333 v. Chr.) zwischen Alexander dem Großen und dem persischen König Dareios III. Es hat ein Format von 3,20 × 5,50 Metern, ist um 150 v. Chr. entstanden und wurde im Haus des Fauns in Pompeji entdeckt. Heute befindet es sich im Museum von Neapel. Zusammen mit dem späteren mehr dekorativen Nilmosaik aus

Palestrina (dem alten Praeneste) ist es das schönste Stück dieser Kunstform, das wir bisher entdeckt haben. Es zeigt, welche großartigen Wirkungen sich mit Hilfe dieser Technik erzielen lassen – auch wenn es zunächst eigenartig anmutet, daß man zur Betrachtung solcher Bilder auf den Fußboden blicken muß. Die Darstellung der Alexanderschlacht ist wahrscheinlich die recht genaue Kopie eines griechischen Gemäldes, das bald nach der Schlacht bei Issus entstand, sicher aber vor Ende des 4. Jahrhunderts v. Chr. Der Maler könnte ein gewisser Philoxenos aus Eritrea gewesen sein.[26] Auf jeden Fall vermittelt

Casa del Atrio a Mosaico, Herculaneum. Der schwarz-weiß ausgelegte Fußboden und das in der Mitte des Raums angelegte Becken oder *impluvium* unter der Öffnung im Dach sind durch das Gewicht des vulkanischen Schlamms verschoben worden.

Mit verschiedenfarbigen Marmorplatten eingelegter Fußboden im Haus
des Telephus-Reliefs, Herculaneum.

uns das Mosaik einen besseren Eindruck von der Art
größerer griechischer Wandgemälde als irgendein
anderes Kunstwerk aus damaliger Zeit.

Philoxenos war bekannt für die auf seinen Bildern
erscheinenden perspektivischen ›Verkürzungen‹, die
auf dem Mosaik bei den halbverdeckten Personen zu
sehen sind. Die Komposition des Bildes ist komplex,
aber klar und dramatisch. Es zeigt die Beherrschung
der Perspektive und eine ausgewogene Verteilung
der Schwerpunkte. Die große Linie der Gesamtkomposition hat einige Kunsthistoriker veranlaßt, die
Alexanderschlacht mit der *Übergabe von Breda* von
Velasquez zu vergleichen. Dem antiken Mosaik fehlt
jedoch die Tiefe des Raumes, die das Werk aus dem
17. Jahrhundert vermittelt. In der Alexanderschlacht
spielt sich die ganze Handlung im Vordergrund ab.

Auf den größeren Arbeiten wie der Alexanderschlacht sind die einzelnen Mosaiksteine nicht in gerade verlaufenden, parallelen Reihen angeordnet,
sondern folgen den Linien der Komposition. Bei anderen, viel kleineren Mosaiken verfeinert sich die
Technik noch mehr, und der Künstler erreicht durch
die Verwendung verschieden großer Mosaiksteine,
die meist abgerundet sind, eine Wirkung, die der des
gemalten Bildes nahekommt. Zwei kleine Mosaiken
in dieser ›Wurmtechnik‹ *(opus vermiculatum)* wurden in einem fälschlicherweise als Villa des Cicero
bezeichneten Landhaus außerhalb von Pompeji gefunden. Sie sind heute im Museum von Neapel zu
besichtigen. Wir wissen nicht, ob die darauf angebrachte Signatur eines gewissen Dioscurides von Sa-
mos den Namen des Künstlers bezeichnet, der das
Mosaik hergestellt hat, oder den des griechischen
Malers des Originals, dessen Kopie das Mosaik ist.
Das griechische Original könnte aus der Zeit um 280
v. Chr. stammen. Eines der beiden Werke stellt eine
Gruppe von Straßenmusikanten dar, die von einem

△ Dieses Mosaik auf einem Fußboden in Pompeji zeigt die Vorliebe für ägyptische Landschaften – wie das berühmte Nilmosaik in Praeneste (Palestrina); Ende des 1. Jahrhunderts v. Chr. Museum in Neapel.

▽ Darstellung der Schlacht bei Issus (333 v. Chr.) zwischen Alexander dem Großen und Dareios III. von Persien auf einem Bodenmosaik nach einem Gemälde aus dem 4. Jahrhundert v. Chr., Haus des Fauns, Pompeji. Museum in Neapel.

▷ Eine Gruppe maskierter Schauspieler, die sich auf den Auftritt vorbereiten. Museum in Neapel.

schmächtigen, blassen Kind begleitet werden. Auf dem anderen sieht man eine Hexe, die zwei jungen Mädchen einen Liebestrank bereitet oder ihnen gute Ratschläge erteilt. Alle Personen haben die Hände geballt. Durch das ganze Bild verlaufende graue und gelbe Streifen sollen der Komposition räumliche Tiefe verleihen.

Diese Mosaiken sind auf Marmorplatten aufgelegt. Daher kann man vermuten, daß sie als Einzelstücke angefertigt und vielleicht aus dem griechischen

Osten importiert worden sind. Wir müssen annehmen, daß solche Werke nach Vorlagen hergestellt wurden; aber wie diese Vorlagen ausgesehen haben und verwendet wurden, läßt sich heute nicht mehr sagen. Ein anderes Mosaik zeigt Tauben auf dem Rand eines Bechers, ein bekanntes Motiv, das uns schon in der Malerei begegnet ist. Der erste, der es verwendete, soll ein gewisser Sosus von Pergamon gewesen sein. Auf einem seiner Gemälde soll er den unaufgeräumten Fußboden eines Speisezimmers

176

dargestellt haben, der auf mehreren Mosaiken wiederkehrt.[27] Eines davon, das sich im Vatikan befindet, ist von einem Mann namens Heraclitus signiert. Hier stammt also die Signatur nicht von dem Maler des Originals Sosus, sondern von dem Mann, der das Mosaik hergestellt hat.

Selbst wenn die auf dem Fußboden verstreut herumliegenden Speisereste bezeichnend für die damals nicht sehr appetitlichen Tischsitten sind, so eignet sich ein solches Muster doch eher für die Dekoration eines Fußbodens als die Darstellung großer figürlicher Kompositionen. Noch dekorativer wirken allerdings die Unterwasserszenen, die wir in vielen Häusern und Bädern antreffen. Ein ausgezeichnetes Beispiel dafür ist der Kampf eines Tintenfisches mit einer Languste, den eine Muräne beobachtet, während ein Schwarm anderer Fische die Szene belebt. Es gibt auch ein ausgezeichnetes pompejanisches Bodenmosaik, das bewußt von der üblichen dekorativen Auffassung abweicht. Ursprünglich befand es sich in der Mitte des Schlafzimmerfußbodens, es ist das Porträt einer Frau, von der Anthony Thorne sagte,

Von Dioscurides signiertes Mosaik; eine Hexe und ihre Kundin.

ihre weit geöffneten Augen zeigten einen geängstig-ten Ausdruck; sie sei keineswegs schön und sähe aus, als wolle sie etwas ganz Wichtiges im Flüsterton mit-teilen. Der Kopf erinnert an die frühesten Mumien-porträts aus Fayum und anderen Orten in Ägypten, die gerade zu der Zeit in Mode kamen, als die Ge-schichte von Pompeji und Herculaneum zu Ende ging.[28] Es kann aber auch sein, daß dieses pompeja-nische Porträt von uns unbekannten älteren ägypti-schen Vorbildern beeinflußt worden ist, wie wir in der Campania auch zahlreiche andere ägyptische

Einflüsse feststellen können. Soweit wir wissen, ist die Kunst des Mosaiks selbst aus Ägypten nach Pom-peji gekommen. Es kann aber auch sein, daß solche Porträts weder in Ägypten noch in der Campania ge-malt wurden, sondern ihre Entwicklung in einer Malschule begann, die wir heute nicht mehr kennen. Die erwähnte Arbeit ist ungewöhnlich nuancenreich und besitzt eine starke Leuchtkraft.

In der Frühzeit des byzantinischen Kaiserreichs, vier bis fünf Jahrhunderte nach dem Untergang der Städte am Vesuv, sollte sich dort eine der bedeutend-

Mosaik mit Meerestieren. In der Mitte der Kampf zwischen einem Tin-tenfisch und einer Languste. Museum in Neapel.

179

△▷ Einzigartiges Bodenmosaik aus Pompeji mit dem fein ausgeführten Porträt einer Frau. Museum in Neapel.

▷ umseitig: Bordell in Pompeji. Im Inneren pornographische Wandgemälde und *graffiti*.

sten Kunstformen der Welt entwickeln, als man auf die Idee kam, die Mosaiken nicht nur auf Fußböden, sondern auch auf Wänden und in Gewölben anzubringen. Diese Entwicklung hatte aber in Pompeji und Herculaneum begonnen, wahrscheinlich sogar schon anderswo, doch alles, was wir über die kulturgeschichtliche Entwicklung in der griechisch-römischen Welt wissen, stammt fast ausschließlich aus diesen beiden Städten. Wandmosaiken sehen wir vor allem in und an den Nischen, die die Brunnen in den Innenhöfen der Privathäuser schmücken. Ihr Material ist Glaspaste und Marmor, oft werden sie von Seemuscheln eingerahmt. Meist bilden sie geometrische Ornamente, und an bestimmten Punkten sind kleine figürliche Szenen eingefügt. Diese Kompositionen, wie wir sie zum Beispiel in den Häusern mit dem großen und dem kleinen Brunnen in Pompeji antreffen, haben in der Sommersonne sicherlich sehr reizvoll gewirkt. Im Haus mit dem Neptunmosaik in Herculaneum gab es eine besonders schöne Grotte mit drei Nischen, ein sogenanntes *nymphaeum*, das ganz von farbigen Mosaiken mit Jagdszenen überzogen war. Die Figuren stehen vor einem zum größten Teil blauen Hintergrund. An der im gleichen Hof rechtwinklig zur Grotte stehenden Wand befindet sich eine noch anspruchsvollere Arbeit in derselben Technik: ein großformatiges Wandmosaik zeigt Neptun und seine Gattin Salacia (Amphitrite). Die Figuren sind naturalistisch modelliert und die Farben so abgestuft, daß das Mosaikbild wie ein Gemälde wirkt. Um die figürliche Darstellung zeigt das Mosaikbild einen prächtigen, vielfarbigen ornamentalen Rahmen, der zu den akademisch korrekt ausgeführten Figuren einen eigenartigen Kontrast bildet. Wandgemälde und Mosaiken hatten nicht nur die Funktion der heutigen gerahmten Gemälde und Teppiche, sondern sie wurden in die Gesamtkomposition des Hauses einbezogen, in dem es nur wenige Möbel gab. Nach modernen Begriffen waren selbst die luxuriösesten Häuser spärlich möbliert. Eine größere Zahl von Möbelstücken hätte die Aufmerksamkeit abgelenkt, und die Wirkung, die Architekten und Künstler erzielen wollten, wäre verlorengegangen. Jedenfalls hatte man für Möbel nicht viel Raum übrig, und die Sofas und Tische in den Speiseräumen müssen sogar eine ungemütliche Enge erzeugt haben.

Die Funktion moderner Schränke und Wandregale übernahmen daher im allgemeinen Nischen, Alkoven und kleine Nebenzimmer.

Die vorhandenen Möbel waren erstaunlich geschmackvoll, und es gab nicht den heute üblichen Unterschied zwischen ›guten‹ vom Tischler hergestellten und in der Massenproduktion gefertigten Möbelstücken. Goethe bewunderte »diese nettgeflochtenen Rohrstühle, eine Kommode ganz vergol-

Man brachte außer auf den Fußböden auch in Gewölben und Nischen Mosaikarbeiten an. Das Haus mit dem großen Brunnen in Pompeji.

◁ Das Sommer-Speisezimmer im Haus des Neptunmosaiks in Herculaneum. Rechts Neptun und Salacia (Amphitrite). Über den Nischen am Ende des Raumes und der den Nymphen geweihten Grotte Mosaiken, auf denen Hirsche von Hunden gejagt werden.

det, mit bunten Blumen staffiert und lackiert.« Anfang des 19. Jahrhunderts haben diese Möbel die europäischen Kunsttischler entscheidend beeinflußt. Etrusker und Römer hatten die in Griechenland entwickelten Standardformen nur wenig verändert. Aber die italienischen Stücke waren in ihrer Qualität den griechischen überlegen. Es gab damals mehr Betten und Sofas als heute – zum Schlafen, Essen, Lesen und Ruhen –, und die Sofas in den Speiseräumen waren oft die wertvollsten Gegenstände im ganzen Haus. Häufig findet man daran Einlegearbeiten aus wertvollen Hölzern und dazu Intaglioarbeiten in Gold und Silber. Die meist geschwungenen und nicht rechtwinkligen Gestelle und Beine aus Bronze sind uns aus Pompeji und Herculaneum bekannt, ebenso die heute verkohlten Holzrahmen. Allerdings können uns diese Fundstücke nicht mehr den richtigen Eindruck von der ursprünglichen Eleganz dieser Möbel vermitteln.

Die Betten waren höher als unsere. Man benutzte eine kleine Treppe oder einen Schemel, um hineinzukommen. Die Liegen, die man bei den Mahlzeiten benutzte, waren dagegen recht niedrig. Diese griechische Sitte wurde von Cnaeus Manlius Vulso in Italien eingeführt, nachdem er von seiner Expedition nach Kleinasien (189 bis 188 v. Chr.) zurückgekehrt war. Im Osten pflegte man zu sagen, die Griechen könnten keine bequemen Betten herstellen, und wenn wir die Reste der Sofas in Pompeji und Herculaneum betrachten, dann stellen wir fest, daß sie wirklich nicht sehr bequem aussehen. Aber die Liegen, auf denen man tagsüber zu ruhen pflegte, hatten

Sofa im Hause des Menander, Pompeji.

manchmal Seiten- und Rückenlehnen und waren mit Matratzen und Kissen gut gepolstert. Die Betten waren am Kopfende und an den Seiten gegen die Wandfeuchtigkeit durch Bretter geschützt. Die Liegefläche bestand aus Matratzen. Diese aus gekämmter Wolle hergestellten Unterlagen wurden mit Stricken am Bettgestell befestigt. Der Gelehrte Pollux von Naukratis aus dem 2. Jahrhundert v. Chr. macht uns begreiflich, auf welche Annehmlichkeiten wir verzichten müssen, da es die bequemen antiken Steppdecken und Bettauflagen nicht mehr gibt. Er erzählt, sie seien weich, regelmäßig gewebt, glänzend, prächtig gefärbt, mit Blumen und Ornamenten geschmückt, purpurn, dunkelgrün, scharlachfarben, violett, mit Mustern aus scharlachfarbenen Blüten verziert, von Purpurstreifen umrandet, mit Goldfäden durchwirkt und mit Tierfiguren und leuchtenden Sternen bestickt.[29]

Die meisten anderen Möbelstücke in den Häusern waren ganz aus Bronze.[30] Gute Qualität konnte man erwarten, wenn die Möbel aus der Gegend von Capua stammten, wo sie in großer Zahl angefertigt und überallhin, sogar über die Grenzen des Imperiums hinaus, verkauft wurden. Die Pompejaner kauften aber auch Bronzemöbel in Neapolis oder fertigten sie selbst an. Ein runder Tisch stammt augenscheinlich aus Rom, denn er trägt die Inschrift »hergestellt für Publius Casca Longus«. Das war einer der Mörder von Julius Caesar. Als sich Casca nach der Niederlage der Republikaner bei Philippi das Leben nahm, haben die Sieger seinen Besitz wahrscheinlich versteigert, und dieser Tisch kann dabei von einem Bürger Pompejis gekauft worden sein. Es ist verständlich, daß die pompejanischen dreifüßigen Schemel und Tische mit ihren klaren Linien und schönen Ornamenten in den Jahren nach 1800 gern imitiert wurden.[31] Als Goethe in Pompeji war, bewunderte er die »hohen, schlanken Postamente aus Bronze, die augenscheinlich als Lampenständer dienten.« Die Füße waren als Klauen oder Hufe gearbeitet und konnten manchmal in der Höhe verstellt werden. Es gab auch reich verzierte Kohlenpfannen und Heizöfen aus Bronze.

In einigen Häusern hat man auch sehr viel und sehr schönes Silber gefunden. Während der vergangenen anderthalb Jahrhunderte sind in diesem Gebiet wenigstens fünf Silberschätze entdeckt worden. 1895 fand man in einem Landhaus in Boscoreale, La Pisanella, nicht nur mehr als 1000 Münzen, sondern auch 108 getriebene Silbergefäße in halbvergrabenen Urnen.[32] Diese Silbergegenstände wurden von Baron Edouard de Rothschild erworben, und die meisten

△ Dreibeiniger Tisch im *tablinum* des Hauses des Paquius Proculus in Pompeji.

▽ Silberschale mit Olivenzweigen (aus dem in der Villa La Pisanella in Boscoreale gefundenen Schatz). Hier zeigt sich die auch bei den Malern anzutreffende Vorliebe für naturalistische Darstellungen. Louvre.

von ihnen haben später den Weg in den Louvre gefunden. Zu ihnen gehören zahlreiche bekannte exquisite Stücke, so zum Beispiel die mit Skeletten dekorierten Becher (4. Kapitel) und eine Schale, in der ein Porträtkopf steht (8. Kapitel), dazu andere Geräte, deren Ornamente zeigen, daß sie zur Glorifizierung des Kaiserhauses angefertigt worden sind. 1930 entdeckte man einen weiteren Schatz mit 118 silbernen Gegenständen und einer großen Zahl von Münzen im Haus des Menander in Pompeji. Darunter befanden sich 7 Paare von Trinkgefäßen mit reliefartig ausgearbeiteten figürlichen Darstellungen. Die Entdeckung wurde gemacht, als ein zehnjähriger Junge in ein bis dahin noch unbekanntes Zimmer im Keller des Hauses gekrochen war. Dort fand man den Schatz, der nach Gedecken geordnet in einer genagelten Kiste lag. Jedes Stück war einzeln in grobes Leinen eingewickelt. Eine Analyse der Sammlung zeigt, daß sie aus den verschiedensten Perioden stammt und an verschiedenen Orten von verschiedenen Künstlern geschaffen wurde.

Die umfangreichen Funde beweisen, wie sehr sich italienische Sammler für griechische Gebrauchsgegenstände aus Metall interessierten, und daß sie bereit waren, hohe Preise dafür zu bezahlen, die nach dem Gewicht berechnet wurden, das häufig auf den einzelnen Gefäßen angegeben ist. 189 v. Chr. feierte Lucius Cornelius Scipio seinen Triumph über den syrischen König Antiochus III. Die Gefolgsleute Scipios brachten einen Silberschatz im Gewicht von 635 Kilogramm als Beute mit, und in den folgenden Jahren kamen weitere große Mengen von Silber nach Italien. Plinius berichtet, Goldarbeiten hätten niemandem zum Ruhm verholfen; das Metall, auf das es ankäme, sei vielmehr Silber, und viele berühmte Künstler hätten ihr Können bei der Bearbeitung dieses Materials unter Beweis gestellt. Die in Silber ausgeführten Reliefs zeugen oft von großer Meisterschaft, behandeln aber nicht immer allzu ernste Themen. Mit Olivenzweigen dekorierte Trinkschalen aus Boscoreale und andere Gefäße aus dem Haus des Menander, auf denen ländliche Szenen dargestellt sind, beweisen die gleiche Kunstfertigkeit wie Gemälde mit ähnlichen Motiven.

Es wurden aber auch dekorative Stücke aus anderem Material hergestellt, und eines der schönsten ist eine in einem Grabmal an der Porta Ercolano in Pompeji

Die blaue Vase aus Kameenglas, aus einem Grabmal vor der Porta Ercolano in Pompeji. Cupidos bei der Weinlese.

◁ Kopf des Apollo auf einem Silberspiegel im Schatz aus dem Hause des Menander, Pompeji.

gefundene Vase aus Kameenglas mit weißen Ornamenten auf blauem Grund. Wie auf Wandgemälden in dem später entstandenen Haus der Vettier übernehmen hier Putten die Rolle erwachsener Menschen. Das sind die barocken Cupidos, deren häufige Verwendung Ausdruck der für die Römer so bezeichnenden Kinderliebe ist. Auf der Vase sind sie mit der Weinlese beschäftigt. Einige pflücken die Trauben, andere zerstampfen sie in den Bottichen und keltern den Wein.

Welche Bedeutung die Weinlese in Pompeji hatte, werden wir im folgenden Kapitel zeigen.

Landwirtschaft, Handel und Gewerbe

7

In der näheren Umgebung von Pompeji und Herculaneum und an den Buchten von Neapel und Salerno gab es überall weitläufige Landhäuser, die sogenannten *villae urbanae*, in denen die Besitzer nicht während des ganzen Jahres lebten. Zu ihnen gehörten sehr oft landwirtschaftlich genutzte Räume (5. Kapitel). Daneben gab es eine zweite Kategorie von Besitzungen auf dem Lande: Gebäude, die man als Gehöfte und nicht als Herrenhäuser bezeichnen muß. Darin befanden sich aber doch luxuriös ausgestattete oder zumindest bequeme Wohnungen für den Besitzer, der bei seinen vorübergehenden Aufenthalten dort unterkommen konnte. Darüber hinaus bewohnte sein Verwalter – ein Freigelassener oder ein Sklave – eine weniger elegante Dauerunterkunft. Einen dritten Typus, über den Varro eingehend berichtet, gab es in Form des Bauernhauses. Hier lebte der bäuerliche Eigentümer das ganze Jahr.

Über das Leben auf den Bauernhöfen sind wir erst seit der Spätzeit der Republik einigermaßen gut unterrichtet, außerdem kennen wir nicht sehr viele. Ein solches landwirtschaftliches Anwesen hat man in Boscoreale gefunden. Der Innen- oder Wirtschaftshof dieser *villa rustica* war an drei Seiten von Säulengängen umgeben. Links lagen das Speisezimmer, die Schlafzimmer (wahrscheinlich von Sklaven bewohnt, denn die besten Schlafräume befanden sich meist im oberen Stockwerk) und sehr gut ausgestattete Bäder, in denen die Heizanlagen für das Badewasser vollkommen erhalten sind. Dahinter lagen Stallungen und die Küche (in solchen Bauernhäusern oft der wichtigste Raum). Ging man geradeaus über den Hof, kam man zu den Weinpressen. Rechts vom Hof lag ein offenes Geviert, wo der Wein reifen mußte (oft gab es auch noch einen zweiten Hof, auf dem das Vieh getränkt wurde). Dahinter befanden

Abb. 17: Villa La Pisanella (villa rustica) in Boscoreale.

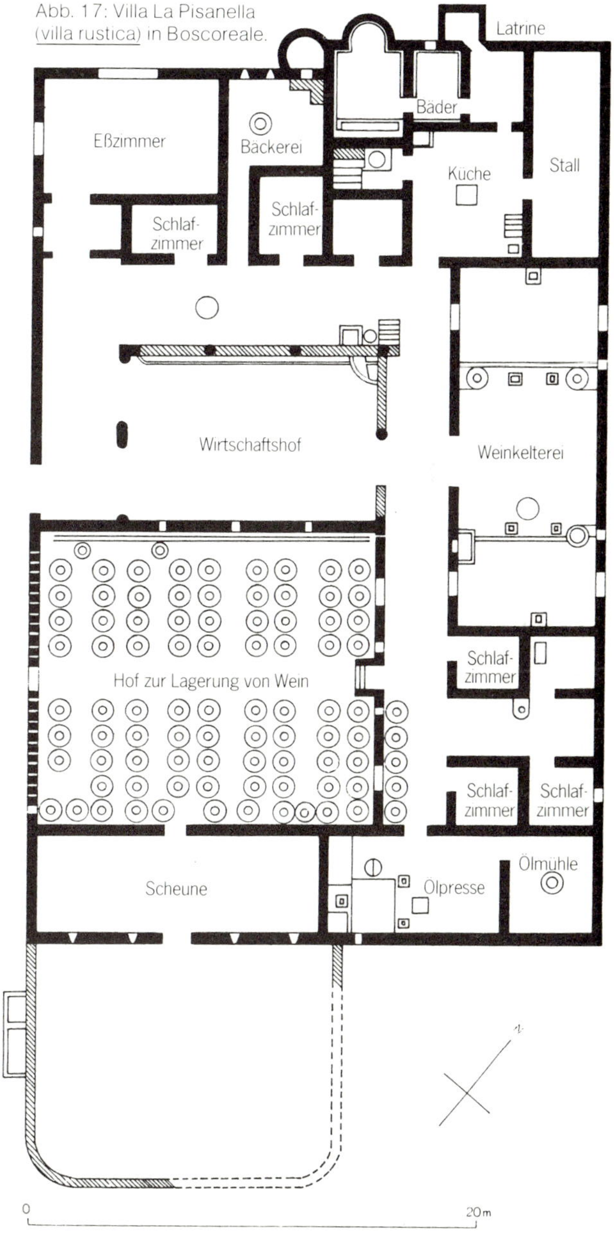

◁ »Kommt zu den Weinkrügen« *(Ad Cucumas)*. Laden eines Weinhändlers in der Hauptstraße von Herculaneum. Bei einigen Weinsorten ist sogar der Jahrgang angegeben.

sich weitere Schlafzimmer, Ölpresse und Ölmühle. Ganz rechts lagen Kornspeicher und Dreschplatz. Mit Ausnahme dieses offenen Platzes nahm das ganze Anwesen eine Fläche von 23,50 × 45,50 Metern ein.[1]

In der benachbarten Villa des Agrippa Postumus in Boscotrecase hat man eine Sklavenunterkunft für landwirtschaftliche Arbeiter freigelegt. Sie enthält 18 kleine Zimmer (die Zahl solcher Räume muß anderswo noch größer gewesen sein) und eine Gefängniszelle mit einem Block zum Fesseln des Gefangenen, die zum Glück nicht belegt war, als das Gebäude bei dem Vesuvausbruch verschüttet wurde.[2] Durch die Eruption wurden alle Landhäuser und Gehöfte in dieser Gegend zerstört, und zu ähnlichen Katastrophen ist es auch in den folgenden Jahrhunderten gekommen, zum Beispiel 1906, als der Lavastrom 100 Häuser unter sich begrub. In Reginna Minor (Minori), jenseits des Lattarigebirges an der Bucht von Salerno wurden die Landhäuser, die man in den Jahren 1950 bis 1954 ausgegraben hatte, durch eine Überschwemmung wieder verschüttet, dann aber zum Teil noch einmal freigelegt.[3]

Eine andere sogenannte Villa vor der Porta Vesuvio in Pompeji scheint in Wirklichkeit gar kein Landhaus gewesen zu sein, sondern nur ein Komplex aus einzelnen Unterkünften für landwirtschaftliche Arbeiter. Überall in der näheren Umgebung der Stadt gab es landwirtschaftliche Anwesen und kleine Dörfer oder ländliche Vorstädte. In drei Fällen haben sich ihre Namen feststellen lassen.[4] Ja sogar innerhalb der Stadtmauern hat man bei den jüngsten Ausgrabungen im Stadtteil Foro Boario nördlich des Amphitheaters einen großen Weingarten freigelegt (um die Wurzeln der alten Reben waren Löcher in der Erde, wie sie die italienischen Bauern auch noch heute für die Bewässerung der Weinstöcke graben). Aber der Wein-Anbau innerhalb der Stadtmauern muß eine Ausnahme gewesen sein. Die fruchtbaren unteren Hänge vor der Stadt und rings um den Vesuv waren

Läden in der Via dell'Abbondanza, Pompeji.

von zahlreichen mittelgroßen oder kleineren landwirtschaftlichen Anwesen besiedelt. Sie erzeugten Wein, Oliven und Getreide sowie eine hochwüchsige Kohlsorte mit dünnen Stengeln, für die Pompeji berühmt war. Daneben baute man Hanf, Mandeln und die verschiedensten Obstsorten an. Auf einem Bauerngehöft in der kleinen Landstadt Gragnano unweit von Stabiae stellte man Käse und Wein her. Hier hat man die am besten konstruierte Getreidemühle aus der Antike gefunden.[5]

Die Landwirtschaft war ohne Zweifel der wichtigste Erwerbszweig in der Gegend um den Vesuv. Es besteht kein Grund für die Annahme, daß der Boden in der Campania im 1. Jahrhundert n. Chr. erschöpft gewesen sei. Auch ist es unwahrscheinlich, daß, wie manche glauben, das Stärkerwerden des kapitalistischen Systems zu einer erwähnenswerten Landflucht geführt habe.

In Pompeji selbst hat sich das Geschäftsleben in frühester Zeit wahrscheinlich vor allem in dem Bezirk um das Forum abgespielt. Dann weitete sich das Geschäftsviertel zumindest schon im 2. Jahrhundert nach Nordwesten aus. Kleine, auf die Straßen hinausblickende Läden wurden in die Fassade und die Seitenmauern des schönen Hauses von Sallust eingefügt. In anderen Stadtteilen geschah das gleiche. Die Mieter waren entweder Fremde oder die eigenen Hausgenossen (clientes) und Sklaven des Besitzers. In den Stabianer Thermen entstand ebenfalls eine Ladenreihe, und im Lauf der Zeit wandelte sich die Hauptstraße, die Via dell' Abbondanza, und die strengen Fassaden der Wohnhäuser wurden durch Tavernen und Läden aufgelockert. Sie hatten dünne Trennwände, Jalousien, überhängende Balkone und Lagerräume in den oberen Stockwerken. Den besten Eindruck davon, wie ein solcher Laden ausgesehen hat, bekommt man im Haus mit dem Neptunmosaik in Herculaneum. Hier ist die Mauer auf der Straßenseite eingestürzt, und dahinter ist der Laden mit der gesamten Einrichtung freigelegt worden. Darüber

Laden eines Wein- und Getreidehändlers im Haus mit dem Neptunmosaik, Herculaneum.

Läden gegenüber dem Haus der Vettier in Pompeji.

Schild am Laden eines Weinhändlers oder Zunftzeichen der Winzer in der Nähe des Forums von Pompeji. Zwei Männer tragen eine Amphore.

hinaus vermieteten die Hausbesitzer ihre Räume nicht nur als Läden, sondern auch als Tavernen und Bäder. Eine Inschrift am Eingang des Hauses der Julia Felix besagt, die Bäder, die die Besitzerin anzubieten habe, seien »gut genug für Venus«.[6]

In Pompeji bewirkte der Handel den Ausgleich sozialer Unterschiede. Viele wohlhabende Familien beschäftigten sich damit. Vor allem verkauften sie ihre landwirtschaftlichen Erzeugnisse. Die Eigentümer vieler großen Stadthäuser hatten daneben auch landwirtschaftlichen Besitz. Die Vettier bauten zum Beispiel auf ihren Landgütern die verschiedensten Weinsorten an, und an der Ausgestaltung ihrer Häuser in Pompeji, wo wir die Putten bei der Weinlese sehen, erkennt man, daß sie sich dieses Gewerbes nicht schämten. Die Vettier waren zwar Neureiche,[7] aber die Inschriften auf den Weinkrügen zeigen, daß sich auch die meisten prominenten, alten samnitischen Familien in Pompeji mit dem Weinhandel beschäftigten.

Die Weinsorten aus der Campania nehmen auf der von Plinius zusammengestellten Liste italienischer Weine einen hervorragenden Platz ein, besonders die vom Vesuv.[8] Auf vielen Weinkrügen finden wir die Aufschrift ›Vesuvium‹ oder ›Vesvinum‹. Das sind die Vorläufer der ›Lacrima Christi‹, der Sorte, die heute auf diesen Hängen angebaut wird – wenn es auch überraschen mag, daß man einen so wohlschmekkenden Wein mit dem traurigen Namen ›Träne Christi‹ bezeichnet. Besteigt man den Berg, so wird einem, wie es im *Baedeker* steht, Lacrima Christi fast

in jedem Bauernhaus angeboten. Man sollte den Wein aber nicht vor dem Aufstieg trinken. Im Altertum gab es eine Weinsorte mit dem Namen ›Pompejana‹.[9] Das war ein in großen Mengen hergestelltes und sehr beliebtes Getränk, wenn auch Plinius meinte, dieser Wein dürfe nicht älter als zehn Jahre werden, und behauptete, sein Genuß verursache Kopfschmerzen, die bis zum Mittag des folgenden Tages anhielten.[10] Zweifellos gab es auch hier wie überall Qualitätsunterschiede. In einer Trinkstube der alten Stadt hat ein unzufriedener Besucher die folgenden Worte an die Wand gekritzelt: »Teuflischer Gastwirt, ersaufe in deinem wie Pisse schmekkenden Wein!«

In Boscoreale gab es einen geräumigen Landgasthof mit eigenem Weingut (und eigenen Graffiti),[11] aber auch in den Städten hat man sehr viele Weinstuben und Tavernen gefunden. In Pompeji sind bisher zwanzig solcher Lokale identifiziert worden, dazu 118 Bars – viel mehr als in Ostia, wo die Leute lieber in ihren Vereinslokalen und Klubs tranken.

Die Tavernen in Pompeji, die ebenso wie die Läden oft von den Hausbesitzern gemietet waren, hielten sich keine großen Weinvorräte. Sie wurden vielmehr aus den Weinkellern der Weinbauern vor den Toren der Stadt beliefert. Eine Kellerei in Boscoreale hatte

▷ Würfelspieler auf einem Wirtshausschild. »Ich habe gewonnen«, sagt der Mann links. »Es ist keine Drei, es ist eine Zwei«, erwidert der andere. (Auf dem Bild daneben wirft der Wirt beide aus der Tür.) Museum in Neapel.

eine Kapazität von mehr als 100000 Litern. In der Mysterienvilla waren die Weinkrüge in Stroh eingebunden wie die heutigen Chiantiflaschen. Die Tavernen der Stadt lagerten den Wein in großen, unten zugespitzten Tonkrügen, die in kühlen, gut belüfteten Räumen unter den Schanktischen aus mehrfarbigem Marmor aufgestellt wurden. Viele dieser Weinstuben wie auch die der Asellina, die am besten erhalten ist, schenkten heißen Wein aus, ein in der Antike sehr beliebtes Getränk. Bei Asellina hat man noch den mit einem Deckel verschlossenen Kessel gefunden, in dem der Wein erhitzt wurde.

Beim Vesuvausbruch blieb das Kleingeld aus Bronze hier in einer Schublade zurück. Wir wissen nicht, ob sich die Kellnerinnen noch in Sicherheit bringen konnten, aber wir kennen ihre Namen – Smyrna, Maria und Aegle. Dazu haben sie uns ihre Buchführung hinterlassen, denn auf den Wänden steht, wieviel einzelne Gäste ihnen schuldig waren.

»Suavis bittet darum, daß sein Weinkrug vollgeschenkt wird«, heißt es in einem Graffito an der Wand einer Weinstube, »und sein Durst ist gewaltig.« Neben dem Ausschank im Vorderzimmer gab es in manchen dieser Lokale auch Restaurants in den rückwärts gelegenen Räumen. In den daran anstoßenden Gärten konnten sich die Gäste von jungen Mädchen unterhalten lassen, die zu Flötenmusik und Kastagnettengeklapper tanzten. An den Eingängen hingen bemalte Wirtshausschilder. »Besuche das Haus mit dem Schild der Weinkrüge«, heißt es vor einer Weinstube in Herculaneum. Neben der Inschrift sieht man Bacchus und ein halbes Dutzend Weinkrüge, die jeweils eine andere Sorte enthalten. Oft sind auf den Schildern auch die Preise angegeben. Der berühmte Falerner aus der nordwestlichen Campania war der teuerste Wein.[12] Ein Weinlokal in der Nähe der Porta Nocera zeigt ein Schild mit einem Gladiator.

An der Weinstube des Salvius erkennt der Gast recht deutlich, was ihn erwartet. Hier sind Würfelspieler und streitende Gäste abgebildet, die am Schluß aus dem Lokal hinausgeworfen werden; denn trotz des offiziellen Verbots (das augenscheinlich nicht beachtet wurde) war das Glücksspiel in den pompejanischen Trinkstuben sehr beliebt – ebenso in den öffentlichen Bädern. Es gab sogar einen Verein der Würfelspieler. Auf einem Graffito heißt es: »In Nuceria habe ich beim Würfelspiel 855 Sesterzen gewonnen – ohne zu betrügen.« In einem Spielsalon in der Via Stabiana lesen wir an der Wand die Namen von zwei Frauen und den Betrag, den sie schuldig geblieben waren. Daneben sind Zinssatz und Tag vermerkt, an dem sie das Geld schuldig geblieben sind.

Das Weingut, das 100000 Liter Wein lagern konnte,

Ausschnitt aus einem Wandgemälde, das ein Gelage darstellt. Museum in Neapel.

Eine Olivenmühle aus Lava vom Vesuv, in der das Fleisch von den Kernen gelöst wurde. Die beiden durch eine hölzerne Querstange verbundenen Räder drehen sich um eine eiserne Achse, die in einem ausgehöhlten Steinbecken befestigt ist. Vor dem Museum in Pompeji.

Mühle und Bäckerei in Pompeji. Die Mühle besteht aus einem konischen unteren Stein als Drehachse und einem oberen, doppelt konischen Stein, der an zwei Stangen gedreht wurde. Links im Bild der Backofen. Museum in Pompeji.

besaß auch die Möglichkeit, 5910 Liter selbstgepreßtes Olivenöl unterzubringen. Im 2. Jahrhundert v. Chr., als der ältere Cato seine Schriften über die Landwirtschaft verfaßte, war die Campania ein wichtiges Anbaugebiet für Oliven. Damals war das in der Gegend von Pompeji ein bedeutenderer Erwerbszweig als heute. Aus dem in der Umgebung von Pompeji gebrochenen vulkanischen Gestein ließen sich ausgezeichnete Ölmühlen herstellen,[13] und die meisten Olivenbauern hier und bei Stabiae hatten eigene Ölpressen und -fässer. Das Öl wurde in die Stadt verkauft und dort in den vielen Küchen verwendet, die gekochte Mahlzeiten und Imbisse anboten, der Kunde konnte sie mitnehmen oder an Ort und Stelle verzehren wie an einem modernen kalten Büfett.

Von einigen dieser Lokale berichten antike Schriftsteller, sie seien sehr unsauber gewesen. Da jedoch die Küchen in den Wohnhäusern noch recht primitiv waren, machte man gern von dieser Einrichtung Gebrauch. Olivenöl wurde – wie Obst und Gemüse – auch in Lebensmittelgeschäften verkauft. In dem Laden des Neptunmosaik-Hauses in Herculaneum (siehe S. 193) hat man in großen runden Behältern noch einen ziemlichen Vorrat an Bohnen und Erbsen gefunden.

Ein anderes großes Gefäß war bis zum Rand mit Getreide gefüllt. Im 2. Jahrhundert v. Chr. gehörte Brot zu den Grundnahrungsmitteln (es diente auch als Löffel und wurde, wie schon erwähnt, in den Räumen verbrannt, um schlechte Luft zu vertreiben). Das Brot wurde aus recht feinem Mehl gebacken und nicht mehr aus Weizenschrot, aus dem man früher den Getreidebrei gekocht hatte. Man kannte bereits Gerste, und es gab wenigstens zehn verschiedene Brotsorten und sogar eine Art Hundekuchen.

In der Bäckerei des Modestus in Pompeji hat man in einem fast luftdicht verschlossenen Backofen 81 runde Brotlaibe gefunden, die jeweils in acht Segmente aufgeteilt waren. An die Stelle der Backöfen in den Privathäusern traten im Lauf der Zeit kleine oder mittelgroße Bäckereien *(pistrina).* Allein in Pompeji hat man 40 solche Betriebe festgestellt, einige in ehemaligen Wohnhäusern. Dort zerkleinerte man das Getreide in primitiven Mühlen, bereitete in einem besonderen Raum den Teig und backte das Brot in einem gemauerten Backofen.[14] In dem zur Bäckerei gehörenden Laden wurden die Backwaren verkauft. Der Vesuv war berühmt für die aus dem vulkanischen Gestein hergestellten Getreide- und Ölmühlen. Die Getreidemühlen bestanden aus einem hohlen Stein, der auf einen zweiten im Boden eingemauerten Stein gesetzt wurde. Das Mahlgut wurde in den oberen drehbaren Stein geschüttet, so daß das Korn zwischen beiden Steinen zerkleinert wurde. An dem oberen Stein waren zwei horizontale Stangen befestigt, vor die man Zugtiere spannte. Oft war der Raum aber selbst für einen Esel zu eng, dann mußten Sklaven diese Arbeit verrichten. Einer hat an die Wand einer Mühle die folgenden Worte gekritzelt: »Arbeite, arbeite und scheue keine Mühe!« Es war eine mühsame und unbeliebte Arbeit. Die Bäckereien verbreiteten außerdem einen sehr unangenehmen Geruch, denn die Kleie wurde als Schweinefutter auf die Straße geschüttet und verfaulte dort. Ein wichtiger Industriezweig Pompejis war die Wollindustrie. Das Lattarigebirge (Lactarii) am Südausläufer der Bucht von Neapel heißt in der Übersetzung ›Milchberge‹ wegen der großen Kuhherden, die dort weideten. Es gab aber auch unzählige Schafe, und die Bewohner der Campania hatten von den Samniten die Vorliebe für wollene Bekleidung übernommen. Die Wolle wurde in die Stadt gebracht und in einer der zahlreichen Manufakturen in ehemaligen großen Privathäusern verarbeitet. Sie wurde gewaschen, gekämmt, gewalkt und gefärbt,[15] entweder an einem Ort oder in mehreren Spezialbetrieben.

Auf einem Wandgemälde in der Textilfabrik des Lucius Veranius Hypsaeus, der seine Stoffe auf Säulen aus Ziegeln zwischen den korinthischen Säulen eines großen Atriums trocknen ließ, sind die einzelnen Arbeitsgänge bei der Tuchfabrikation dargestellt. Einer seiner Konkurrenten, Caecilius, hatte seine Geschäftsräume von der Stadt Pompeji gemietet und

▷ Schnitzwerk am Eingang des Hauses der Eumachia neben dem Forum in Pompeji. Hier hatte die Gilde der Tuchwalker ihren Sitz.

beauftragte einen seiner Freigelassenen mit der Leitung des Betriebs. Ein anderer Wollfabrikant trocknete seine Tuche im oberen Stockwerk seines Hauses und im Hof. In den Wänden sieht man noch Löcher für die Stangen, auf denen die nassen Stoffe zum Trocknen aufgehängt wurden. Neben dem Eingang fand sich eine Presse, die mit großen hölzernen Schrauben betätigt wurde. Im rückwärtigen Teil des Raumes standen kleine Bottiche zum Waschen der angelieferten Wolle und größere zum Spülen. Die Wollstoffe wurden mit Sodakarbonat, Pottasche, Walkerde und menschlichem Urin behandelt, der von Passanten geliefert wurde, die dazu die an die Wand gehängten Gefäße benutzten.[16] Gegenüber dem Betrieb des Stephanus befand sich die bemalte Ladenfront des Tuchhändlers Marcus Vecilius Verecundus. Auf seinem Ladenschild sieht man unter einer Venus Pompejana, die auf einem von Elefanten gezogenen Streitwagen steht, mehrere sein Handwerk betreffende Szenen sowie das Porträt seiner Gattin, die sich mit einer Kundin unterhält. Verecundus (oder einer seiner Nachbarn) stellte auch Filz her, der für Mützen, Umhänge, Hausschuhe, Schlafdecken und Pferdedecken verwendet wurde. Der Filz wurde in Weinessig oder einem ähnlichen Fixativ, das zunächst erhitzt werden mußte, von Männern, nackt bis zum Gürtel, in einem flachen Trog mit den Füßen gewalkt. Wenn das Material so imprägniert und verfilzt worden war, wurde es gepreßt und in Form gebracht, bis es die notwendige Festigkeit hatte.

In der Mitte der Stadt oberhalb des Forums hatten die Walker ihr Gildehaus, das reich verzierte Gebäude der Eumachia mit drei Apsen. Es stand in einem großen, von einer doppelstöckigen Kolonnade umgebenen Hof. In der mittleren Apsis gab es eine Statue der Livia, der Witwe des Augustus, die hier die *Concordia Augusta* und die Frömmigkeit verkörperte. Ihr war das Gebäude von Eumachia und deren Sohn geweiht worden. An dieser Stelle befand sich ein Wollmarkt, wie er später in Venedig entstanden ist. Vor der Porta Nocera liegt das prächtige Mausoleum der Eumachia. Als es ausgegraben wurde, war es fest verschlossen, aber die Asche der Eumachia fehlte. Was damit geschehen sein könnte, läßt sich nicht mehr feststellen. Nach allem, was wir in Erfahrung brachten, hat sie in der Stadt-Geschichte eine größere Rolle als irgendeine andere Frau gespielt. Die Damen in Pompeji besaßen oft sehr schönen und eleganten Schmuck aus Gold und Edelsteinen, und bei den Wahlen übten sie gelegentlich einen starken

Einfluß aus (8. Kapitel); aber es kam augenscheinlich nur selten vor, daß sich eine Frau aktiv am öffentlichen Leben beteiligte.

Oberhalb des Forums gab es ein weiteres wichtiges Geschäftszentrum, das *macellum*. Das war ein großer, offener Platz mit einem Portikus, Kaufläden, kleinen Tempeln, Auktionsräumen, einem Versammlungsraum für die Priester des Augustuskults (4. Kapitel), einer Wechselstube und Obst- und Gemüseständen. Vorbilder waren die *macella* in Rom (die nach Livia benannte) und der von Nero erbaute und auf einer seiner Münzen abgebildete Markt. In der Mitte des pompejanischen Marktes stand ein kleiner zwölfseitiger Kuppelbau mit einem Wasserbecken, das mit den Abwässerkanälen verbunden war. In dem Becken hat man Fischwaagen gefunden. Dies war demnach der Fischmarkt.

Ebenso wie in Herculaneum, wo Netze und Angelhaken ans Licht kamen, spielte die Fischerei in Pompeji eine große Rolle. In einem kürzlich ausgegrabenen Hausschrein gab es ein Gemälde, das Schiffe auf dem Sarnus zeigt.[17] Der Sarnus war damals schiffbar und wurde in vielen pompejanischen Häusern als Gottheit verehrt. Auf dem Gemälde sieht man Lastträger, die diese Schiffe beladen. Der größte Fischereihafen muß an der Flußmündung gelegen haben, etwa einen Kilometer vor der Porta di Stabia. Reste von Lagerhäusern und Gebäuden mit bemalten Wänden, an denen Weinkrüge lehnten, fanden sich auch in einem kleineren Hafen an der Küste. Hier lagen auch Skelette mit Goldschmuck; wahrscheinlich die sterblichen Überreste von Menschen, die vergeblich vor dem Vesuvausbruch zu fliehen versucht hatten.

Die Bewohner Italiens haben in der Antike Fisch, wenn er gut war, mehr geschätzt als jedes andere Nahrungsmittel. Eine pompejanische Spezialität war eine dem damaligen Geschmack entsprechend scharf gewürzte Fischsauce. Sie wurde folgendermaßen zubereitet: die Eingeweide von Sprotten oder Sardinen – die nicht eingesalzen werden konnten – wurden mit fein gehacktem Fischfleisch, Rogen und Milch vermischt, dann zerstoßen und verrührt. Diese Mischung stellte man in die Sonne oder an einen warmen Ort und schlug sie zu einem Brei, bis die Masse fermentierte. Wenn dieses *liquamen*, wie man es nannte, nach sechs Wochen durch Verdunstung eingedickt war, wurde es in einen Korb mit durchlässigem Boden gelegt, durch den der Saft langsam in eine Schale tropfte. Dieses Endprodukt, in Krüge gefüllt, war das berühmte *garum*. Die übrigbleibenden festen Bestandteile, die ebenfalls gegessen wurden, bezeichnete man als *allec*.[18] Es gab viele verschiedene Fischsaucen. In Pompeji handelte ein gewisser Zosimus mit den dafür geeigneten Behältern. Das bedeutendste Fachgeschäft hatte jedoch – wie man aus den Inschriften auf zahlreichen Krügen sieht – Marcus Umbricius Scaurus, ein öffentlicher Wohltäter und Veranstalter von Gladiatorenkämpfen, dem der Stadtrat vor der Porta Ercolano ein Mausoleum errichten ließ.

Der pompejanische Dichter Martial schreibt: »Papilus hat einen so starken Mundgeruch, daß sein Hauch jedes Parfüm in *garum* verwandelt.«[19] Nachdem wir soviel von den üble Gerüche verbreitenden Industrien in Pompeji gesprochen haben, ist es eine Erleichterung, sagen zu können, daß eine weitere Spezialität Pompejis und weiterer Städte an der Bucht die Herstellung von Wohlgerüchen gewesen ist. Rosen und andere Blumen gab es in Hülle und Fülle in den Gärten der Stadt und deren Umgebung, und darum hatte sich eine beachtliche Parfümindustrie entwickelt.[20] Auch die Vettier waren daran beteiligt, und die Putten auf den Wandgemälden in ihrem Speisezimmer beschäftigen sich damit.

Zu den anderen Gewerbetreibenden gehörten Obstbauern, Knoblauchpflanzer, Stellmacher, Holzarbei-

Ladenschild in Pompeji: Eine Prozession von Tischlern.

ter, Schreiner und Klempner (die sehr geschickt gewesen sein müssen). Es gab auch Lohnkutscher, deren Gefährte vor den Toren der Stadt auf Fahrgäste warteten. Auf den engen Straßen und dem Platz neben dem Amphitheater drängten sich die fliegenden Händler mit ihren Verkaufsständen.

In Pompeji ging es sehr lebhaft zu, seit sich die Stadt im 2. Jahrhundert v. Chr. zur Industriestadt entwickelt hatte. Die Verfasser vieler Graffiti bekennen freimütig, welchen hohen Wert man dem Gelde und dem Profit zuerkannte. Da heißt es: »Gewinn ist Vergnügen!« und »Willkommen sei der Gewinn!« Wie in den Nachbarstädten fand auch in Pompeji alle acht Tage ein großer Markt statt. In einem Laden hat

man den Zeitplan für die Märkte der ganzen Umgebung gefunden. Die einzelnen Ortschaften in diesem Gebiet hatten natürlich enge Handelsbeziehungen untereinander. So wurden die Pompejaner von Capua und vielleicht auch Neapolis mit Möbeln versorgt. Gebrauchsgegenstände aus Terrakotta bezogen sie von der Insel Pithecussae (Aenaria, Ischia), und die Glaswaren kamen aus den Ortschaften an dem campanischen Fluß Volturnus, dessen Sand zur Glas-Herstellung besonders gut geeignet war.

Die Pompejaner trieben aber auch lebhaften Handel mit weiter entfernt liegenden Gebieten, denn die Stadt lag außerhalb der Zollgrenzen von Neapolis und Puteoli, ein Umstand, der – wie die im 1. und

Schreibutensilien auf einem Gemälde in Pompeji. Museum in Neapel.

6. Kapitel erwähnten Beziehungen zu Ägypten zeigen – die Pompejaner nicht daran hinderte, sich besonders für die Seeverbindung nach Alexandria zu interessieren. Lampen wurden aus Norditalien eingeführt. Aus Gallien kam ein großer Teil der Töpferwaren,[21] und jüngste Ausgrabungen haben gezeigt, daß sogar spanische Keramiken eingeführt wurden. Das im Lande selbst hergestellte Öl und der vesuvianische Wein genügten den Pompejanern offenbar nicht, denn wie die Kaufleute aus Stabiae importierten sie Öl aus Südspanien[22] sowie Wein aus Spanien, Sizilien und Kreta. Man hat in Pompeji eine Statuette der indischen Glücksgöttin Lakschmi gefunden. Sie gehört zu einer Reihe von Gegenständen, die aus der Hauptstadt von Mathura, Kushana, südlich von Delhi, stammen und über einen indischen Hafen wie Barygaza (Broach, nahe Baroda) ihren Weg nach Italien gefunden haben müssen.

In alter Zeit war Pompeji von griechischen Kaufleuten als Umschlaghafen für ihre Exporte aus der Campania benutzt worden. Wahrscheinlich haben sogar schon die Etrusker ihre Waren hier auf Schiffe verladen. Was die Pompejaner jedoch selbst verkauften, ging im allgemeinen nicht so weit hinaus. Wir finden jedoch in Rom einige alte Fischsaucenkrüge und Möbelstücke aus Pompeji. Die in Pompeji gefundenen Münzen aus Massalia (Marseille) aus dem 4. Jahrhundert v. Chr. sowie einzelne Stücke von der Baleareninsel Ebusus (Ibiza), die etwa um das Jahr 5 v. Chr. geprägt worden sein können, sind vielleicht als Entgelt für pompejanische Exporte nach Pompeji gekommen.[23]

Besuchern, die dieses Geld mitbrachten oder selbst ihre Waren verkaufen wollten, bot die Stadt eine erstaunlich große Zahl von Hotels, viel mehr als man heute in einer vergleichbaren Stadt finden würde. Das größte bisher ausgegrabene Hotel an einer gewundenen Straße in der Nähe des Forums konnte fünfzig Gäste unterbringen. Es gab allerdings auch Vierbettzimmer. Die Räume im Erdgeschoß gruppierten sich oft zu beiden Seiten des Innenhofs. Auf der dritten Seite lag die Küche. Die Weinstube und das Restaurant befanden sich in anderen Gebäuden in nächster Nachbarschaft. Die beiden großen Hotels in der Nähe der Porta Ercolano und der Porta di Stabia hatten eigene Speiseräume, Schlafzimmer, Ställe, Wassertröge und Wagenschuppen. In dem Haus an der Porta di Stabia konnte man durch einen Nebeneingang diskret in die oberen Räume gelangen – eine praktische Einrichtung für Gäste, die Frauen mit hinaufnehmen wollten. Das wurde, wie wir aus den Graffiti sehen, von den Hotelbesitzern ohne weiteres geduldet. In einem verrufenen Stadtviertel von Pompeji hatte ein gewisser Sittius ein Hotel. Er gehörte einer alten campanischen Familie aus Nuceria an, die Julius Caesar einen Truppenführer mit recht zweifelhaftem Ruf gestellt hatte.

Wenn Pompeji auch ein sehr lebhafter Handelsplatz war, so ist das Geschäftsvolumen doch nie sehr groß gewesen. Beim Vulkanausbruch haben die Flüchtenden sicher alles mitzunehmen versucht, was Wert hatte; aber mehr als 69 Goldmünzen hat man bei keinem gefunden. Ein Mann, der in der Nähe des kleinen Theaters, des Odeon, zusammengebrochen war, trug sie bei sich. Auch die in den Häusern ausgegrabenen Geldsummen sind nicht sehr groß. Der Fund von 55 Gold- und 987 Silbermünzen ist eine Ausnahme. Sogar die in den Konten eingetragenen Summen sind recht bescheiden. Die meisten Eintragungen standen auf den 150 Wachstafeln aus einer zertrümmerten Kiste im Hause des Lucius Caecilius Jucundus, des reichen Bankiers und Auktionärs, dessen hervorragendes, lebendig wirkendes Porträt man noch im Museum von Neapel bewundern kann. (Vielleicht ist es auch das seines Vaters Lucius Caecilius Felix, der als Agent für Freigelassene das Vermögen der Adelsfamilie der Caecilier erworben hat.) Die Wachstafeln, die zu zweit oder zu dritt zusammengebunden und versiegelt waren, sind verkohlt. Aber die Schriftzüge auf dem Wachs haben sich auf den Holzplatten abgedrückt, in die sie eingebunden waren, und sind in das Holz eingedrungen. So hat sich fast jedes Dokument dieser Sammlung entziffern lassen. Meist sind es Quittungen über ausgeliehenes Geld, über Pachtzins für Ackerland und Viehweiden oder Dokumente über Handwerksbetriebe.[24]

▷ Der Bankier Lucius Caecilius Jucundus (oder sein Vater). Porträtkopf aus Bronze aus seinem Haus in Pompeji. Museum in Neapel.

202

Öffentliches Leben und Erotik in Pompeji

8

Bis in die letzten Stunden seines Bestehens hat es in Pompeji ein reges politisches Leben gegeben. Nach der Diktatur Caesars gab es in Rom gewöhnlich keine echten Wahlkämpfe vor der Besetzung des Konsulamts mehr, weil der Herrscher entweder hinter den Kulissen oder sogar ganz offen selbst die Kandidaten bestimmte. Auch in Herculaneum können wir kaum politische Aktivität feststellen. Aber in Pompeji lagen die Dinge anders. Die höchsten Beamten in der

◁ Säule aus phrygischem Marmor im Tempelbezirk des Apollo, von zwei *duoviri* (den höchsten Beamten der Stadt) gestiftet. Auf älteren Zeichnungen steht auf der Säule eine Sonnenuhr. Apollo war der Sonnengott.

▽ Karikatur eines Bürgers von Pompeji. Graffito in der Mysterienvilla.

Stadt, die *duoviri* und die *aediles,* übernahmen jedes Jahr am 1. Juli ihre Ämter, nachdem sie im vorangegangenen März gewählt worden waren. Schon Cicero hatte in der Spätzeit der Republik erklärt, es sei schwieriger, in den Stadtrat von Pompeji gewählt zu werden als in den römischen Senat; und auch zur Zeit des Kaiserreichs müssen die Anwärter auf die höchsten Posten in der Stadtverwaltung erbitterte politische Kämpfe ausgetragen haben. Wahrscheinlich war das in den meisten Gemeinwesen im Weströmischen Reich so, die eine Selbstverwaltung hatten, bis sie im 2. Jahrhundert n. Chr. allmählich ihre Autonomie verloren. Doch hier in Pompeji verstärkte sich wahrscheinlich die Heftigkeit der politischen Auseinandersetzungen, weil die Samniten auf eine starke demokratische Tradition zurückblicken konnten. Sie haben ihre Beamten seit jeher offen kritisiert, und ein politischer Redner im Roman des Petronius berichtet, wie diese Tradition in der campanischen Stadt, in der Trimalchio angeblich lebte, gepflegt wurde. Die Stadt ist wahrscheinlich Puteoli. »Niemand«, so sagt dieser Mann, »schert sich einen Dreck darum, wie sehr wir vom Getreide abhängen. Zur Hölle mit den Ädilen! Sie arbeiten Hand in Hand mit den Bäckern – wie du mir, so ich dir. Darunter muß der kleine Mann leiden . . . In dieser Stadt geht es bergab wie auf einem Kälberschwanz!«[1] Das ist die gleiche Unzufriedenheit, wie sie sich auf einem pompejanischen Graffito ausdrückt.

Das ist mein Rat: Verteilt die öffentlichen Gelder!
Sie liegen nutzlos nur in unseren Truhen . . .[2]

Die *duoviri* in Pompeji konnten gelegentlich Schlimmeres erleben als öffentliche Kritik. 59 n. Chr. sahen sie sich nach dem Krawall im Amphitheater zum Rücktritt gezwungen (3. Kapitel).[3] Das war zwar unangenehm, sie wurden aber nicht für die Vorkommnisse zur Verantwortung gezogen und mußten den Schaden nicht bezahlen. Häufig verlangte man das

von den höchsten Beamten der Stadt, die sich am leichtesten beliebt machen konnten, indem sie Gladiatorenkämpfe veranstalteten. Von einem pompejanischen Beamten erfahren wir sogar, daß er dem Stadtsäckel nach seiner Wahl eine hohe Geldsumme geschenkt hat. Ein Wandgemälde zeigt einen anderen Funktionär, der vor einer Bäckerei gratis Brot an die Bevölkerung verteilt.

Zunächst kam es aber darauf an, gewählt zu werden. Über den Wahlvorgang sind wir recht gut unterrichtet, denn die Hauswände in Pompeji sind mit Wahlpropaganda vollgepflastert. Fast 3000 Wahlplakate blieben erhalten. Mehr als die Hälfte betreffen die Wahlen im letzten Jahr des Bestehens der Stadt, 79 n. Chr., denn nach jeder alljährlich durchgeführten Wahl wurden diese Aufschriften abgewaschen, um Platz für neue Wahlaufrufe zu schaffen. Die Aufschriften wurden in roter oder schwarzer Farbe mit großen Buchstaben auf weiße oder mit weißen Buchstaben auf rote Gipsflächen gemalt. Dazu beauftragte man berufsmäßige Schriftenmaler, die außerdem die offiziellen Bekanntmachungen am Forum an die Wände schrieben. Bei diesen Bekanntmachungen ging es um verlorene Gegenstände, Sklavenauktio-

nen, polizeiliche Verordnungen und Gerichtsurteile gegen Kriminelle. Die Aufschrift auf einer Mauer nimmt den ganzen Raum unter drei Reiterstatuen ein. Einer dieser Schriftenmaler, Aemilius Celer, hat seinen Namen an die Wand seines Hauses gemalt. Wir finden auch Inschriften, welche diejenigen tadeln, die solche öffentlichen Verlautbarungen beschmieren.

Bei den Wahlen waren augenscheinlich alle erwachsenen männlichen Bürger stimmberechtigt. Sie gaben ihre Stimmen entweder einzeln oder in Gruppen ab. Während sich die Kandidaten selbst bescheiden der Stimme enthielten (im Gegensatz zu heutigen Gepflogenheiten), betätigten sich ihre ›Klienten‹, jene Männer, die jeden Morgen auf den Bänken vor ihren Häusern zu sitzen und sie zu besuchen pflegten, zugunsten ihrer Patrone. Darüberhinaus engagierten sich alle Zünfte und Berufsstände für bestimmte Kandidaten; auch Isispriester, Lastträger, Maultiertreiber, die Heizer in den Bädern und sogar Bettler.

Selbst die Frauen beteiligten sich am Wahlkampf, obwohl sie nicht stimmberechtigt waren und nur selten die politische Bedeutung einer Eumachia erreichten (7. Kapitel). Zu den weiblichen Wahlpropagandisten gehörten die Kellnerinnen in der Gastwirtschaft der Asellina und sogar die Dirnen. Einige Wahlslogans muten uns recht eigenartig an. »Die kleine Freundin des Claudius«, lesen wir, »arbeitet

◁ Ein pompejanischer Beamter sucht sich durch die Gratisverteilung von Brot beliebt zu machen. Museum in Neapel.

▽ Wahlpropaganda und Anzeigen für Gladiatorenkämpfe auf den Mauern an einer Straße, die zum Amphitheater von Pompeji führt.

für seine Wahl zum *duovirn*.« »Gib deine Stimme dem Lucius Popidius Sabinus«, heißt es an anderer Stelle, »seine Großmutter hat sich schon bei den letzten Wahlen für ihn eingesetzt und ist mit dem

Marcus Calatorius, ein prominenter Bürger der kleinen Stadt Herculaneum in der Aufmachung eines römischen Adeligen. Museum in Neapel.

Erfolg zufrieden.« Waren nun diese Aufschriften von der Opposition verfaßt worden, um Claudius und Popidius zu verhöhnen?[4] Man hat den gleichen Verdacht, wenn man die Inschrift auf einer Wand in einer Weinstube neben den Thermen des Forums liest, die besagt, ein gewisser Vatia werde von den »heimlichen Dieben«, der ganzen »Gesellschaft nächtlicher Trinker« und jedermann unterstützt, »der einen festen Schlaf hat«. Das mögen tatsächlich scherzhafte Bezeichnungen für Vereine und Klubs gewesen sein, denen irgendwelche Müßiggänger angehörten. Sogar die Kinder wurden von ihren Lehrern angehalten, sich am Wahlkampf zu beteiligen: »Der Lehrer Sema mit seinen Knaben empfiehlt Julius Simplex für dieses Amt.« Gelegentlich erfahren wir, daß ein Kandidat von einem prominenten Bürger unterstützt wird. Dann wieder wird der Prominente aufgefordert, es zu tun. »Proculus, mache Sabinus zum Ädilen, dann wird er für dich das gleiche tun.«

Viele Porträtbüsten vermitteln uns einen Eindruck vom Aussehen der Männer, die gewählt wurden. Wie die gemalten Porträts in Pompeji entsprechen sie dem hohen Niveau, das griechische, italienische und östliche Künstler in den Jahrhunderten um die Zeitenwende erreicht hatten. Der levantinische Philosoph Philodemus, der in dieser Gegend lebte (4. Kapitel) hat psychologische Essays geschrieben[5], und die Büste des Lucius Caecilius Jucundus oder seines Vaters (7. Kapitel) könnte eine Illustration zu einem solchen Essay sein. Die harten Gesichtszüge von zwei prominenten Bürgern der Stadt Herculaneum, Lucius Mammius Maximus, der der Stadt den überdachten Markt zum Geschenk machte, und Marcus Calatorius, schockierten den Archäologen Winckelmann im 18. Jahrhundert, weil sie so gar nicht dem klassischen Ideal entsprachen, wie er es sich vorstellte.[6] Der Künstler hat sich hier sicher darum bemüht, diesen würdigen Männern das erhabene Aussehen römischer Senatoren zu verleihen. In Wirklichkeit haben die großen Männer in Pompeji und Herculaneum, ob sie nun zum alten Adel oder zur Kaufmannsklasse gehörten, die mit der Zeit immer mehr Einfluß gewann, in Rom wahrscheinlich nur wenig oder gar nichts zu sagen gehabt – nicht einmal in Neapolis oder Puteoli. Zwar übernahm Lucilius Junior, an den Seneca seine *Moralischen Briefe* geschrieben hat, ein wichtiges Amt, aber es war ein ungewöhnliches Glück, wenn eine Frau aus dem pompejanischen Hause der Poppaeer eine Tochter gebar, die der Kaiser Nero zur Frau nahm: Poppaea.

Dieses Porträt stellte wahrscheinlich einen Vorfahren des augusteischen Besitzers dieser Silberschale dar. Aus dem heute im Louvre befindlichen Silberschatz aus Boscoreale.

Sie war in ihrer Heimatstadt augenscheinlich recht beliebt, ebenso Nero, der eine besondere Vorliebe für diesen Küstenstrich und für Neapolis hatte. »Glück für die Entschlüsse Neros . . . des Kaisers und der Kaiserin!« – »Primogenes gedenkt in seinen Gebeten des Nero Caesar.« – »Campylus wünscht der Poppaea gute Gesundheit.«[7] Aber auch für Octavia, die ermordet wurde, um ihr Platz zu machen, wird ein gutes Wort eingelegt: »Ich bitte dich, o Gott, sei gnädig der Octavia, der Gattin des Kaisers.« Man stellt jedoch hin und wieder eine gewisse Unehrerbietigkeit in solchen Äußerungen fest. In der Villa des Agrippa Postumus in Boscotrecase hat irgend jemand die gefährliche Bemerkung an die Wand geschrieben: »Die Mutter des Caesar Augustus war ein menschliches Wesen.« Das Herrscherhaus, das behauptete, von dem Trojaner Aeneas abzustammen, hätte sich wahrscheinlich auch nicht über ein Gemälde in Stabiae gefreut, auf dem der Held, sein Vater und sein Sohn mit Hunde- oder Affenköpfen dargestellt waren. Ein angeblich aus Pompeji stammender silberner Becher zeigt männliche Liebespaare, die unverkennbar die Gesichtszüge von Angehörigen der kaiserlichen Familie tragen.[8]

Charakteristisch für die Graffiti überall auf der Welt ist, daß sie sich mit sexuellen Themen beschäftigen. Das trifft in besonderem Maß auf die Inschriften zu, die mit Griffeln, Eisennägeln, Holzspänen oder Zahnstochern auf die Wände in Pompeji gekratzt wurden. Einigen Bürgern war das nicht recht, wenn sie ihrem Unwillen gelegentlich auch in gleicher Weise Ausdruck verliehen haben.

Ich staune, Wand, daß du nicht einstürzt
Unter dem Gewicht dieses ganzen Unsinns.[9]

Ein gewisser Septumius bedient sich des gleichen Mediums, um gegen jeden, der im Vorübergehen seine Worte liest, obszöne Angriffe zu richten. Vielen Hausbesitzern paßte es nicht, daß ihre Mauern so mißbraucht wurden, und sie brachten an ihren Häusern Inschriften an, mit denen sie jeden bedrohten, der es wagen sollte, die Wände zu verschmieren. Solche Proteste waren vergebens, und jede freie Fläche wurde mit den Graffiti bedeckt. Sie beschäftigten sich mit allen denkbaren menschlichen Belangen, besonders aber mit jedem Aspekt des Gefühlslebens und der Erotik. Es ist rührend, an der Wand eines Hotelzimmers zu lesen, daß Vibius Restitutus hier allein geschlafen hat und sich nach seiner Urbana

sehnte. Man überlegt sich aber, ob es derselbe Mann ist, der an anderer Stelle schreibt, er habe »viele Mädchen verführt«. Staphylus hat sich an zwei Stellen verewigt: an der einen hatte er ein Rendezvous mit einer gewissen Romula, an der anderen wollte er sich mit einer Quieta treffen. Virgula sagt dem Tertius, daß sie ihn für abstoßend häßlich hält. Livia (sicher nicht die ehrbare Witwe des Augustus) fragt Alexander, ob er wirklich glaubt, es werde ihr etwas ausmachen, wenn er morgen tot umfiele. Manchmal haben die Inschriften einen romantischen Unterton: »Noete, Licht meines Lebens, lebe wohl, lebe wohl; auf ewig lebe wohl!« Weniger romantisch ist die Frau gestimmt, die schreibt: »Fortunatus, du süßer kleiner Schlingel, du großartiger Bock, dies hat eine geschrieben, die dich kennt!« Am Eingang der Latrine im Hause des Loreius Tiburtinus hat sich jemand veranlaßt gesehen, zu erklären: »Möge ich immer und überall bei den Frauen so leistungsfähig sein, wie ich es hier gewesen bin.« Häufig findet man auch Aussagen über das, was der Schreiber von der Liebe erwartet. Wenigstens sechs Inschriften vergleichen brünette und blonde Mädchen. Andere äußern sich in verschiedenster Weise zu dem gleichen Thema.

Schamhaare muß ein Mädchen haben,
nicht kahlgeschoren soll sie sein;
So schützt sie dich vor grimmiger Kälte,
schlüpfst du zu ihr hinein.[10]

In den Bädern finden wir eine reiche Auswahl von Graffiti. Der Xanthe wird verraten, wie gut es der Masseur versteht, einen zu kitzeln, und Colepius, der Aufseher in den Thermen des Forums von Pompeji, wird beschuldigt, sich gegenüber Frauen zu viele Freiheiten herauszunehmen. Im Hinterzimmer der Vorstadt-Thermen von Herculaneum findet man eine etwas rätselhafte Inschrift: »Der Kellner Apelles nahm hier eine sehr angenehme Mahlzeit mit Dexter, der Sklavin des Kaisers ein, und sie hatten zugleich einen Koitus.« Oder soll es heißen »zusammen«? Die Philologen sind sich in diesem Punkt nicht einig. Homosexuelle Inschriften sind keine Seltenheit. Manchmal lassen sie sich aber auch so deuten, daß heterosexuelle Beziehungen gemeint sind, denn es ist eine Besonderheit der zahlreichen obszönen Bilder in Pompeji (die man in einem geschlossenen Raum des Museums in Neapel besichtigen kann), daß häufig eine dritte Person bei dem Koitus zugegen ist. Philodemus, der Philosoph und Dichter aus Herculaneum, verurteilt diese Gewohnheit zwar, daß sie aber in diesem Teil der Welt nichts Ungewöhnliches war, beweist der Roman des Petronius. Dieses Thema wird nicht nur auf Gemälden, sondern auch in den Graffiti behandelt. Die antiken Inschriften sind den modernen in der Ausführung oft überlegen. Dabei muß man allerdings berücksichtigen, daß es heute technisch schwieriger ist, an gekachelten oder Beton-Wänden und gefirnißten Türen der Bedürfnisanstalten etwas zu zeichnen oder zu schreiben.

Die obszönen Wörter aus der lateinischen Sprache findet man überall. In den Verzeichnissen, die man gewissenhaft vom Wortschatz aller Graffiti angefertigt hat, kehren einige dieser Ausdrücke sechzig- oder siebzigmal wieder. Die Osker, die in alter Zeit in dieser Gegend lebten, erfreuten sich des Rufs besonderer Obszönität, doch wahrscheinlich hätte man solche Inschriften in allen antiken Städten gefunden, wenn die Graffiti dort ebenso erhalten geblieben wären wie in Pompeji.

An der Rampe, die zum Haus des Telephus-Reliefs in Herculaneum hinaufführt, stehen die Worte: »Portumnus liebt Amphianda, Januarius liebt Veneria. Wir beten zu Venus, du mögest uns im Gedächtnis behalten, nur darum bitten wir dich.« Auch in Pompeji zieht sich durch alle Graffiti wie ein roter Faden die Auffassung, daß jeder das Recht hat, zu lieben und geliebt zu werden, und das mit einer solchen Leidenschaft, wie wir sie in den heutigen Inschriften vermissen. Hier zeigte sich, daß Venus nicht umsonst die Schutzherrin dieser Stadt war.

Ein Aspekt dieser engen Beziehungen zur Göttin der Liebe war die stark verbreitete Prostitution. Nur wenige heidnische Schriftsteller der Antike haben sich über diese Zustände beklagt. Ein Bordell in Pompeji (das Frauen heute normalerweise nicht betreten dürfen) ist voll von obszönen Wandgemälden und Graffiti. Die letzteren drücken meist die Erwartungen der Kunden, ihre Prahlereien oder ihre Enttäuschung aus.[11] In seinem Buch *Present State of Pompeji* (1949) bemängelt Malcolm Lowry, diese Bordelle seien sehr eng gewesen, und man habe den Eindruck, sie seien »für lüsterne Zwerge gebaut«. An vielen Stellen der Stadt, so auch im Vestibül des Hauses der Vettier, gibt es Inschriften über die Preise, die die Mädchen für ihre Dienste verlangten. Nach heutigen Maßstäben war das Vergnügen recht billig.[12] Auch in Hotels, Bars und Bädern wurden solche Dienste angeboten, und im Roman des Petronius ist viel von Prostitution die Rede.

Er erwähnt auch immer wieder ein zweites, in Pompeji oft angetroffenes Phänomen, den Phallus. In dem *Satyricon* des Petronius dreht sich die Handlung um den Gott der Gärten, Priapus, der meist mit einer starken Erektion dargestellt wird. Petronius parodiert Homers »Zorn des Poseidon gegen Odysseus« und deutet an, sein impotenter Antiheld habe unter dem Zorn des Priapus zu leiden. Das Phallus-Thema

Ein Phallus als Glückssymbol über einem Hauseingang in Pompeji.

kehrt in seinem Buch immer wieder. In Pompeji stößt man überall auf das Phallussymbol. Erigierte Penes auf Gemälden und an Skulpturen trifft man in jedem Teil der Stadt (viele dieser Kunstwerke befinden sich heute in Neapel). Diese bis zu vier Fuß langen Phallus-Darstellungen erscheinen auf den Türschildern der Bordelle, Tavernen und Läden, auf Färberbottichen, über Haustüren, an Statuen, die die Brunnen schmückten, an Lampen, Klingelzügen und Saucenschalen, an den Satyrn, aus denen die Beine von Bronzedreifüßen bestehen und natürlich auch in den Graffiti. Unter einer solchen Zeichnung in einem Stehausschank lesen wir: »Gehe vorsichtig damit um!«

Es wäre falsch zu behaupten, diese Phalli seien nur obszön. Da jeder Bürger Pompejis sie an jedem Tag seines Lebens vor Augen hatte, sind sie Ausdruck einer Haltung, die in der Sexualität nichts Geheimnisvolles erblickte und auf diesem Gebiet keine besonderen Hemmungen kannte. Sie waren zudem Symbole der Fruchtbarkeit der Natur, und unfruchtbare Frauen trugen den Phallus als Amulett. Vor allem schützte der Phallus gegen den bösen Blick (getarnt als Ochsenhörner gibt es dieses Symbol auch noch heute – in Handtaschen, an Schlüsselketten oder als Amulette Kindern oder Pferden um den Hals gehängt). Es ist verständlich, daß man im Europa des 18. und besonders des 19. Jahrhunderts nach der Entdeckung dieser Embleme in den Städten am Vesuv allgemein angenommen hat, die Menschen dort seien besonders verderbt gewesen. Auch die Auffassung des berühmten Schulmeisters Dr. Thomas Arnold, der 1840 gesagt hatte, die Bucht von Neapel sei der Schauplatz »eines furchterregenden Dramas der Sinnesfreuden, der Sünde und des Todes«, schien sich dadurch zu bestätigen. Sein Sohn Matthew Arnold glaubte, das Leben in den beiden Städten sei so stark von Sinnlichkeit und Wollust beherrscht gewesen, daß es »uns ermüden und abstoßen würde«. Diese sehr einseitige Auffassung, nach der das Leben in Pompeji eine fast unaufhörliche Orgie gewesen sein muß, hat ungezählte Romanschriftsteller und Filmautoren angeregt.

Wenn wir die Graffiti genau betrachten, dann sehen wir, daß die Verfasser vieler Inschriften recht gebildete Leute waren, was man von den Autoren heutiger Wandkritzeleien nicht behaupten kann. Die Tatsache, daß sogar die primitivsten Gefühle in einer irgendwie gehobenen Sprache Ausdruck fanden, ist allerdings an sich noch kein Beweis für eine hohe Kulturstufe.

Ich hoffe, Chius, deine Hämorrhoiden sind wieder aufgerissen!
Auch wünschte ich, sie mögen brennen mehr als je zuvor![13]

Aber manchmal sind die Verse auch poetischer und romantischer. Im 4. Kapitel haben wir eine solche romantisch-nostalgische Strophe zitiert. Besonders lyrisch sind die Inschriften auf den Mauern der Basilika von Pompeji. Damit bestätigt sich der Ausspruch Martials, die freien Flächen an den Wänden seien die einzige Hoffnung für einen armen Poeten, dessen Werke noch nicht veröffentlicht wurden.[14] Bemerkenswert ist aber auch die Tatsache, daß die großen Dichter oft zitiert werden. Wir lesen Zitate aus Tibullus und Ovid, und eine Zeile aus Vergils »Alle schwiegen . . .« bricht in der Mitte eines Wortes ab. Wurde der Schreiber vom Vulkanausbruch überrascht? Wir finden auch griechische Inschriften. Im größten Laden von Herculaneum hat jemand ein Zitat aus den Schriften des Diogenes an die Wand geschrieben. Heute würde uns das seltsam berühren. Moderne Verfasser von Wandkritzeleien finden kaum Geschmack an Wittgenstein oder T. S. Eliot. Aus der Höhe der Inschriften an der Wand kann man feststellen, daß manche Klassikerzitate – wenn auch nur ein relativ kleiner Prozentsatz – von Kindern an die Wände geschrieben wurden, die sich mit ihrem Wissen großtun wollten. Andere Kinder haben sich recht abfällig über ihre Lehrer geäußert, und am Haus der Silbenen Hochzeit in Pompeji lesen wir, wer Cicero nicht möge, müsse unbedingt mit der Prügelstrafe rechnen.

◁ Die Beine dieses Dreifußes stellen sexuell erregte Satyrn dar. Aus einem Haus in Pompeji. Die Darstellung solcher Erektionen finden wir überall in der pompejanischen Kunst.

Epilog

Es hat lange Zeit gedauert, bis man endlich daranging, Teile der verschütteten Städte freizulegen. Wie im zweiten Kapitel berichtet, hat man sich zunächst darum bemüht, die Bewohner an anderer Stelle anzusiedeln, und nicht versucht, die unter dem Lavastrom liegenden Ortschaften auszugraben oder wieder aufzubauen. Doch in den allerersten Tagen nach dem Vulkanausbruch, bevor sich die Kruste überall vollständig verhärtet hatte, waren Versuche unternommen worden, noch etwas aus dem von der Katastrophe heimgesuchten Gebiet zu retten.

In Herculaneum geschah nichts dergleichen, denn hier war die Lage hoffnungslos; aber in Pompeji gruben die Überlebenden Schächte in die Lava und ließen sich dabei von den Dächern der verschütteten Häuser leiten. Sie bargen einige Juwelen und anderen Schmuck sowie Möbel, Geld und Dokumente. Auch viele Statuen und ein Teil der Marmorverkleidung am Forum wurden gerettet.

Die ersten Ausgräber haben Graffiti zurückgelassen. Vielleicht sind es sogar Räuber gewesen, die nach Beute suchten. »Eingebrochen« lautet eine Inschrift (in lateinischer Sprache, aber mit griechischen Buchstaben). An dieser Stelle wurde jedoch eine wertvolle Skulptur zurückgelassen. Anderswo finden wir einen düsteren Vers: »Es waren fünfzig, und sie liegen noch immer am gleichen Platz.«

Gelegentlich haben die Inschriften einen moralisierenden Ton: »Der Becher, aus dem die Hure ihr Trankopfer spendete, ist jetzt von Steinen und Asche bedeckt.« Ein anderer Schreiber, vielleicht ein Jude oder Christ,[1] erwähnt »Sodom und Gomorrha«. Im Osten verbreitete sogenannte Sibyllinische Orakel erklärten – unter jüdischem Einfluß –, der Feuersturm sei eine gegen Kaiser Titus, der Jerusalem zerstört hatte, gerichtete Strafe Gottes.[2] Und der Verfasser eines in jüngster Zeit in Ägypten aufgefunde-

nen Papyrus, der *Apokalypse des Adam,* denkt an diese Katastrophe (und vielleicht den Bericht des Plinius darüber), wenn er prophezeit, daß Feuer, Lava und Asphalt vom Himmel regnen würden.[3] Die römischen Dichter jener Zeit verliehen ihrem Schrekken darüber, was hier geschehen war, lebhaften Ausdruck.

Statius aus Neapel sagt, Jupiter habe die Eingeweide des Vesuv herausgerissen, sie zu den Sternen emporgehoben und dann auf die Opfer hinuntergeschleudert. Aber Martial meinte, selbst die Götter hätten nicht gewagt, etwas so Fürchterliches zu tun.[4]

Anderthalb Jahrtausende später, im Jahr 1594 hatte Graf Muzio Tuttavilla die Idee, den Sarno in der Nähe der Küste zu seiner Villa bei Torre Annunziata umzuleiten. Als Arbeiter den unterirdischen Kanal ausschachteten, stießen sie auf mit Gemälden und Inschriften bedeckte antike Mauern. Sie machten den leitenden Architekten, Domenico Fontana, darauf aufmerksam. Eine Inschrift bezog sich auf einen Stadtrat in Pompeji *(decurio Pompeiis).* Aber der bedeutende Umstand, daß die Inschrift auch den Namen des bisher unbekannten antiken Ortes angab, wurde übersehen.

1709 begannen die zerstörerischen Ausschachtungsarbeiten von D'Elboeuf in Herculaneum (3. Kap.).

1738 fing man an, planmäßiger auszugraben. Nun konnte Horace Walpole »vielleicht eine der edelsten Sehenswürdigkeiten, die je entdeckt worden sind« finden. Er schrieb: »In der ganzen Welt kennt man nichts Gleichartiges.«

1775 wurde die Akademie von Herculaneum gegründet, und zwei Jahre später begannen die Mitglieder der Akademie, finanziell unterstützt von König Karl von Sizilien und Neapel, dem späteren Karl III. von Spanien, mit ihren Publikationen, in denen sie auch über die beeindruckenden Funde in der Villa der Papyri berichteten.

◁ Überlebensgroße Statue einer Frau an der Gräberstraße in Pompeji. Heute im Museum von Pompeji.

Auch die Ausgrabungen in Pompeji hatten jetzt begonnen, als 1748 der spanische Pionieroffizier Roque de Alcubierre bei der Besichtigung des Fontana-Kanals zu dem Schluß kam, er sei auf Spuren einer großen Anlage gestoßen. So machte er mit vierundzwanzig Erdarbeitern, zu denen zwölf Sträflinge gehörten, die ersten Spatenstiche über dem Tempel der Fortuna Augusta. Am 20. August 1763 ließ sich die Ausgrabungsstelle identifizieren, denn man stieß auf eine Inschrift, die die Worte »das Staatswesen der Pompejaner« *(respublica Pompeianorum)* enthielt.

Die Wirkung all dieser Entdeckungen auf die Künstler in Westeuropa war gewaltig, ließ aber eine Zeitlang auf sich warten.[5]

Im Vorwort haben wir von dem entscheidenden Einfluß gesprochen, den Johann Winckelmann auf diese Entwicklung genommen hat. Für sein Studium des klassischen Altertums waren die neuen Funde eine Offenbarung. Man nahm ihm jedoch die Kritik an der Akademie von Herculaneum übel, der er Langsamkeit und Ungenauigkeit vorwarf und die er später in seiner *Sendschrift von den herculanischen Entdeckungen* (1762) und in der *Nachricht von den neuesten herculanischen Entdeckungen* (1764) aufnahm. Lange Zeit hinderte man ihn daran, die Ausgrabungsstätten zu besuchen und sich dort Notizen zu machen. Allerdings war er im Jahr 1764 zugegen, als man im Haus der Julia Felix die Mosaiken fand, die den Namen Dioscurides trugen.

Aber auch Winckelmann konnte sich täuschen lassen, denn er glaubte zum Beispiel, das abgeschmackte pompejanische Gemälde von Anton Raphael Mengs (1758–1759) ›Jupiter und Ganymed‹ sei ein Original. Es war aber vor allen anderen Winckelmann, der die übrige Welt auf die Bedeutung dieser Ausgrabungen aufmerksam gemacht hat.

Blick auf einen Vulkanausbruch von See her.

»Es ist eine Arbeit, bei der man dreitausend Mann anstellen sollte«, erklärte der junge Kaiser Joseph II. von Österreich bei einem Besuch von Pompeji wenige Jahre später. »Es gibt nichts Ähnliches in Europa, Asien, Afrika oder Amerika!« Der jugendliche Monarch ließ sich auch nicht – wie später ein König von Württemberg und andere Fürstlichkeiten – durch die ›Entdeckungen‹ täuschen, die ihm zuliebe während seines Besuchs gemacht wurden.

Goethe war von den Ausgrabungen am Vesuv entscheidend und tief beeindruckt. Allerdings veranlaßte ihn der Anblick der durch den Vesuvausbruch angerichteten Zerstörungen dazu, von dem »wunderlichen, halb unangenehmen Eindruck dieser mumisierten Stadt« zu schreiben. Aber nach seinem zweiten Besuch meinte er: »Ich weiß nicht leicht etwas Interessanteres ... Ein herrlicher Platz, des schönen Gedankens wert.«

In Herculaneum wurde er ein wenig chauvinistisch, denn er schreibt: »Jammerschade, daß die Ausgrabungen nicht durch deutsche Bergleute recht planmäßig geschehen; denn gewiß ist bei einem zufällig räuberischen Nachwühlen manches edle Altertum vergeudet worden.«[7]

Nachdem die ersten Entdeckungen gemacht worden waren, brachte man die aufgefundenen Gegenstände im königlichen Palast von Portici unter, der nach 1739 erweitert wurde. Aber 1790 brauchte man mehr Raum für die immer größer werdende Menge der Schätze und unternahm die ersten Schritte, um das Gebäude in Neapel umzubauen, das heute das Nationale Archäologische Museum beherbergt.[8] Die Ausgrabungen in Pompeji und Herculaneum gingen zur Zeit der napoleonischen ›Parthenopäischen Republik‹ (1799) weiter, wurden unter Murat (1806–1815) intensiv fortgeführt, ebenso in den fol-

Erkaltete Lavamassen im Atrio di Cavallo zwischen den beiden Gipfeln des Vesuv nach dem Ausbruch im Jahr 1897.

genden zwei Jahrzehnten der bourbonischen Restauration. Giacomo Leopardi bedauerte den Umstand, daß ein so großer Teil von Herculaneum unter der modernen Stadt Resina lag. Madame de Staël beschäftigt sich in ihrem Reiseroman *Corinne ou l'Italie* (1807), den man als den schlechtesten großen Roman bezeichnet hat, der je geschrieben wurde, mit Pompeji. Das ›Haus des Glaucus‹ in Bulwer Lyttons *Die letzten Tage von Pompeji* (1834) hat das Haus des tragischen Dichters zum Vorbild. Dieser berühmte Roman, zu dem der Verfasser durch einen Besuch der Ausgrabungsstätten und ein Gemälde, das er in Mailand gesehen hatte, angeregt wurde, verdanken wir zum Teil vielleicht auch einer Anregung von Marguerite (Lady) Blessington, einer berühmten Schönheit (die Lawrence porträtiert hat), die die Gegend gut kannte und später das Buch *The Idler in Italy* verfaßt hat. Einen großen Teil seines Materials verdankte Lytton dem volkstümlichen Buch *Pompeiana* des vornehmen Reisenden Sir William Gell. Ihm hat er sein Werk gewidmet.

Im Erscheinungsjahr des Romans von Lytton schrieb Joseph Méry aus Marseilles ein Gedicht über die Zerstörung von Herculaneum, aus dem er später das Libretto für eine Oper mit der Musik von Félicien David gemacht hat.

Ludwig von Bayern, ein häufiger Besucher von Pompeji, baute in Aschaffenburg das Haus der Dioskuren nach.

Auch Sir Walter Scott kam im Jahre 1833 nach Pompeji und hat immer wieder von der ›Totenstadt‹ gesprochen.

1838 besichtigte Königin Viktoria die Ausgrabungen.

Der spätere Kaiser von Mexico, Maximilian (1851), sagte: »Dieser Ort mit seinen Ruinen ist zwar reizvoll, aber auch furchterregend. Die kleinen Räume mit ihren grellen Farben leuchten wie bemalte Leichen.«[9]

Im Revolutionsjahr 1848 bildete Guiseppe Fiorelli seine zwanzig Ausgräber als Artilleristen aus und wurde vorübergehend festgenommen. Doch nach 1864,[10] nach der Vereinigung des neapolitanischen Königreichs mit Italien, übernahm er den Posten des Kurators. Unter seiner Leitung gingen die Ausgrabungen systematisch weiter. Er wurde vor allem dadurch bekannt, daß er eine neue Technik entwickelte: die von den Leichen hinterlassenen Hohlräume mit Gips auszugießen (s. 2. Kapitel). Alle Bemühungen von Charles Waldstein (Sir Charles Walston), die Ausgrabungen von Herculaneum auf eine internationale Basis zu stellen, scheiterten (1904). Die fast vierzig Jahre dauernden Arbeiten des bekannten italienischen Archäologen Amedeo Maiuri, die 1924 in Pompeji und 1927 in Herculaneum begannen, machten gewaltige Fortschritte. Er wendete verbesserte Methoden an und setzte elektrische Bohrmaschinen und mechanische Bagger ein. Maiuri war entschlossen, die Funde nach Möglichkeit an Ort und Stelle zu lassen und nicht an Museen abzugeben, denn er wollte ein genaues Bild davon vermitteln, wie die antiken Häuser und Gebäude während der verschiedenen Perioden ihres Bestehens ausgesehen hatten.[11] Etwa drei Fünftel der Stadt Pompeji sind bis heute ausgegraben worden. In Herculaneum ist es nur ein kleinerer Teil, denn hier stoßen die Arbeiten auf größere Schwierigkeiten.

1940 gab Mussolini dem deutschen Erziehungsminister Bernhard Rust im Speisezimmer des Hauses des Menander ein Essen. Felix Hartlaub fühlte sich in seinem *Tagebuch aus dem Kriege* an Pompeji erinnert, als er den in aller Hast geräumten Regierungssitz in Feindesland übernahm. Hier hatte er das Gefühl, die Zeit sei stehengeblieben. Aber in Pompeji war der Stillstand der Zeit damals nicht vollständig; denn im August und September 1943 warfen Piloten der alliierten Luftstreitkräfte 162 Bomben auf die alten Städte. Dabei wurden die Häuser des Fauns und des Moralisten schwer beschädigt und das Museum zerstört. Die Bombenkrater legten jedoch die Villa an der Porta Marina frei. Auch der in der Vorstadt gelegene Tempel des Dionysos kam als Folge des Bombenangriffs ans Licht (4. und 5. Kapitel).[12] Bei Beginn der alliierten Offensive am Monte Cassino Anfang des folgenden Jahres konnten 60 Kisten mit antiken Gegenständen aus Gold, Silber und Glas im letzten Augenblick fortgeschafft werden. Es handelte sich dabei in erster Linie um am Vesuv ausgegrabene Objekte, die seit Juni in dem Kloster lagerten. Zwei Wochen zuvor hatte der Vesuv selbst gedroht, sich mit einem Ausbruch am Zerstörungswerk zu beteiligen (2. Kapitel).

Was nach Auffassung von Maiuri jetzt noch zu tun übrigbleibt, ist »eine komplexe, mühselige, harte, langsame und kostspielige Arbeit, um das Ausgegrabene zu erhalten, zu schützen und zu restaurieren.« Zweifellos werden aber später – besonders in Herculaneum – noch umfangreiche und bedeutende Funde gemacht werden. Unter dem vulkanischen Schlamm müssen noch antike Gegenstände liegen, die in ihrer

▷ Die Via degli Augustali in Pompeji.

Verzeichnis der Karten und Pläne

Pracht und Schönheit alles übertreffen könnten, was man bisher irgendwo auf der Welt gefunden hat. Es mag heute so aussehen, als bedürften andere weit zurückliegende Zeiten und andere Orte dringender unserer Aufmerksamkeit, weil sich das allgemeine Interesse den prähistorischen Gesellschaften zugewendet hat. Aber auch die Kultur des antiken Rom könnte uns noch manches wichtige Geheimnis preisgeben und nicht nur Licht auf die noch nicht gelösten Rätsel der antiken Welt werfen, sondern auch auf die Ursprünge unserer eigenen Gesellschaft, die jener Welt so viel verdankt. Pompeji und Herculaneum sind wie bisher die Orte, an denen solche Entdeckungen gemacht werden könnten.

Unter der Leitung von Prof. Alfonso de Franciscis und Prof. Fausto Zevi wurden die Arbeiten fortgesetzt. In jüngster Zeit sind in Pompeji im Haus des Sallust und im Haus des Julius Polybius (wo 1978 verschiedene Schatzfunde ans Tageslicht kamen) wichtige Entdeckungen gemacht worden, ebenso in einem Weingarten in der Stadt und in einer Nekropole außerhalb.

Das gleiche gilt für Herculaneum, die Thermen des Decumanus Maximus und der Palästra und neuen Funden am Stadtrand, ebenso wie in Stabiae und Oplontis. In diesem Buch haben wir zu zeigen versucht, welche Wunder bis zum heutigen Tag der Welt erschlossen wurden. Wir dürfen mit Sicherheit erwarten, daß neue Wunder hinzukommen werden.

Anmerkungen

1. *Die Geschichte von Pompeji und Herculaneum*

1 Im Norden wurde die Campania nach den Aufzeichnungen der antiken Geographen aus der Kaiserzeit von Sinuessa begrenzt. Vorher hatten die Aurunci-Berge die Grenze gebildet. Unter Diokletian kam zu diesem Gebiet ganz Latium hinzu, das dann die Bezeichnung ›römische Campagna‹ erhielt. Im Süden, jenseits des Surrentinischen Ausläufers, gehört der Ager Picentinus (die Bucht von Salerno) nach Plinius nicht zur Campania, aber viele andere rechnen ihn noch dazu. Die wichtigsten Flüsse in der Campania waren der Liris (Garigliano) mit einer Länge von 174 km und in der weiten Ebene der 166 km lange Volturnus.

2 Sollte sich, was nicht einwandfrei geklärt ist, auf einem Gemälde im Haus mit dem Obstgarten in Pompeji eine Zitrone identifizieren lassen, dann war es eine exotische Seltenheit.

3 Plinius, *Naturgeschichte*, III, 40; Florus, 1, 11, 3.

4 Strabo, V, 4, 8.

5 S.a. Beisetzungen in Striano, Torio, S. Marzano, S. Valentino. Es gab auch eine Nekropolis an der Küste bei Castellamare di Stabia und eine weitere in Gragnano.

6 Das Wort leitet sich nicht von *campus* her, wie man im Altertum angenommen hat. Man findet es zusammen mit oskischen Ausdrücken auf Münzen aus dem 4. oder 5. Jahrhundert v. Chr. Zunächst verwendete man den Ausdruck *Campanus ager*. Der Ausdruck ›Campania‹ kam erst im 1. Jahrhundert n. Chr. in Gebrauch.

7 Augenscheinlich von *pompe*, fünf – vielleicht ein Eigenname. Die Reihenfolge der Buchstaben des oskischen Alphabets (einundzwanzig Buchstaben) zeigen Fragmente dieses Alphabets, die in Pompeji gefunden wurden. Die Bewohner der Campania hießen unter samnitischer Herrschaft ›Osci‹. Im 1. Jahrhundert v. Chr. verwendeten römische Altertumsforscher für die Samniten und andere Stämme, die oskische Mundarten sprachen, die Bezeichnung ›Sabelli‹.

8 Der Beamte hieß *meddis tovtiks* oder *meddix tuticus*, die Versammlung wurde durch das Wort *kombennio-* oder *komparakio-* bezeichnet.

9 Zu Pompeji siehe Appian, *Bürgerkriege*, 1, 39.

10 *Corpus Inscriptorum Latinarum*, IV, 5385.

11 Die meisten Verwalter der Landgüter trugen auch weiterhin die Namen von Pompejanern aus der Zeit vor Sulla..

12 Cicero, *Für Sulla*, 21, 61. Bei den Disputen ging es um öffentliche Gehwege und Wahlen.

13 Appian, *Bürgerkriege*, I, 89.

14 Die Ansicht, Nero habe die neue Kolonie gegründet, basiert auf einer Inschrift, deren Sinn sich nicht eindeutig klären läßt (*Corpus Inscriptorum Latinarum*, IV, 3525).

2. *Der Vesuv*

1 Strabo, V, 4 und 247. Man hat aber auch gemeint, aus Bodenschichten über Grabanlagen aus dem 8. Jahrhundert v. Chr. schließen zu können, daß schon vorher Eruptionen stattgefunden haben. Der Vesuv ist der mittlere Typus eines Vulkans, der nicht ständig aktiv ist, sondern von Zeit zu Zeit explosionsartig ausbricht.

2 Vergil, *Georgica*, II, 224.

3 Im Haus des Bacchus in Pompeji und in Herculaneum.
Man braucht nicht anzunehmen, daß nur deshalb von einem einzigen Gipfel gesprochen wird, weil es allgemein üblich war.

4 Zu dem von Tacitus angegebenen Datum siehe *Annalen*, XV, 22, 5. Dagegen Seneca, *Natürliche Fragen*, VI, 2 (63 n. Chr.) (das könnte eine Interpolation sein). Das von Tacitus angegebene Da-

tum wird indirekt bestätigt von Seneca a.a.O., VI,
1, 13.

5 Seneca a.a.O., VI, 27, 1f.

6 Nach aufgefundenen Feldfrüchten etc. ist eine alternative Datierung auf den 23. November, wie sie beim jüngeren Plinius und in der ersten gedruckten Ausgabe erscheint, auszuschließen.

7 Plinius der Jüngere, *Briefe*, VI, 16, 4–20.

8 Valerius Flaccus, *Argonautica*, III, 208ff., Dio Cassius, *Epitom*, LXVI, 22, 4. Die weitere Behauptung von Dio, die Bewohner seien zur Zeit der Katastrophe im Amphitheater versammelt gewesen – für Bulwer Lytton und andere Romanschriftsteller und Drehbuchautoren eine gottgesandte dramatische Beigabe –, trifft höchstwahrscheinlich nicht zu. Man hat dort keine Spuren von Leichen gefunden.

9 Plinius der Jüngere, *Briefe*, VI, 20, 6, 8–9, 16. Plinius scheint das Haus der Rectina schließlich doch nicht erreicht zu haben (der Frau des Consuls Cn. Pedius Cascus, Consul 71), weil es, als er sich dorthin auf den Weg machen wollte, nicht mehr zugänglich war.

10 Suetonius, *Titus*, 8, 3f.

11 Dio Cassius, *Epitom*, LXXVII, 2.1.

3. *Die Städte und ihre öffentlichen Plätze*

1 Cicero, *Über das Landrecht*, II, 35, 95 f. Die Häuser in Pompeji stehen mit der Schmalseite zur Straße, und zwar im Gegensatz zu den Häusern in griechischen Städten wie Olynthus in Mazedonien, wo die Längsseiten an der Straße stehen.

2 1815 mußten einige Steine entfernt werden, damit der Kutschwagen der Königin von Neapel durchfahren konnte.

3 Noch im Jahr 79 wurden vor der Porta di Nola Mausoleen angelegt.

4 Petronius, *Satyricon*, 71.

5 Der Boden ist hier gegenüber der Meeresoberfläche gesunken. Das Niveau des Bodens aus dem Altertum liegt heute zwei Meter unter der gegenwärtigen Seehöhe.

6 Vitruvius, V, 1, 1, 7.

7 Auch auf der Hauptstraße von Herculaneum (Decumanus Maximus) befindet sich ein schöner vierseitiger Torbogen.

8 Am 3. Oktober 78 v. Chr. hat Gaius Pumidius Diphilus seinen Namen in die Mauer gekratzt.

9 Basiliken unterscheiden sich in dieser Hinsicht. In Rom, Korinth und Leptis Magna befinden sich die Eingänge an den kurzen Seiten, in Fanum, Cosa und Sabrata (nach dem Vitruvianischen Kanon) an den langen.

10 Tacitus, *Annalen*, XIV, 17.

11 Nikolaus von Damaskus, *Fragment 78* (F. Jacoby, *Fragmente der griechischen Historiker*, IIA, 378). S.a. M. Grant, *Gladiators*, S. 79 u. 96.

12 *Corpus Inscriptionum Latinarum*, IV, 4418.

13 Nicht Bovianum Vetus wie angenommen. Einen solchen Ort hat es wahrscheinlich nicht gegeben.

14 Solche Figuren bezeichnete man als Atlas, Telamon oder Perser.

15 Einige befinden sich heute in Dresden und Wien.

16 Der runde Tempel in Tibur (Tivoli) hat früher vielleicht eine feste Kuppel gehabt. Das ist allerdings bezweifelt worden. Die pompejanische Kuppel ist äußerlich quadratisch und innen kreisförmig bis auf eine Ausbuchtung. Die Anlage der Kaiser-Thermen in Rom wurde im 1. Jahrhundert v. Chr. mit ihren wesentlichen Bestandteilen fertiggestellt. Die Thermen Neros spielten eine wichtige Rolle.

17 S.a. R. E. M. Wheeler, *Roman Art and Architecture*, London 1964, S. 146ff. Auf dem Gemälde der Mysterienvilla (ebenda, Abb. 128) sieht man die Ruine eines Architrav.

18 Plinius der Ältere, *Naturgeschichte*, IX, 68.

19 Ebenda, XXXVIII, 191; hergestellt aus Buchenasche und Ziegentalg (oder Weißbuche, wenn die richtige Lesart *carpineo* und nicht *caprineo* ist).

20 Juvenal, *Satiren*, VII, 129f. (Übers. P. Green).

21 Seneca, *Moralische Briefe*, LVI, 1ff.

Zur Vervollständigung dieses Kapitels muß gesagt werden, daß auch Privatpersonen wie Julia Felix und Crassus Frugi Badegelegenheiten vermieteten oder organisierten. Siehe 7. Kapitel.

4. *Tempel – Götter und Göttinnen – Philosophen*

1 Es gibt allerdings ein Heiligtum der Kaiser im *Collegium* der Priester des Augustus *(Augustales)*. Bisher hat man noch keine Reste des Tempels der Mutter der Götter gefunden, den Vespasian wieder aufbauen ließ *(Corpus Inscriptionum Latinarum*, X, 1406).

2 Drei Kapitelle und Terrakotta-Armaturen des

früheren Tempels sind erhalten. In römischen Zeiten war es nur noch ein kleines Heiligtum. Vielleicht hat er dann einem neuen Kult gedient.

3 Apollo war ›Actius‹, weil er den Sieg bei Actium bewirkt hatte. Bei den auf Gemälden in Pompeji dargestellten Seeschlachten handelt es sich vielleicht um diese Schlacht; s.a. M. Grant, *Nero*, S. 63.

4 *Corpus Inscriptionum Latinarum*, IV, 1824.

5 Lucretius, I, 1 ff. (Übers. B. Bunting).

6 *Corpus Inscriptionum Latinarum*, IV, 1520, 6865; X, 928.

7 Die Theorie vom etruskischen Ursprung ist umstritten. Aber der pompejanische Tempel war der etruskischen Art entsprechend nach den vier Himmelsrichtungen ausgerichtet. In Athen bezog sich der Kult auf die Unterwelt und wurde oft durch eine Schlange symbolisiert.

9 Bei neueren Ausgrabungen hat man eine ganze Werkstatt mit Geräten für magische Praktiken gefunden. Sie werden auch auf Gemälden dargestellt (z. B. Wanderer und Hexe im Haus der Dioskuren) und auf Mosaiken (Wahrsagerin mit weiblichen Kunden, 6. Kapitel). Dazu gab es viele Zaubermittel gegen den bösen Blick. Das im Hause des Paquius Proculus und auf einer Säule der großen Palästra neben dem Amphitheater (1936) gefundene magische Quadrat ist nicht, wie auch angenommen wurde, unbedingt christlichen Ursprungs. Das gleiche gilt wahrscheinlich auch für die kreuzförmige Figur auf der mit Stuck verkleideten Wand in der Casa del Bicentenario in Herculaneum (1939). Wenn es aber auch keine sicheren Beweise dafür gibt, daß es in Pompeji Christen gegeben hat, so haben dort doch zahlreiche Juden gelebt. Zu ihnen gehörten der Weinhändler Abinnericus und das Schankmädchen Maria. Maueranschläge verweisen auf die jüdischen Speisevorschriften, und es gibt Graffiti von der Bescheidung.

10 Apuleius, *Metamorphosen*, XI, 1, 3.

11 Eine Metope aus an Ort und Stelle gewachsenem Stein (gefunden 1953) zeigt die Bestrafung der Ixion durch Rädern für den Versuch, sich gegen die Göttin Juno zu vergehen. Das ist auch das Thema eines Gemäldes im Haus der Vettier. Die Metope scheint Teil eines zweiten samnitischen Tempels gewesen zu sein.

12 Stabiae: Villa des Cupido-Verkäufers (5. Kapitel). Stuckrelief: M. Grant, *Nero*, S. 188.

13 S. a. P. MacKendrick, *The Mute Stones Speak*, S. 220 f. Bei der Verehrung des Dionysos-Bacchus spielten Kinder eine wichtige Rolle. Man hat die Gestalt mit der Peitsche verschieden interpretiert, und zwar als Gerechtigkeit, Sieg, Furie und Schamgefühl (Aidos).

14 G. Zunz, »On the Dionysiac Fresco in the Villa dei Misteri at Pompeii«, *Proceedings of the British Academy*, XLIX, 1963, S. 174. Zunz glaubt, örtliche Künstler hätten dem Original noch einige Figuren hinzugefügt.

15 Petronius. *Satyricon*, 41. Im Apollo-Tempel von Pompeji gab es ein Gemälde, das den seinen Stab schwingenden und Wein einschenkenden Bacchus zeigte.

16 Petronius a.a.O., 35.

17 Graffito an der Mauer neben dem Hause des Gaius Julius Polybius (K. und R. Gregor Smith in E. C. Corti, *The Destruction and Resurrection of Pompeii and Herculaneum*, 1951).

18 S. a. Philodemus, *Epigramme*, VIII (3206 ff.).

20 Ebenda, XIII (3236 ff.) (Übers. D. Fitts). Fitts – wenn auch nicht Philodemus – schließt das Gedicht mit den Worten: »Bist du ein Liebhaber oder ein Senator?«

5. *Privathäuser in Stadt und Land*

1 F. E. Brown, *Roman Architecture*, S. 14.

2 Unter dem Haus des Fauns finden sich Spuren eines älteren Gebäudes vom Anfang des 3. Jahrhunderts v. Chr.

3 Bei einer genauen Untersuchung von Inschriften an den Ausgrabungsstellen stellte Professor M. de la Corte die Wohnungen von mehr als fünfhundert namentlich zu identifizierenden Einwohnern vom Pompeji fest. Von den nach-klassischen Namen bezeichnet der am wenigsten zutreffende das ›Haus des Aristides‹ in Herculaneum, das so benannt wurde, weil dieses Gebäude im 18. Jahrhundert von Tunneln durchzogen wurde, die in die Villa der Papyri führten, in der man eine Statue fand, die fälschlich als die des Aristides bezeichnet wurde.

4 Vielleicht wurde es für die Arriani Polliani gebaut. Später gehörte es M. Nigidius Vaccula.

5 Aber das Haus mit dem schönen Innenhof hat z. B. keine *fauces*. Vergil verwendet beide Ausdrücke zur Bezeichnung des Eingangs zur Unterwelt.

6 Öffnung und Bassin heißen *compluvium* und *impluvium*. Die Ausdrücke können aber auch gegeneinander ausgewechselt werden.

7 Petronius, *Satyricon*, 29; Plautus, *Aulularia*, 23 ff. Dutzende von *lararia* sind seit ihrer Auffindung verlorengegangen.

8 Diese Tische waren nach hellenistischen Vorbildern angefertigt. In Pergamon hat man große marmorne Untergestelle für Tische aus dem 2. Jahrhundert v. Chr. gefunden.

9 Die Besitzer dieses Hauses waren Marcus Epidius Hymenaeus und Gaius Arrius Crescens.

10 Daß es keinen Schornstein gab, wird bestätigt durch die Art, wie der Küchenherd im Hause des Augustus auf dem Palatin in Rom gebaut war. Eine Bäckerei in Pompeji scheint allerdings mit einem Rohr ausgestattet gewesen zu sein, das als Rauchabzug diente (7. Kapitel). In reichen Häusern, besonders in den älteren, gab es gelegentlich ein *pistrinum* (Backhaus und Mühle) in der Nähe der Küche.   [Villa des Diomedes.

11 Haus des Fauns, Haus des Caecilius Jucundus,

12 Varro, *De Re Rustica*, III, 7.

13 Z. B. in Silchester (Reading Museum).

14 Plinius der Jüngere, *Briefe*, IX, 36, 1.

15 In mehreren Villen in Boscoreale gibt es bemerkenswert gut ausgestattete Bäder.

16 J. Lindsay, *The Writing on the Wall*, London 1960, S. 108. Der Kupferschmied Virus in der Via dell'Abbondanza verkaufte Nachttöpfe und Instrumente für die Landvermessung.

17 Z. B. Pompeji, Regio I, Insula 10, Nr. 11. Ganz selten ist es eine Arkade und keine Kolonnade, so etwa im Hause des Decimus Caprasius Felix (IX. 7. 20.)

18 Man bezeichnete das Gebäude als Villa und nicht als Haus, weil die ersten Entdecker in den Jahren 1755–1757 nicht wußten, daß es innerhalb der Stadtmauern stand. Zudem sah es aus wie ein Landhaus. Das Gebäude wurde 1952–1953 wieder ausgegraben.

19 Philodemus, *Epigramme*, XX (3280 ff.). Für ›Sprossen‹ lies ›Kohlstengel‹.

20 Cicero, *Briefe an Atticus*, XIV, 9, 1.

21 Die Wände zwischen den alten Häusern waren auch von Verbindungsgängen und Treppen durchbrochen.

22 Z. B. das Haus in der Schule des Trajan.

23 Strabo, V, 4, 8. Boccaccio schreibt, die Gegend sei »voll von kleinen Städten, Gärten, Brunnen und reichen Männern« gewesen.

24 Daß die Villa vor der Porta Ercolano dem Cicero gehört hat, ist eine bloße Annahme. Villa des Agrippa Postumus: *Corpus Inscriptionum Latinarum* IV, 6499, 6995. Caligula und Agrippina: Seneca, *Über den Zorn*, III, 21, 5; Trimalchio: Petronius, *Satyricon*, 53.

25 Landhäuser werden als *villae urbanae* bezeichnet, und wenn sie mit einem großen landwirtschaftlichen Gehöft verbunden sind, heißen sie manchmal *pseudo-urbanae*.

26 *Corpus Inscriptionum Latinarum*, IV, 9226.

27 Die Villa am Fondo Gaspare di Martino verdankt ihren Namen einem dort entdeckten Gemälde, das im 18. Jahrhundert Berühmtheit erlangte (siehe Epilog). Nach einem anderen Gemälde wird sie auch als die Villa Ariadne bezeichnet.

28 Auch bekannt als ›Edificio Porticato‹ (in San Marco, Fondo Fratelli dello Ioio).

29 Neben zahlreichen anderen Entdeckungen in dieser Gegend hat man neuerdings auf der daneben gelegenen Ebene das Bad einer Villa aus den 70er Jahren n. Chr. gefunden.

30 Solche Türme waren vielleicht Überreste älterer befestigter Landhäuser wie z. B. des Landhauses des älteren Scipio Africanus in Liternum in der Campania.

31 *Journal of Roman Studies*, London 1965, S. 162.

32 Horaz, *Oden*, III, 1, 33–37.

6. *Gemälde, Mosaiken und Möbel*

1 G. M. A. Richter, *A Handbook of Greek Art*, 6. Aufl. 1969 S. 285. Der Ausdruck ›Fresko‹ trifft hier nicht zu, weil das Gemälde retouchiert werden kann; s. a. M. Brion, *Pompeii and Herculaneum*, London 1960, S. 209.

2 Wichtig sind auch polychrome Vasen aus dem 3. Jahrhundert v. Chr. aus Centuripe auf Sizilien; s. a. Richter a.a.O., S. 279, 363 f., 366.

3 Ägypten: Suk-el-Wardian, Anfushy. Auch in Delos findet man Stuckimitationen weißer Marmorblöcke (Ende des 3. und Anfang des 2. Jahrhunderts v. Chr.).

4 Der Stil entwickelte sich in der Zeit von 80 bis 70 v. Chr. Diese Entwicklung ging nach unterschiedlichen Meinungen ca. 50 v. Chr, 1 v. Chr. oder 14 n. Chr. zu Ende. Im Eingang des samnitischen Hauses in Herculaneum befinden sich zwei Landschaftsgemälde des Zweiten Stils, mit denen solche des Ersten Stils übermalt wurden.

5 Vitruvius, V, 6, 8; V, 8, 1; VII, 5, 2.

6 Wenn der ältere Plinius dem Landschaftsmaler Apaturius aus Alabanda vorwirft, er habe im Theater von Tralles (Aydin) phantastische architektonische Motive verwendet, dann steht nicht fest, ob sich seine Kritik auf den Ersten oder den späteren Dritten Stil bezieht. Vielleicht meint er aber beide.

7 Grabmale in Sidi Gaber, Papyrus entdeckt von C. Nordenfalk (1951).

8 Versuche einer Darstellung der Perspektive aus dem 3. Jahrhundert; z. B. Stele von Hediste aus Pagasae in Thessalien (Museum Volo). Die ›wissenschaftliche‹ Malerei hat um 400 v. Chr. begonnen: Vitruvius a.a.O., VII, *Vorwort*, 2; Hesychius, S. V., *Skia*; Plinius der Ältere, *Naturgeschichte*, XXXV, 60f.; Quintilian, *Institutio Oratoria*, XII, 10, 4.

9 Ein Manuskript der *Eclogen* aus dem 4. Jahrhundert n. Chr. (Vatikan Nr. 3225) ist mit einer solchen Landschaft illustriert.

10 *Naturgeschichte*, XXXV, 116f.

11 Wenn Vitruvius von ›Gartenkunst‹, *opus topiarium*, spricht, dann wurde die Landschaftsgärtnerei schon 30 v. Chr. bei der Gestaltung von Szenen auf der Theaterbühne gepflegt.

12 Petronius, *Satyricon*, 46.

13 Vitruvius, VI, 7, 4.

14 Plinius der Ältere, *Naturgeschichte*, XXXV, 112.

15 Unterschiedlich datiert auf etwa 20 v. Chr., 1 oder 14 n. Chr. bis ca. 20 oder 50 oder 63 n. Chr. Einige Forscher betrachten das als Unterabteilungen des Zweiten Stils.

16 Enkaustik, d. h. Malerei mit erhitztem Bienenwachs. Zu den Geheimnissen dieser Technik siehe A. F. Shore, *Portrait Painting from Roman Egypt*, S. 22 ff.

17 Eine einfachere Version ohne Architektur findet sich im Haus des Lucius Caecilius Jucundus (Ende des Dritten Stils). Das Original stammt wahrscheinlich aus der Zeit 330–320 v. Chr. Zu dem Motiv in Herculaneum, das wie eine Bühnendekoration anmutet, siehe M. Grant, *The World of Rome*, Tafel 45 (c).

18 Siehe Fn. 17 oben und das schöne Gemälde *Theseus und die gefangenen Athener* (aus der Basilika in Herculaneum), von dem eine weniger gute Fassung im Haus des Gavius Rufus in Pompeji gefunden wurde. Das Original könnte ein Gemälde von Euphranor (4. Jahrhundert v. Chr.) gewesen sein. Gemälde zur Geschichte des Theseus sind auch im Hause des Cupido-Verkäufers in Stabiae gefunden worden. Nur selten findet man Gemälde wie *Die drei Grazien* (in Pompeji), die eine einigermaßen genaue Kopie eines bekannten Originals sind.

19 M. Grant, *Myths of the Greeks and Romans*, S. 76.

20 *Der Sturz des Ikarus* im Hause des Amandus in Pompeji, wo zwei Phasen des Vorgangs gezeigt werden, war ein weiteres Thema, für das sich Nero interessierte (eine dramatische Vorführung dieses Ereignisses vor dem Kaiser endete mit einer Katastrophe); s. M. Grant, *Nero*, S. 84.

21 *Iphigenia* (*Nero*, S. 93) ist nach Timanthes oder Pheimantes um 400 v. Chr.; *Achilles und Briseis* aus Apelles, etwa 330–325 v. Chr.

22 Petronius, *Satyricon*, 89. Zu dem Gemälde siehe auch *Nero*, S. 190–191.

23 Im Haus des Apollo befindet sich das Gemälde einer ägyptischen Landschaft mit nicht-ägyptischen Figuren.

24 A. J. P. Wace, ›Il tappeto nell-Antichità‹, *Archeologica Classica*, 1969, S. 72–77.

25 So genannt, weil man zunächst angenommen hat, daß diese Technik in Signia (Segni) in Latium erfunden wurde.

26 Vielleicht aber auch Aristides von Theben. Die beiden Maler sind beim selben Meister, Nicomarchus, in die Lehre gegangen.

27 Sosus: Plinius, *Naturgeschichte*, XXXVII, 184. Den »ungefegten Fußboden«, der in *Nero* auf S. 193 abgebildet ist, findet man nicht nur in Italien, sondern auch in Aquileia in Nordafrika. Das Exemplar aus dem Vatikan befand sich früher im Museo Profano Lateranense.

28 A. F. Shore, *Portrait Painting from Roman Egypt*, S. 2.

29 Pollux, X, 42; s. a. Richter, *A Handbook of Greek Art*, 6. Aufl, S. 280.

30 Die zuletzt gefundenen Beispiele stammen aus dem Hause des Marcus Fabius Rufus im Nordwestteil von Pompeji (1961–1962).

31 S. a. die Dreifüße auf dem Porträt der Madame Récamier von J. L. David. Er hatte echte Dreifüße anfertigen lassen, die er sowohl als Gebrauchsgegenstände als auch für Modellzwecke im Atelier verwendete (um 1785). Damals betrachtete man sie als etwas Ausgefallenes. Imitationen echter antiker Stücke aus dem 18. Jahrhundert sind selten. H. Honour, *Neo-Classicism*, S. 47 ff.

32 Zu den Besitzern des Hauses gehörten wahrscheinlich Lucius Caecilius Aphrodisius, Tiberius Claudius Amphio (bedeutete sein Name Claudius, daß er ein Freigelassener aus dem kaiserlichen Haushalt und das Haus kaiserlicher Besitz war?) und Lucius Brittius Eros.

7. Landwirtschaft und Handwerk

1 Fondo Vincenzo di Prisco (entdeckt 1893–1894). S. a. D. S. Robertson, *Greek and Roman Architecture*, 1969, S. 311.

2 Die Familie der Epidianer besaß eine eigene Begräbnisstätte für ihre Sklaven.

3 Andere Villen in Positano (Landbesitz der Posidier) auf der anderen Seite der Monti Lattari (Lactarii) südlich von Stabiae sind noch nicht ausgegraben. 1946 hat man allein auf der Halbinsel von Sorrent achtzehn Villen der verschiedensten Art festgestellt.

4 Pagus Saliniensis, Campaniensis, Urbulanensis.

5 Seit 1957 gibt es Ausgrabungen im nahegelegenen S. Maria delle Grazie und in Retraro, wo man in einer Villa zweiundvierzig Stuckfragmente gefunden hat.

6 Ein gewisser Marcus Crassus Frugi bot auch seine eigenen privaten Bäder an mit »Seewasser und Baden in weichem Wasser«.

7 Von einem Vettius weiß man aus einer Inschrift, daß er Priester des Kaiserkults war, s. a. *Augustalis* (siehe 4. Kapitel). Daraus läßt sich schließen, daß er ein Freigelassener war.

8 Florus I, 16 lobt den Wein von den Hängen des Vesuv.

9 Columella III, 2, 27. Er hieß auch Murgentina. Die gleiche Weinsorte wurde in größeren Mengen in Clusium (Chiusi) hergestellt.

10 Plinius der Ältere, *Naturgeschichte*, XIV, 70.

11 *Corpus Inscriptionum Latinarum* IV, 6867–6869.

12 Z. B. Schenke der Hedone: 4 Esel (1 Sesterze); andere Marken 1 und 2 Esel.

13 S. a. Steinsorten, die bei Nola und Suessa Aurunca gefunden wurden.

14 Einige von ihnen besaßen ein schornsteinartiges Rohr (wie es in den meisten Häusern fehlte, 5. Kapitel): ein Rohr führte wahrscheinlich in einen Trockenschrank im 1. Stock.

15 Wolle wurde im Vlies gefärbt; Seide, Baumwolle und Leinen im Garn.

16 Z. B. in der Eckmauer der Via dell' Abbondanza am Hause des Julius Polybius.

17 Heute im Museum of Fine Art in Boston und im Castello von Nocera Inferiore.

18 *Geoponica* XX, 46, 1; s. a. M. Ponsich und M. Taradell, *Garum et Industries Antiques de salaison dans la Méditerranée Occidentale*, Paris 1965.

19 Martial, *Epigramme* VII, 94.

20 Auf den Phlegraeischen Feldern nördlich von Neapolis wurden Rosen für die Parfümerien von Capua angebaut.

21 Z. B. zwei Kisten der besten Ware aus La Graufesenque.

22 S. a. Tcherma, *Mémoires de l'Ecole Française à Rome* LXXVI, Paris 1964, S. 419 ff.

23 Münzen aus Ebusus findet man auch anderswo in der Campania.

24 Ein weiterer wichtiger Fund bestand aus 18 Wachstafeln in dreifacher Ausfertigung in der Casa del Bicentenario in Herculaneum. Es sind juristische Dokumente über den Pächter Gaius Petronius Stephanus.

8. Öffentliches Leben und Erotik in Pompeji

1 Petronius, *Satyricon*, 44.

2 Übers. J. Lindsay, *The Writing on the Wall*, London 1960, S. 36.

3 Es waren die beiden Männer Pompeius und Grosphus, die nicht nur von zwei *duoviri*, sondern auch von einem besonderen *praefectus iure dicundo*, Sextus Pompeius Proculus, abgelöst wurden.

4 Könnte ein Anhänger des Gaius Cuspius Pansa wirklich Fabius Multiremulus geheißen haben, wie dies auf einer Inschrift behauptet wird?

5 Philodemus, *Über Laster* (darin enthalten Charakterskizzen von Ariston von Ceos).

6 Ein anderer ähnlicher Kopf, der zu einer Reiterstatue des Marcus Nonius Balbus gehörte, wurde bei inneren Unruhen 1799 von einer Kanonenkugel abgerissen, die den königlichen Palast in Portici traf (siehe Epilog). Er wurde restauriert und befindet sich jetzt ebenso wie die anderen Köpfe im archäologischen Museum von Neapel.

7 ›Sabina‹ (*Corpus Inscriptionum Latinarum* IV, 9171) ist vielleicht die Kaiserin, deren vollständiger Name Poppaea Sabina war.

8 C. Vermeule, *Antike Kunst*, 1, 6, 1963, S. 39. Inschriften in der Villa des Agrippa Postumus: *Corpus Inscriptionum Latinarum* IV, 6893.

9 Übers. P. MacKendrick, *The Mute Stones Speak*, S. 212.

10 Übers. J. Lindsay a.a.O., S. 162.

11 Julius Speratus kann nur sagen, nichts sei schöner als seine Heimatstadt Puteoli.

12 16 *Esel* (Attike) oder 12 oder auch nur 1.

13 *Epigramme* XII, 61.

Epilog

1 »Es gab fünfzig«: Casa degli Amorini dorati ›Sodom‹: entdeckt von A. Mau 1885, heute verloren.

2 *Oracula Sibyllina* IV.

3 H. Goedicke, *American Journal of Philology* 1969, S. 341. Gefunden in Nag Hammadi.

4 Statius, *Silvae* V, 3, 207 f.; Martial, *Epigramme* IV, 44.

5 Der in der Innenarchitektur von Adam, Cameron usw. entwickelte Stil ging eher auf Raphaels *Loggia* (Giovanni da Udine usw.) zurück, d. h. vielleicht auf Neros Goldenes Haus. Hugh Honour hat mir gesagt, es könnte sich lohnen zu untersuchen, was Boucher und Fragonard der pompejanischen Malerei zu verdanken haben. Die Reliefs der *putti* (Cupidos) im Palazzo Altieri in Rom seien nach Gemälden im Haus der Vettier entstanden.

6 Ende der 1770er Jahre hat J. L. David nach einem Stich von demselben Gemälde eine Zeichnung angefertigt.

7 1830 war Goethes Sohn bei der Ausgrabung des Hauses des Faun zugegen, das auch als Haus Goethes bezeichnet wird.

8 Die Funde wurden 1822 dort untergebracht. Das Museum wurde 1860 vom Staat übernommen. Es hieß jetzt nicht mehr Nationalmuseum, sondern Nationales Archäologisches Museum, denn es gibt in Neapel noch andere nationale Museen.

9 Später kam Kaiserin Elisabeth oft nach Neapel und Pompeji und ließ zwei Abgüsse von Bronzeathleten aus der Villa der Papyri in Herculaneum für das Achilleion, ihren Palast auf Korfu, anfertigen.

10 Alexander Dumas der Ältere war von 1860 bis 1864 mehr oder weniger Ehrendirektor des Museums in Neapel und der Grabungsstätten in Pompeji. Er wurde begleitet von »einem sehr reizend aussehenden weiblichen Matrosen, der in schmucker Jacke und Hose auf seiner Jacht Dienst tut.«

11 Bis in die 1920er Jahre hatte man die Stadt vor allem so erhalten wollen, wie sie 79 n. Chr. ausgesehen hatte.

12 In seinem Buch *Pompei ed Ercolano: tra case e abitanti*, schildert A. Maiuri die komplexen Umstände, unter denen es zu diesen Fliegerangriffen kam.

Literaturverzeichnis

J. H. Arms, *Romans on the Bay of Naples*, Harvard 1970.

M. D'Avino, *The Women of Pompeii*, Neapel 1967.

J. P. V. D. Balsdon, *Life and Leisure in Ancient Rome*, London 1969.

G. Becatti, *L'arte romana*, Mailand 1962.

G. Becatti, *Pitture murali campane*, Florenz 1955.

H. G. Beyen, *Die pompejanische Wanddekoration vom zweiten bis zum vierten Stil*, Den Haag, I 1938, II 1960.

A. Boethius und J. B. Ward-Perkins, *Etruscan and Roman Architecture*, Harmondsworth 1970.

M. Brion, *Pompeii and Herculaneum: The Glory and the Grief*, London 1960.

A. W. van Buren, *A Companion to the Study of Pompeii and Herculaneum*, 2. Aufl. Rom, 1938.

A. W. van Buren, in Pauly-Wissowa-Kroll, *Realencyclopädie der klassischen Altertumswissenschaften*, Bd. XXI, 2 (1952), Spalten 1999–2038, S. v. Pompeii.

J. Carcopino, *La vie quotidienne à Rome à l'apogée de l'empire*, Paris 1938.

R. C. Carrington, *Pompeii*, Oxford 1936.

P. Ciprotti, *Conoscere Pompei*, Rom 1959.

M. della Corte, *Case ed abitanti di Pompei*, 2. Aufl., Rom 1965.

E. C. Corti, *Untergang und Auferstehung von Pompeji und Herculaneum*, 6. Aufl. München 1944.

J. M. Croisille, *Les natures mortes Campaniennes* (Samml. Latomus LXXVI), Brüssel 1965.

C. M. Dawson, *Roman-Campanian Mythological Landscape Painting* (Yale Classical Studies IX), Newhaven 1944; Neudruck 1965.

J. J. Deiss, *Herculaneum*, New York, London 1966.

E. Diehl, *Pompejanische Wandinschriften*, 2. Aufl., Berlin 1930.

H. Drerup, *Die römische Villa*, Marburger Winkelmann-Programm 1959.

O. Elia, *Pitture die Stabia*, Neapel 1957.   [1966

R. Etienne, *La vie quotidienne à Pompéi*, Paris

A. de Franciscis, *Pompeii-Herculaneum: Guide with Reconstructions*, Rom 1964.

M. M. Gabriel, *Masters of Campanian Painting*, New York 1952.

A. van Gerkan, *Stadtplan von Pompeji*, Berlin 1940.

M. Gigante, *Ricerche Filodemee*, Neapel 1969.

P. Grimal, *Les jardins romains de la fin de la République aux deux premières siècles de l'Empire*, Paris 1943.

C. M. Havelock, *Hellenistic Art*, New York 1969.

S. A. und W. F. Jashemski, *Pompeii*, New York

E. Kusch, *Herculaneum*, Nürnberg 1970.   [1965.

W. Leppmann, *Pompeji; Eine Stadt in Literatur und Leben*. 1968.

J. Lindsay, *The Writing on the Wall*, London 1960.

A. G. McKay, *Greek and Roman Domestic Architecture*, London 1972.   [Novara 1963.

A. Maiuri, *Herculaneum and the Villa of the Papyri*,

A. Maiuri, *Pompei ed Ercolano: tra case e abitanti*, Padua 1951; Mailand 1958.

A. Maiuri, *Pompei, Ercolano e Stabia*, Novara 1961.   [1954.

B. Maiuri, *Il Museo Nazionale di Napoli*, Neapel

A. Mau und A. Ippel, *Führer durch Pompeji*, 6. Aufl., Leipzig 1928.   [1957/58.

G. G. Oncrato, *Iscrizioni pompeiane*, 2 Bde., Florenz

L. d'Orsi, *Gli scavi di Stabia*, Neapel 1954.

U. E. Paoli, *Vita Romana*, 8. Aufl., Florenz 1958.

G. Picard, *Roman Painting*, London 1970.

G. L. Ragghianti, *Pittori di Pompei*, Mailand 1963.

K. Schefold, *Die Wände Pompejis*, Berlin 1957.

K. Schefold, *Vergessenes Pompeji*, Bern 1962.

M. J. Sergejenko, *Pompeji*, 3. Aufl., Leipzig 1955.

H. H. Tanzer, *The Common People of Pompeii*, Baltimore 1939.   [1965.

J. M. C. Toynbee, *The Art of the Romans*, London

R. E. M. Wheeler, *Roman Art and Architecture*, London 1964.

G. Zunz, *On the Dionysiac Fresco in the Villa dei Misteri*, Oxford 1963.

Bildnachweis und Literarische Quellen

Abbildungen

Neben den Fotos von Werner Forman haben wir für die Illustrationen die folgenden Quellen benutzt. Für die uns dabei gewährte Hilfe und die Erlaubnis zur Veröffentlichung sagen wir unseren aufrichtigen Dank; Alinari 27, 40–41, 42–43, 78 (oben) 86, 93, 97, 99, 109, 114, 116, 136, 140, 150, 154, 155, 157, 158, 160, 165, 167, 168–169, 174, 175 (oben und unten) 176, 187 (oben und unten), 188, 200, 207, 208, 209, 212, 216, 217; Anderson 144, 198; Brogi 79, 96; Mr. André Held 95, 100; Elek Books 38; Dr. Libero d'Orsi 103, 166 (rechts und links).

Literarische Quellen

Verfasser und Verleger danken den folgenden Institutionen für die Erlaubnis, aus den folgenden Veröffentlichungen zu zitieren: The Cleaner's Press, Texas, *Poems*, Basil Bunting, 1950; Faber and Faber Ltd., *Greek Anthology*, 1957; Heinemann, and Curtis Brown Ltd., *The Odes of Horace*, 1947; Methuen and Co. Ltd.. und St. Martin's Press Inc.: *The Mute Stones Speak*, Paul Mackendrick 1960; Frederick Muller Ltd., *The Writing on the Wall*, Jack Lindsay 1960; New American Library (Mentor), *Petronius: The Satyricon*, 1959; Penguin Books Ltd., *Juvenal: The Sixteen Satires*, 1967; *The Letters of the Younger Pliny*, 1969; *Petronius: The Salyricon*, 1969; *Tacitus: Annals of Imperial Rome*, neu durchges. Aufl. 1971; Prentice-Hall International, *Roman Architecture*, F. E. Brown 1961; Routledge and Kegan Paul, *The Destruction and Resurrection of Pompeii and Herculaneum*, E. C. Corti 1951; University of Michigan Press, *Poems from the Greek Anthology*, 1962.

Register

Montis exterioris fauces,
...am diameter milliare Itali
...un amplitudine adæquat.
...Interioris montis fauces,
...eundum diametrum 100 passus
...complectentis
...Margomateryis bituminosis et
...lphureis concreta et Con...
...ensata.
...Scissura.

VESUVIUS

...sina pa
...gus

Diversorium